U0485864

中国社会科学院刑事法文库

主编：刘仁文

网络平台提供者刑事责任研究

孙禹 著

中国社会科学出版社

图书在版编目(CIP)数据

网络平台提供者刑事责任研究/孙禹著.—北京：中国社会科学出版社，2023.12

ISBN 978-7-5227-0222-3

Ⅰ.①网⋯ Ⅱ.①孙⋯ Ⅲ.①互联网服务提供商—刑事责任—研究—中国 Ⅳ.①D922.291.914

中国版本图书馆CIP数据核字（2022）第089144号

出 版 人	赵剑英
责任编辑	许 琳 周怡冰
责任校对	鲁 明
责任印制	郝美娜

出　　版	中国社会科学出版社
社　　址	北京鼓楼西大街甲158号
邮　　编	100720
网　　址	http://www.csspw.cn
发 行 部	010-84083685
门 市 部	010-84029450
经　　销	新华书店及其他书店
印刷装订	北京君升印刷有限公司
版　　次	2023年12月第1版
印　　次	2023年12月第1次印刷
开　　本	710×1000 1/16
印　　张	15
字　　数	218千字
定　　价	88.00元

凡购买中国社会科学出版社图书，如有质量问题请与本社营销中心联系调换
电话：010-84083683
版权所有　侵权必究

序 一

2019年夏天，应赖早兴教授的邀请，我作为答辩委员会主席，主持了孙禹在对外经贸大学的博士论文答辩。当时他的博士论文题目是《网络平台提供者刑事责任问题研究》。博士论文答辩顺利通过后，孙禹申请到中国社会科学院法学研究所从事博士后研究。由于其博士生期间就在《政治与法律》等法核期刊发文，博士论文也写得不错，所以经考核小组综合评价，被录取为当年的国资博士后。博士后期间，我作为他的合作导师，曾多次催促他将其博士学位论文加以修改扩充，纳入我主持的"中国社会科学院刑事法文库"予以出版。现在，孙禹终于完成了这项工作，将以《网络平台提供者刑事责任研究》为题出版此书，虽然拖得久了点，但书能出来，我还是为他感到高兴。

一 本书的选题意义

网络平台是信息技术与社会生活结合的标志性产物。在网络平台与社会生活密切结合的同时，一些问题也随之出现，其中就包括违法犯罪行为向网络平台转移的情况。尽管确实存在为了实施违法犯罪行为而设立网络平台的可能性，但这种情形在现实中并不常见。网络平台刑事责任的考量更多出现在用户利用平台服务实施犯罪行为的情形中，例如在购物平台销售假冒伪劣产品、违禁品或者在社交网络发布诽谤言论、煽动性言论等违法信息。在这类违法犯罪情景中，争议较大且具有研究价值的刑法问题是网络平台提供者是否需要承担刑事责任以及如何认定网络平台提供者的刑事责任。从传统刑法理论来看，一般存在两种认定网络平台提供者刑事责任的模式，即共犯模式和不作为犯模式。在共犯模式中，网络平台提供者被认为与平台用户共同实施犯罪行为，即认为网络平台在明知用户利用其服务实施犯罪的情况下提供帮助，这种帮助既可以表现为积极提供技术服务支持，也可能是消极地对犯罪行为不加以制止。在不作为模式中，网络平台提供者由于提供平台服务而被认为具有保证人义务，需要制止平台用户的犯罪行为，否则便成立不作为形式的故意犯罪。

然而，传统刑法理论并非生长于信息时代的土壤，其主要基于工业时代自然人之间的生活关系和哲学理念，并没有充分考虑信息技术的特点，故并不能很好地契合网络平台提供者刑事责任等信息刑法领域的问题。如果简单、不加调整地移植传统刑法理论来分析、认定网络平台提供者的刑事责任，极易导致不理想的结论。在网络平台发展和应用初期，许多国家的司法机关在认定平台提供者刑事责任时过于机械地套用传统刑法理论，而没有充分考虑平台的技术复杂性和技术价值，进而招致了广泛的批判，最后只能通过增设针对性立法的方式来解决问题。例如美国法院曾利用传统诽谤言论的责任规则来判断网络平台的责任，如果网络平台提供者对用户发布的内容不具有编辑性控制，则只有在明知相关信息的情况下才会判定作为传播者承担责任；反之，若网络平台提供者对用户发布的内容进行编辑审查，则网络平台提供者将作为信息内容的发布者承担责任。根据这一规则，在网络平台提供者审查用户所发布信息并处理违法内容的情况下，即便平台提供者对个别违法内容并不知情，其也会被认为是内容的发布者并承担责任。在报纸等传统媒体中，这种责任认定规则是合理的，因为报纸对内容进行审查编辑后，就可以认为报纸了解内容并在一定程度上掌控了内容。但在网络时代，网络平台提供者并不可能对每一条信息内容进行审核并加以调整。此后,美国立法者也意识到有必要针对网络平台服务提供者设定专门的责任规定,故出台了《通讯规范法》(Communication Decency Act)。

在我国司法实践中,也曾出现过引发争议的平台刑事责任相关案件,如快播公司传播淫秽物品牟利案。[①] 在该案中,法院根据快播公司所采取的缓存技术以及快播公司对其服务器中存在的淫秽信息的认识,从不作为角度认定了快播公司的刑事责任。具体而言,法院依据以下逻辑得出结论:(1)快播公司作为网络视频信息服务提供者负有网络安全管理义务;(2)快播公司及各被告人明知快播网络中存在大量淫秽视频并介入了传播行为;(3)快播公司及各被告人放任其网络服务大量传播淫秽视频属于间接故意;(4)快播公司具备承担网络安全管理义务的现实可能但拒不履行网络安全管理义务。但是,针对快播案件中的这一责任认定思路,引发了激烈的学术争论。不可否认,这种不作为责任的认定逻辑确实较为宽泛,如果采用这种认定规则,很多大型的网络平台都可能构成不作为犯罪。即便认为网络平台具有网络安全管理义务,那么安全管理义务的种类、内容、限度也有必要予以明确。同时,还要考虑网络平台提供者的实际履行能力、履行成本等其他方面的问题。

在快播案不久之后,我国《刑法修正案(九)》增设了拒不履行信息网络安全管理义务罪,针对网络平台的刑事责任问题提供了专门的责任规则。这也表明,网络平台提供者的刑事责任不能简单套用传统刑法理论,而是需要根据其特点来"量体裁衣"。然而,尽管具备了针对性罪名,但由于构成要件明确性方面的问题,这一罪名在实践中适用得并不多,相关规定的具体含义也存在一些争议。例如,拒不履行信息网络安全管理义务罪虽然针对网络平台提供者设定了信息网络安全管理义

[①] 尽管快播公司并没有以明显的平台形式提供服务,但其为不同的用户群体提供了充足的交互机制,在本质与平台模式具有一致性。

务，却没有在行为构成中明确信息网络安全管理义务的具体内容，因而仍需要参考法律、行政法规关于网络平台提供者义务的相关规定，致使这方面的内容呈现出一定的模糊性和不确定性，进而产生争议。

从上述网络平台提供者刑事责任认定规则的变迁来看，研究网络平台提供者的刑事责任这一课题既具现实意义，又有理论价值。鉴于网络平台在社会生活和网络经济中的地位日益重要，一个明确、合理的刑事责任认定规则必不可缺。进一步而言，该课题的意义还不只是为平台刑事责任的认定提供妥当的标准，它还关乎刑法理论在信息时代的立场，关乎刑法理论是否愿意持开放态度，考虑并吸收原有刑法评价体系之外的因素，如网络发展与技术创新方面的价值。

二 本书的学术贡献

《网络平台提供者刑事责任研究》一书针对网络平台提供者的刑事责任问题，介绍了我国相关的司法判例、刑法规范、司法解释以及近年来新出台的专门立法，梳理了关于网络平台提供者刑事责任模式的各种学术观点。本书还介绍了域外部分国家和地区的相关立法、判例，并且进行了比较法意义上的分析。在此基础上，提出了认定平台提供者刑事责任的基本思路。整体而言，本书在研究视角、研究方法和研究内容上做出了一些学术贡献，具体体现在以下三个方面。

其一，在尊重传统刑法理论的同时，对技术行为的特殊性给予了充分考虑。传统刑法理论很少考虑技术行为所独具的特性，本书在分析平台提供者的刑事责任时，较为注重考察网络平台开展服务所采用的信息传输、缓存、贮存等技术行为，基于技术行为的基本原理及其特殊性来分析行为的性质。相比于人的行为，网络平台的技术行为具有特殊性。在多数情况下，网络平台的行为并不是网络平台提供者意志的直接体现，网络平台提供者以程序代码的形式将其意志设定为平台的运行规则，而这种运行规则只有在平台用户介入的情况下才会成为现实。例如，网络平台提供者为其用户提供了信息沟通机制，使得平台用户之间可以通过信息传输进行交流，而只有在用户主动发送信息时这种沟通机制才实际发挥作用。从这个角度来看，网络平台的行为具有被动性和自动性特征。基于这种特征，就不难理解网络平台提供者无法及时对网络中所发布的信息知情，因为信息发布的过程是在用户主导的前提下自动实现的，网络平台只有在信息发布之后通过审查才能了解相关信息的内容。

其二，既注重网络平台业务行为存在的安全风险，也强调对于平台正常业务活动和相关技术的保护。一般而言，在论及某类行为或者某类主体可能涉及的刑事责任时，往往会更多关注刑事责任认定以及刑法规制，但本书并没有一味追求平台行为的入罪化以及刑事责任的证成，而是充分重视和关注平台行为具有积极价值的一面，在刑事规制与技术、业务保护之间寻求平衡。因此本书在分析网络平台提供者的刑事责任时，不仅致力于探索一个较为明确、合理的刑事责任标准，还尝试更进一步为合法的业务行为提供一个保护性的规范框架，以避免对存在风险的技术行为做出过激的刑事处罚。从更深层次来看，这种尝试实际上是出于对网络安全和网络发展两方面利益的权衡，防止刑法的过度介入阻碍技术创新和网络经济的发展。过去，刑法学者通常从"技术中立""中立帮助行为"的角度来主张对网络平台提供者的正当业务行为进行保护。这种保护理念和思路虽然有一定道理，但如果不将这种所谓的中立行为予以具体化，就无法明确何种技术行为应当受到保护。而本书则进一步指出，应当将网络平台提供者的正当业务行为进行标准化和具体化。以信息传输为例，应从立法角度明确何种情形中的信息传输具有中立性，从而更加清晰地确定合法行为的范围，如是否可以论证并确定符合以下特征的传输行为不具有刑事违法性：（1）网络平台提供者没有主动发起信息传输；（2）网络平台提供者没有选择信息传输的接收者；（3）网络平台提供者没有选择或者变更信息传输的内容。

其三，引入合规理念并使其进一步具体化，将合规规则作为网络平台提供者刑事责任的内核。从网络平台的实际定位来看，多数情况下网络平台及其提供者并不是犯罪活动的积极参与者，其更可能出于盈利或者成本方面的考虑怠于处置平台空间中存在的违法犯罪行为。因此，网络平台提供者的刑事规制目的就不仅仅在于对其进行惩罚，更重要的是要促使其承担维护网络治理的义务。《刑法修正案（九）》已在传统刑法不作为犯理论的基础之上，针对网络平台的特殊性增设了拒不履行信息网络安全管理义务罪，从违法信息内容处置、个人信息保护以及刑事案件证据留存三个维度设立了网络平台安全管理义务。本书基于刑事合规的理念，结合我国相关法律、行政法规，立足于维护网络安全和技术保护的价值导向，从解释论的立场进一步明确、完善了网络平台提供者安全管理义务的内容。以网络平台提供者处置违法信息方面的安全管理义务为例，本书梳理了《网络安全法》《全国人民代表大会常务委员会关于加强网络信息保护的决定》《全国人民代表大会常务委员会关于维护互联网安全的决定》等法律规范中的相关规定，在分析网络平台提供者辨别违法信息能力以及现实处置可能性的基础上，从违法信息的种类、范围、处置方式等方面对违法信息处置义务的具体内容进行细化和完善。

三　不足与期待

对于网络平台提供者的刑事责任问题，本书主张在传统刑法理论的基础之上，根据技术行为的特点以及网络空间的价值考量，构建具有针对性的责任认定规则。在《刑法修正案（九）》增设拒不履行信息网络安全管理义务罪的契机下，本书通过解释论的方法，从违法信息内容处置、个人信息保护以及刑事案件证据留存三个维度来明确和完善网络平台提供者的信息安全管理义务。但就本书的内容而言，目前更多篇幅集中在违法信息内容处置方面，个人信息保护和刑事案件证据留存方面的论述相对偏少。随着网络化和信息化的不断深入，个人信息保护和电子证据留存越来越受到重视。2021年8月20日《个人信息保护法》的通过意味着公民个人信息法律地位的明确以及基本保护框架的形成，刑法领域的特殊保护也将成为下一步研究的一个重点。鉴于网络平台在用户个人信息收集和保护中所处的关键地位，确有必要进一步明确网络平台在管理用户个人信息方面的要求，强化网络平台提供者对个人信息的保护。此外，由于网络与社会生活的深入结合，网络空间也成为滋生犯罪的温床，而相应的电子证据是打击网络犯罪的重要凭证。网络平台是网络空间的重要体现形式，其在保存网络活动相关证据方面具有得天独厚的优势，故有必要通过恰当的机制督促网络平台保存相关电子证据。因此，针对以上两个方面的内容，本书还有进一步强化和完善的空间。

博士后期间，孙禹在教学、科研等方面协助我和团队作了大量的工作，我对他心存感激。越是这样，越对他寄予厚望。他的博士后报告接续了本书主题的研究，并在评审中被评为优秀。难能可贵的是，他对技术问题比我们一般的法律人要懂得多一些、深一些。有这些积累不易，我真切地希望孙禹能在这个领域继续深入耕耘下去，密切跟踪前沿问题，不断提升理论素养，打造出自己的学术品牌，并以此为切入，为刑法学理论的发展作出自己的贡献。

应作者之邀，匆匆草就以上赘语，权以为序。

刘仁文
2023年11月29日

（刘仁文：中国社会科学院法学研究所二级研究院、刑法研究室主任，中国刑法学研究会副会长）

序　　二

孙禹博士在对外经济贸易大学的博士学位论文《网络平台提供者刑事责任研究》即将付梓出版，他请我为之作序。作为他博士学位论文的指导老师，我欣然应允。

孙禹博士很早就开始关注网络平台提供者刑事责任相关问题。2015 年深圳市快播科技有限公司因涉嫌传播淫秽物品牟利而被追诉时，他便由此开始思考应当如何合理地认定网络服务提供者刑事责任。2015 年底，他以题为"网络服务提供者关于淫秽信息的刑事责任"（The Criminal Liability of Internet Service Provider for Pornography）的研究计划申请到德国马克斯普朗克外国与国际刑法研究所进行为期两年的联合培养，并顺利获得了国家留学基金委员的资助。在马普所的两年期间，他学习了德语并围绕网络服务提供者刑事责任问题搜集了大量英文、德文文献。在此基础上，孙禹博士先后在《北方法学》《政治与法律》发表了文章《论网络服务提供者的保护规则——以刑事责任的限制为视角》《论网络服务提供者的合规规则——以德国〈网络执行法〉为借鉴》。可以说，上述学习经历和初步成果为他进一步开展研究奠定了一定的基础。

在关于网络服务提供者刑事责任问题的研究基础之上，孙禹博士后来进一步搜集、查阅相关文献并反复斟酌，将刑事责任的主体从网络服务提供者限缩为网络平台服务提供者，进而确定博士论文的选题为"网络平台提供者刑事责任研究"。相对于网络服务提供者而言，网络平台提供者是更为具体且更具类型化特征的概念。这一术语可以充分反映当前信息时代和网络社会的共享性和交互性特征，同时也有利于将研究视角聚焦到具有争议的刑事责任情景之中。早期在讨论网络服务提供者刑事责任时，通常会从网络接入服务提供者、网络信息定位服务提供者、网络储存服务提供者、网络中介服务提供者等角度进行划分。但实际上，很多互联网企业提供的服务模式较为复杂，很难从单一的"接入""储存"等角度进行界定，而且这类网络服务提供者的网络活动并不涉及具有争议的刑事责任问题。

网络平台提供者的刑事责任问题是一个紧跟时代发展且具有现实意义的选题。随着网络与社会生活的深入结合，网络空间已经逐步形成且为多数人所认可。如今的网络空间显然不再是一个虚拟空间，而与个体的利益息息相关。例如，当购物行为转移到线上以后，原来在线下购物中存在的欺诈、售假等情形也开始转移到线上。因此，随着越来越多的线下活动转移至网络空间，更多的生活利益也随之附加至网络安全利益之上。在这种情况下，网络平台作为网络空间的重要缔造者和规则制定者，其对维护网络安全具有重要意义。

从功利主义视角来看，鉴于网络平台服务提供者在网络空间的管理能力和技术能力，其更合适履行相应的安全管理职责。网络平台提供者的保障者地位和义务首先在民法领域得到确立。根据《民法典》第1198条之规定（原《侵权责任法》第37条），经营场所、公共场所的经营者、管理者在其经营管理范围之内负有一定的安全保障义务。如果因第三方行为导致侵权的，则由第三人承担侵权责任；经营者、管理者未尽到安全保障义务的，承担相应补充责任，并可以在承担补充责任后向第三方追偿。而在刑法领域，关于网络平台提供者在何种情况下需要为第三方犯罪行为承担责任的问题一直存在争议。传统刑法理论提供了不作为犯和共犯的认定规则，但是这两种刑事责任认定路径无法反映网络平台提供者作为空间管理者的定位，同时也无法针对技术特点提供具体、合理的判断标准。直至《刑法修正案（九）》增设拒不履行信息网络安全管理义务罪之后，才明确网络平台提供者在刑法领域的"守门人"地位以及其所需要承担的信息网络安全管理义务。

在这种背景之下，本书梳理了网络平台提供者刑事责任认定的刑法理论、国内外相关案例以及立法变迁，从解释论视角阐释、论证网络平台提供者刑事责任的根据、情形以及认定路径，并基于拒不履行信息网络安全管理义务罪明确了网络平台提供者刑事责任的认定规则和判断标准。拒不履行信息网络安全管理义务罪虽然指明，网络平台提供者须承担法律、行政法规规定的信息网络安全管理义务，但是并未明确规定这些义务的具体内容。依据《刑法》286条（拒不履行信息网络安全管理义务罪）上下文的表述，信息网络安全管理义务所对应的危害后果分别为：（1）致使违法信息大量传播；（2）致使用户信息泄露；（3）致使刑事案件证据灭失。因此可以大致将信息网络安全管理义务划分为三类，即违法信息处置义务、用户信息保护义务以及刑事证据留存义务。在此基础上，本书根据传统刑法理论、技术特性以及网络价值方面的考虑，从解释论视角进一步明确、完善了相关信息网络安全管理义务的内容。

在学位论文写作过程中，我曾就选题、框架、逻辑、观点等问题多次与孙禹交流。起初，他论文框架中的逻辑不够清晰，经过多次修改、调整后，论文才以"网络平台提供者的刑事责任"为主题展开，主题明确，逻辑清晰。在博士后期间，他在原有基础上进一步对书稿进行了修改，观点的提炼表达、学术规范、文字用语以及逻辑进程方面都有所提升。就目前本书的状况来看，其在网络平台提供者刑事责任研究方面表现出以下三个方面的特点：

一是尊重技术，充分考虑技术特点。在分析网络平台提供者刑事责任问题时，早期的研究甚至是国内外的司法实践，都存在生搬硬套传统刑法理论的问题，将传统刑法中的刑事责任认定规则直接用于网络平台提供者刑事责任的认定，进而导致不合理结论的出现。本书则始终强调网络平台提供者行为中的技术特性，即通过计算机程序而设定的自动行为具有预置性、被动性等特点，主张在认定网络平台提供者主观故意时持谨慎态度，并不应简单地将程序行为与网络平台提供者的态度相等同。

二是立场独特，兼顾网络价值考量。网络平台提供者的刑事责任问题，简单来说，就是讨论网络平台提供者在特定情况下是否应当承担刑事责任。这一问题既包含"是"的分析，也离不开"否"的判断。从已有的学术研究来看，更多研究偏重网络平台提供者的入罪化，即从立法论和解释论的视角构建或者阐释一个更容易认定刑事责任的判断标准。本书则同时重视关于"否"的讨论和判断，这一立场主要源于对网络平台提供者的行为所蕴含的网络经济利益和技术创新价值的考虑。特别是某些网络平台的模式创新或者技术创新，虽然从表面上看存在被非法利用的可能，但不应轻易忽视其在网络经济和技术进步方面的价值，应在一定限度内对其予以保护。针对这一问题，本书专门讨论了网络平台提供者的保护规则，建议对符合特定条件的技术行为予以法律上的保护，明确其中立性。

三是视野开阔，引入刑事合规理念。近年来，刑事合规问题成为刑法学和刑事诉讼学研究的热点，多数刑事合规研究集中在一般性理论方面，更多关注刑事合规的理念、模式、价值等问题，而较少与具体问题相衔接。本书从刑事合规的立场出发来解释网络平台提供者的信息网络安全管理义务。可以说，刑事合规问题与网络平台提供者的刑事责任问题具有天然的契合性。一方面，刑事合规的核心理念在于通过刑事政策上的正向激励和责任归咎，来推动犯罪风险的识别和预防，刑事合规的内容则体现为赋予企业及其经营者一定的刑事风险管理的积极义务。另一方面，网络平台提供者的信息网络安全管理义务，正是刑事政策方面责任归咎和刑事风险管理积极义务的准确体现。从这个视角来研究网络平台提供者的刑事责任问题，更加有利于平台提供者刑事风险的识别以及网络平台中犯罪行为的预防。

2019年，孙禹博士毕业后，到中国社会科学院法学研究所师从刘仁文教授从事博士后研究工作。在此期间，他继续从事网络犯罪方面的研究，并围绕网络爬虫等问题发表了多篇论文。现在，他已经完成博士后研究工作，进入应急管理大学从事教学科研工作。我很欣喜地看到他的成长，见证他用自身的认真与专注在学术和实践方面取得进步。希望孙禹能够进一步开阔思路，注重理论与实践的互动，在学术研究方面有更大的作为。

是为序。

赖早兴

2023年12月5日

（赖早兴：原对外经贸大学法学院教授、博士生导师，现任湘潭大学法学院教授、博士生导师）

目 录

第一章 绪论 …………………………………………… （1）
 第一节 选题意图 ………………………………… （1）
  一 背景分析 …………………………………… （1）
  二 问题的提出 ………………………………… （2）
  三 研究思路和目标 …………………………… （4）
 第二节 研究现状 ………………………………… （5）
  一 国内研究状况 ……………………………… （5）
  二 国外研究状况 ……………………………… （18）
 第三节 研究方法 ………………………………… （22）
  一 实证研究方法 ……………………………… （22）
  二 比较研究方法 ……………………………… （22）
 第四节 创新之处 ………………………………… （23）

第二章 网络平台提供者概述 ………………………… （25）
 第一节 网络平台提供者的概念 ………………… （25）
  一 概念的提出 ………………………………… （25）
  二 概念的争议 ………………………………… （26）
  三 概念的可行性 ……………………………… （27）
  四 概念的展开 ………………………………… （28）

第二节　网络平台的类型·····················(36)
　　一　网络平台的分类························(36)
　　二　网络平台划分标准的分析与选择·············(39)
　　三　网络平台的具体类型······················(40)
第三节　网络平台提供者的法律定位···············(47)
　　一　我国互联网立法中的表述··················(47)
　　二　相关刑事立法以及司法解释中的表述·········(48)
　　三　网络平台在法律规范概念体系中的定位·······(49)

第三章　网络平台提供者刑事责任的根据·············(51)
第一节　网络平台提供者刑事责任的事实根据
　　　　——基于对平台用户实施的严重违法行为的
　　　　实证分析·····························(51)
　　一　网络交易平台中的严重危害行为············(52)
　　二　社交网络平台中的严重危害行为············(53)
　　三　内容分享平台中的严重危害行为············(56)
　　四　网络信息平台中的严重危害行为············(57)
　　五　网络金融平台中的严重危害行为············(60)
　　六　应用商店平台中的严重危害行为············(60)
　　七　网络平台中严重危害行为的综合评价·········(61)
第二节　网络平台提供者刑事责任的规范根据········(65)
　　一　传统刑法中网络平台提供者刑事责任的规范根据······(65)
　　二　专门立法中网络平台提供者刑事责任的规范根据······(68)
　　三　司法实践认定网络平台提供者刑事责任所采用的
　　　　规范根据·····························(70)
　　四　网络平台提供者刑事责任规范根据的辨析·····(73)

第四章 网络平台提供者承担刑事责任的情形 (81)

第一节 网络平台提供者承担刑事责任情形之基本划分 (82)
一 网络平台提供者的基本行为方式 (82)
二 网络平台提供者作为与不作为责任的区分 (83)

第二节 网络平台提供者承担刑事责任情形之作为 (85)
一 网络平台提供者作为帮助犯 (85)
二 网络平台提供者作为正犯 (97)
三 网络平台提供者作为间接正犯 (98)

第三节 网络平台提供者承担刑事责任情形之不作为 (100)
一 网络平台提供者的保证人义务来源 (100)
二 网络平台提供者作为可能性 (104)
三 关于网络平台提供者不作为责任的质疑 (107)
四 网络平台提供者不作为刑事责任的特殊形式 (109)

第五章 网络平台提供者刑事责任的限制 (116)

第一节 网络平台提供者刑事责任限制的必要性 (116)
一 网络平台提供者刑事责任限制的现实必要 (117)
二 网络平台提供者刑事责任限制的理论必要 (122)

第二节 网络平台刑事责任限制的具体措施 (124)
一 网络平台提供者刑事责任限制的法定化
——设立网络平台提供者保护规则 (124)
二 网络平台提供者刑事责任限制的模式及比较 (126)
三 我国网络平台提供者刑事责任限制的具体构想 (138)

第六章 网络平台提供者刑事责任认定存在的问题及完善 (145)

第一节 网络平台提供者刑事责任认定存在的问题 (145)
一 拒不履行信息网络安全管理义务罪的适用困境 (146)

二　网络平台提供者刑事责任认定的冲突与混淆…………（149）
第二节　拒不履行信息网络安全管理义务罪的解释思路……（150）
　　一　拒不履行信息网络安全管理义务的具体内容………（153）
　　二　不履行信息网络安全管理义务的判断………………（195）
第三节　网络平台提供者刑事责任认定路径的比较与
　　　　选择………………………………………………………（198）
　　一　网络平台提供者刑事责任认定路径的比较…………（199）
　　二　网络平台提供者刑事责任认定路径的选择…………（200）

第七章　结论……………………………………………………（203）

参考文献……………………………………………………………（206）

第一章 绪论

第一节 选题意图

一 背景分析

互联网的发展带来了技术以及商业模式上的革新。近年来网络中最明显的一个趋势就是平台化（Platformazition），所谓的平台化是指"平台作为处于支配地位的、具有基础设施性质和经济性质的社交网络模式的兴起，以及社交媒体平台向其他网络空间扩张的各种后果"[①]。平台化的过程中存在三个非常重要的转变：第一，从资源控制到资源协调，在传统的互联网商业模式中，对资源的占有在竞争中发挥着决定性的作用，互联网企业更像是一种"管道公司"（Pipeline Firm），将自己所控制的稀缺资源输出给用户。而对于网络平台来说，最重要的资产是其所拥有的用户群体以及该群体所具有的资源；第二，从内部优化到外部互动，管道式的互联网企业通过组织内部的员工来创造价值，而网络平台通过促进外部的生产者和用户之间互动来创造价值；第三，从关注客户价值到关注生态系统的价值，管道式的互联网企业追求商品或者服务的个体消费者价值周期的最大化，而网络平台则追求在循环、迭代、反馈驱动过程中扩张的生态系统整体价

---

① SeeAnne Helmond, "The Platformization of the Web: Making the Web Data Platform Ready", *2 Social Media + Society*, 2015, pp.1–5.

值的最大化。① 这种变化在互联网媒体中体现的非常明显。以前的互联网门户网站（例如中国的四大门户网站，新浪、网易、搜狐、腾讯）通过创造自己的内容来吸引用户。其为了在竞争中获得优势，则必须雇用优秀的专栏作者来创造优质的内容，以保留自己的用户群体。而新兴的网络平台（例如新浪微博、腾讯微信）并不致力于创造自己的内容，而是保障用户可以获得对其有价值的他人内容（例如微信朋友圈中他人的状态）。对于这一类网络平台来说，最重要的、核心性的资产就是所拥有的用户群体以及用户所发布的内容。当越多的用户加入网络平台，所有成员的价值都会因此而增加——内容发布者的内容会被更多的人看到，所有用户都会获得更多的内容，而这也是一个不断向前循环发展的过程。

二 问题的提出

新的互联网商业模式给法律评价，特别是刑法评价带来了难题。当网络平台不再自己控制资源，而是通过外部化的方式来实现价值创造时，网络平台对于特定资源的控制能力就极为有限。此时则难以将特定资源提供的结果归于网络平台。对此有学者指出，伴随着网络平台思维的兴起，网络空间中的犯罪主体发生了变化，网络空间建造者成为责任认定的焦点，由此给刑法带来的冲击是如何评价网络空间建造的行为。② 对此，传统刑法提供的主要方案是将其定性为共同犯罪中的帮助犯。但是这种思路似乎无法有效地处理网络平台刑事责任的问题。虽然说将网络平台定位为帮助犯似乎是一种恰当的选择，但是一方面网络平台并非只是为犯罪活动提供空间，其服务也很大程度上，甚至主要被用于合法的活动，另一方面对于网络平台帮助犯地位

---

① See Marshall W. Van Alstyne, Geoffrey G. Parker, "Pipelines, Platforms, and the New Rules of Strategy", *4 Harvard Business Review*, 2016, pp. 54–58.
② 参见刘艳红《网络犯罪的刑法解释空间向度研究》，《中国法学》2019 年第 6 期。

的证明也并非易事，尤其是涉及网络平台主观明知和意思联络的证明。所以，平台模式出现所带来的问题是，网络平台在什么情况下会因为第三方在其网络中实施的犯罪行为承担刑事责任。

这一难题已经在司法实践中有所反映。2016 年，法院认定深圳市快播科技有限公司（以下简称"快播"）构成传播淫秽物品牟利罪，这一判决广受关注并且引发了极大的争论。快播并不是一个典型的网络平台提供者，但是其具备很多平台的重要特征。快播本身并不提供内容资源，而是第三方（即所谓的"站长"）将相关内容资源上传。可以说，快播主要通过提供播放器软件促进了用户和第三方站长之间的互动。法院最终从不作为的角度认定了快播以及相关主管人员传播淫秽物品牟利罪的刑事责任。但即使是在判决生效以后，关于快播罪与非罪的争论仍在持续。张明楷和陈兴良两位著名学者同时在《人民法院报》发文支持法院的判决。[①] 也有一些学者在网络中对此表达了相反意见，认为不宜从不作为的角度追究快播的责任。[②] 关于快播案的争论并没有止步于此，而是进一步延伸到了较为正式的学术讨论。《中外法学》2017 年第 1 期的前四篇论文都是围绕快播案展开的，除了陈兴良教授、周光权教授、高艳东副教授等学者以外，来自海淀区法院的实务人员也加入了快播案的讨论。此外，刘艳红教授、毛玲玲教授、桑本谦教授都对快播案件发表了自己的观点。不论对快播的判决结果支持与否，上述学者几乎都表达了不同的观点。例如在快播案判决支持者之间也存在着分歧。就快播的行为而言，陈兴良教授认为

[①] 参见张明楷《快播案定罪量刑的简要分析》，《人民法院报》2016 年 9 月 14 日第 3 版；陈兴良《在技术与法律之间：评快播案一审判决》，《人民法院报》2016 年 9 月 14 日第 3 版。

[②] 参见高艳东《质疑快播案判决：与陈兴良、张明楷教授商榷》，北大法律信息网，http://article.chinalawinfo.com/ArticleFullText.aspx? ArticleId = 97544，2018 年 10 月 20 日；李世阳《无可奈何花落去，似曾相识燕归来——评"快播"案一审判断》，360 个人图书馆，http://www.360doc.com/content/16/0918/11/2543594_591685588.shtml，2018 年 10 月 20 日。

快播以不作为的方式传播了淫秽信息;① 而毛玲玲教授通过对"传播行为"进行扩张解释的方式论证了快播"传播"的实行行为;② 来自实务界的范君法官认为快播既存在作为，也存在不作为——"作为与不作为在两个不同层面同时存在，反复发生并集合为一个犯罪行为";③ 周光权教授则认为虽然快播的行为同时含有作为和不作为，但从作为的角度论证更为合适。④ 由此可见，网络平台关于第三方实施犯罪活动的刑事责任是极具争议的。

此外，《刑法修正案（九）》又增设了拒不履行信息网络安全管理义务罪和帮助信息网络犯罪活动罪。前者对于网络平台具有很强的针对性，而后者在罪状的表述中涉及了很多网络平台开展业务所必须依赖的基础性技术行为。可以说，这两个罪名的增加使得原本就已经难以判断的网络平台刑事责任变得更加复杂、模糊。对此还需要进一步回答的问题是，如何理解这两个新设的刑法规范、这两者与刑法传统理论中网络平台不作为犯、帮助犯的定位有何区别以及如何将这两个刑事规范融合入现有的刑法体系。

三 研究思路和目标

鉴于网络平台服务模式的兴起以及所带来的法律问题，本书将结合现有刑法规范、法律以及行政法规中的相关规定，研究网络平台提供者的刑事责任问题，尤其是在平台用户或者第三方实施犯罪活动情况下，网络平台是否以及在何种情形、何种条件下需要承担刑事责任。

---

① 参见陈兴良《快播案一审判决的刑法教义学评判》，《中外法学》2017年第1期。
② 参见毛玲玲《传播淫秽物品罪中"传播"行为的性质认定》，《东方法学》2016年第2期。
③ 参见范君《快播案犯罪构成及相关审判问题——从技术判断行为的进路》，《中外法学》2017年第1期。
④ 参见周光权《犯罪支配还是义务为犯——快播案定罪理由之探析》，《中外法学》2017年第1期。

首先需要明确的是网络平台的概念和主要类型（第二章）。目前而言还不存在一个针对网络平台相对较为具体、明确的概念。将网络平台作为研究的主要对象，则必须对其内涵和外延进行一定程度的限制。可以说，概念是研究的起点和基础。

其次，基于网络平台这一概念和主要类型，可以收集、整理、分析网络平台中存在的犯罪活动，即网络平台承担刑事责任的事实依据。由于本书研究的主要问题是网络平台提供者关于他人实施犯罪活动的刑事责任，故事实依据源于平台用户或者第三方实施的严重危害行为。但通常而言，行为人只因自己实施的行为承担刑事责任。所以还需要讨论在特殊情况中追究网络平台提供者刑事责任的规范根据，即刑事法律规范中的相关规定。（第三章）

再次，网络平台提供者承担刑事责任的事实根据与规范根据对应了网络平台提供者承担刑事责任的不同情形。有必要对网络平台提供者承担刑事责任的情形进行汇总、梳理，并分别讨论不同刑事责任情形的成立条件。（第四章）考虑到在个别刑事责任情形中存在认定标准模糊且刑事责任呈现出扩张的趋势，有必要结合刑事政策的考虑对网络平台提供者的刑事责任进行限制。限制的基本思路是参照欧美国家网络平台提供者的保护规定，从立法上为网络平台提供者提供保护，以实现责任的限制。（第五章）

最后，在分析网络平台提供者承担刑事责任的不同情形以及对网络平台提供者刑事责任进行限制的基础上，进一步解决网络平台提供者刑事责任认定中存在的问题并探索认定网络平台提供者刑事责任的较为恰当的路径。（第六章）

第二节　研究现状

一　国内研究状况

网络平台是一个相对较新的概念，但目前国内直接以网络平台作为研究对象的文献材料却并不少见。其中包括周雪峰教授主编的《网络平台治理与法律责任》以及以平台刑事责任为主题的论文，具有一定影响力的论文包括皮勇教授的《网络金融平台不作为犯的刑事责任及其边界——以信息网络安全管理义务为切入点》、王平教授的《网络平台刑事合规的刑法教义学分析》、齐文远教授的《网络平台提供者的刑法规制》、于冲副教授的《网络平台刑事合规的基础、功能与路径》、李源粒副教授的《网络安全与平台服务商刑事责任》、孙道萃副教授的《网络平台犯罪的刑事制裁思维与路径》和《网络直播刑事风险的制裁逻辑》等。除此之外，更多的文献主要是以网络服务提供者为研究对象来分析其刑事责任。可以说，网络服务提供者是网络平台的上位概念，前者包括后者。而且，对网络服务提供者刑事责任问题的研究也主要是集中在关于用户或者第三方实施违法犯罪行为时服务提供者是否以及在什么情况下承担责任等问题方面。故关于网络服务提供者刑事责任的研究实际上也可以归入平台的研究状况，甚至在某些情况下可以将两者等同。

(一) 规制对象的提出

将网络平台作为刑事责任的主体进行研究也是近几年才提出的，李源粒博士指出，"平台服务商的社会责任在非刑事领域有所体现。平台滋生的犯罪具有严重的社会危害性，提供平台服务的行为起着重要的作用，应该入罪化"。[①] 李源粒博士在皮勇教授对网络服务者分类的基础上（网络服务提供者包括：内容提供者、介入提供者以及平台提供者），将网络平台作为刑事责任的主体。但并没有进一步深入分析网络平台的概念。此处的网络平台更多是在形式上对网络服务提供者的一种替代。虽然一些学者都主张通过类型化的思维来分析网络服务提供者的刑事责任，但是对于网络平台是否可以作为一种独立的主

---

① 参见李源粒《网络安全与平台服务商的刑事责任》，《法学论坛》2014 年第 6 期。

体则存在争议。王华伟博士认为，平台概念过于宽泛、多义，涉及多种技术功能角色，不适合作为一种基础性的概念。① 而杨彩霞教授认为，"网络平台"已经是一种约定俗成的说法，其提供的服务主要应客户的请求而产生，参与程度相对于其他类型提供者更高，因此形成了一类独特的参与类型。② 在多数研究网络平台刑事责任的文献中，并没有着重对网络平台的定义进行具体分析，只是单纯地将平台直接作为责任的主体。对此，周学峰教授对于网络平台的概念进行相对较为全面的分析，从语义、经济学、计算机科学的角度阐释了不同的含义，并特别强调了网络平台中介性的特征，即网络平台在双方或者多方用户之间的媒介、促进作用。③

就目前关于网络平台概念的研究而言，并没有提出一个较为具体的概念。所做出的界定大多是在已有文献上的重复。因此有必要进一步明确网络平台的概念，在此基础上列举网络平台的基本类型，使之进一步具体化。

（二）网络平台（网络服务提供者）刑事责任的范围④

就网络平台承担刑事责任的具体犯罪活动类型而言，主要是用户或者第三方传播违法信息内容的犯罪行为。有学者从网络谣言的角度分析网络平台的刑事责任，⑤ 也有学者从涉黄、涉暴、涉淫秽等宽泛的违法信息内容角度讨论网络平台的刑事责任⑥，或者是将几乎所有涉及违法信息内容的犯罪活动纳入网络平台的刑事责任范围，甚至将

---

① 参见王华伟《网络服务提供者的刑法责任比较研究》，《环球法律评论》2016年第4期。
② 参见杨彩霞《网络服务提供者刑事责任的类型化思考》，《法学》2018年第4期。
③ 参见周学峰、李平主编《网络平台治理与法律责任》，中国法制出版社2018年版，第9页。
④ 考虑到许多学者讨论网络服务提供者责任时实际上是使用了与网络平台相同意义的概念，所以此处将网络服务提供者视为网络平台。
⑤ 参见田刚《信息时代网络服务商法律责任体系的反思与重构——以微博平台网络谣言的制裁和预防为视角》，《北京警察学院学报》2015年第1期。
⑥ 参见孙道萃《网络直播风险的制裁逻辑》，《暨南学报》（哲学社会科学版）2017年第11期。

一些原本不属于传播型的犯罪信息化，例如将网络诈骗行为转化为诈骗信息。① 而其他没有提及网络平台刑事责任范围的文献，基本都秉承了一个默认的前提，即其所讨论的是第三方传播违法信息内容情况中的网络平台刑事责任。

皮勇教授根据我国最新的刑事立法以及欧美国家关于网络平台的规定，将网络服务提供者的刑事责任划分为三类："第一类是网络平台对自己提供的信息内容承担一般的法律规定的责任"；"第二类是网络平台对他人提供的内容信息承担监督义务，同时设定了免除法律责任的条件，只有同时满足法律规定的'知情'、'技术上阻止可能性'、'阻止不超过其承受能力'等条件，网络服务提供者才承担一般的法律规定的刑事责任"；"第三类是网络平台因不履行协助执法等管理义务而承担的相应法律责任"。②

（三）网络平台（网络服务提供者）承担刑事责任的情形

从整体来看，一些学者试图总结概括认定网络平台刑事责任的各种路径。涂龙科研究员总结了追究网络平台刑事责任的三条路径：第一是共犯模式，即主要是将网络平台视为他人实施犯罪活动的帮助犯；第二是帮助行为正犯化模式，即通过帮助信息网络犯罪活动罪来追究网络平台的刑事责任；第三是拒不履行法定义务责任，即通过增设的拒不履行信息网络犯罪活动罪来追究网络平台责任。③ 皮勇教授对此也表达了相近的观点。④ 此外还有论者从不作为的角度分析了网络平台的刑事责任。⑤ 但是目前并没有文献分析拒不履行信息网络安

---

① 参见涂龙科《网络内容管理义务与网络服务提供者的刑事责任》，《法学评论》2016年第3期。
② 皮勇：《论网络服务提供者的管理义务及刑事责任》，《法商研究》2017年第5期。
③ 参见涂龙科《网络服务提供者的刑事责任模式》，《政治与法律》2016年第4期。
④ 参见皮勇《论网络服务提供者的管理义务及刑事责任》，《法商研究》2017年第5期。
⑤ 参见孟传香《关于网络服务提供者不作为刑事责任问题的探讨》，《重庆邮电大学学报》2012年第6期；葛立刚《网络服务商不作为刑事责任边界》，《西南政法大学学报》2016年第6期；秦天宁《网络服务提供者不作为犯罪构成要素解构——基于"技术措施"的考察》，《中国刑事法杂志》2009年第9期。

全管理义务罪与网络平台不作为责任是否存在区别。所以暂时可以将不作为责任列为第四种路径。

1. 网络平台提供者作为共犯

即使是将网络平台定位为他人犯罪的共犯，也存在不同的观点。有学者认为："如果网络服务商对自己域名范围内的信息及其内容违法存在知情，并且明知不特定社会公众通过该服务商自己提供的服务能够进入违法内容，而且能够以足够的技术手段来组织公众进入违法内容，但网络服务商出于招徕用户或者提供点击率等目的放任违法内容的存在。且该违法信息的制作、传播等行为已经构成犯罪的话，该服务提供商构成片面帮助犯。"其根据在于，"尽管网络服务商主观上帮助信息发布者传播违法信息的目的并不存在或者并不明确，但由于追求商业利益目的的存在，其对自身行为客观上帮助了信息发布者仍然是有明确认识的，这是一种明知危害后果必然发生而放任发生的心理，虽然不属于明知危害后果必然发生而希望发生的典型直接故意类型，但在刑法理论的通说中也被认为是直接故意。又因为网络服务商与信息发布者通常不存在意思联络，不具有共同的犯罪故意，因而不构成共同犯罪。对于网络服务提供商而言，只能根据存在帮助信息发布者传播违法信息的直接故意和行为而构成其片面共犯。"[①]

对于网络服务提供商与信息发布者之间意思联系的认定，有学者提供出了不同的观点并批判了放弃意思联络的片面共犯的解决思路，主张信息社会背景下意思联络要求缓和这一命题。其所建议的解决方案是"针对共同性的未必故意"和"通过符号语言的意思联络"两个理论工具的使用。具体而言，构成共同犯罪只需要达到"针对共同性的未必故意"便已足够，即仅需要认识到其他参与人很可能处于与

[①] 刘守芬、丁鹏：《网络共同犯罪之我见》，《法律科学》（西北政法学院学报）2005年第5期。

自己的共识之中。此外，意思联络并不需要具有绝对的清晰型和明确性，只要传递信息的符号能够在不同犯罪参加人之间大致形成某种程度的沟通。①

有学者针对违法信息的制作、传播构成犯罪的前提提出了不同意见。由于网络中的共同犯罪行为体现了新的特点，故有必要重新构建共犯的规则模式。具体表现为"最小从属性"和"行为共同说"的提倡。最小从属说主张共犯的成立以正犯行为具有构成要件符合性为充足条件，这意味着即使个别行为人通过网络平台提供者传播非法信息的行为不具有违法性，也可以认定平台成立帮助犯。②

同时，也有一些学者对网络服务提供者帮助犯的刑事责任持否定意见。皮勇教授并不认同网络服务提供者的帮助犯责任。"虽然网络服务商的行为似乎符合帮助犯的条件，但应当承担法律责任"。"这是因为：首先，互联网中每时每刻都有亿兆的数据在流动，如果要求网络服务商对这些数据进行鉴别、控制，必然要牺牲网络服务的质量，甚至无法正常向公众提供网络服务。法律不要求人们做无法做到的事，当然不应要求网络服务商承担无法完成的鉴别、控制淫秽信息的责任。其次，法律作为社会上层建筑，应当有利于生产力的发展，如果要求网络服务商承担以上责任，必将阻碍网络服务的开展，进而阻碍以网络服务为基础的所有信息行业的发展。再者，网络服务业几近于电话服务业，犯罪人借助电话实施犯罪行为，而法律不要求电话公司承担法律责任。"③

孙万怀教授认为，即便网络平台主观上具有间接的故意，客观上为用户的非法活动提供了帮助，但根据中立的帮助行为理论，网络服

---

① 参见吕翰岳《互联网共同犯罪中的意思联络》，《法学评论》2017年第2期。
② 参见王霖《网络犯罪参与行为刑事责任模式的教义学塑造》，《政治与法律》2016年第9期。
③ 皮勇：《网络服务提供者的刑事责任问题》，《光明日报》2005年6月28日第3版。

务提供行为属于不可罚的中立行为,因此会员利用这种服务实施侵犯他人著作权犯罪行为的,应由会员自我负责。① 周光权教授将网络平台的业务行为认定为中立帮助行为,并在此基础上采用客观归责理论否定网络平台的帮助犯责任,即通过否定网络服务提供行为客观构成要件的符合性来限制定罪的范围。"将客观归责理论借用到网络犯罪中,应该认为单纯提供网络技术的'中立帮助行为'(经营行为),原则上就不能处罚。"② 陈洪兵教授认为,提供网络平台服务的网络运营商,通常也不应该承担责任。因为其业务行为并没有制造不被法允许的风险,应否定行为的法益侵害性。③ 但是陈洪兵教授并没有否定网络服务提供者行为的可罚性,如果接到有关司法部门的正式通知,接入服务提供者仍然提供接入服务的,可以成立帮助犯。④

关于中立帮助行为理论在网络平台刑事责任问题上的适用,有学者提出质疑,"实际上,中立帮助行为理论在限制、界定网络服务提供者的刑事责任上的缺陷较为明显:一是,中立帮助行为理论对可罚的中立行为的界定观点众多、争议较大,且观点提出的标准本身非常含糊,其可操作性值得疑问。二是在网络中,中立帮助行为理论无法区分不同的网络服务提供者,难以和服务分类的刑事责任体系对接,无法实现限制刑事责任追究范围的目的。总而言之,无论是传统的共犯理论还是中立帮助行为理论,在网络服务提供者的刑事责任课题上的解释力有限。"⑤ 而也有学者认为,"中立帮助行为理论强调了网络服务提供者一般性经营活动主体的地位,重视了这种中立性技术行为在经济运行过程中的作为,也着重对不同利益进行了权衡和比较。从结论上来看,该理论可以缩限网络服务提供者刑事责任的不当扩张。"但用中

---

① 孙万怀、郑梦绫:《中立的帮助行为》,《法学》2016 年第 1 期。
② 周光权:《网络服务商的刑事责任范围》,《中国法律评论》2015 年第 2 期。
③ 参见陈洪兵《中立的帮助行为》,《中外法学》2008 年第 6 期。
④ 参见陈洪兵《中立帮助行为》,法律出版社 2010 年版,第 223 页。
⑤ 参见涂龙科《网络内容管理义务与服务提供者的刑事责任》,《法学评论》2013 年第 3 期。

立帮助行为来解释网络服务提供者的刑法责任存在两点局限性：第一，由于网络对于共同犯罪形态的影响，中立帮助行为的适用环境发生了巨大的变化。"司法实践中我们面对的问题常常是网络服务提供者根本就不构成共犯，而不是如何从共同犯罪中剥离出部分不可罚的'中立帮助行为'。从这一点来看，'中立帮助行为理论'存在一定程度的理论构建与现实问题的'失焦'"；第二，网络服务提供者具有双重法律身份，其既是自由市场交易主体也是特定条件下的监督主体。而监督主体的身份表明服务提供者所处的地位必然不是中立的。①

2. 帮助犯正犯化

首先，就帮助信息网络犯罪活动罪而言，学者对其犯罪化的对象存在争议，争议点在于其犯罪化对象是否包括服务提供者的中立帮助行为。车浩教授认为帮助信息网络犯罪将处于争议之中的中立帮助行为，一下子提升为正犯，并且表达了对这种立法方式的担忧。② 刘艳红教授认为网络服务提供商的服务具有日常性，且网络服务提供者主观上至少是未必的故意，这决定了该行为属于典型的中立帮助行为，因此该罪名的设立为网络帮助行为的犯罪化。③ 但张明楷教授认为帮助信息网络犯罪活动罪并不意味着对中立帮助行为的犯罪化，如果仅仅因为这些行为客观上对他人的信息网络犯罪行为起到帮助作用，且行为认识到自己的业务行为会对他人的信息网络犯罪有帮助作用，就以犯罪论处，那么就过分限制了国民的自由，也不利于社会的发展。④ 虽然，这一罪名的犯罪化对象存在争议，多数学者不赞成对网络服务提供者的中立帮助行为进行处罚。但也有学者表示对这一罪名的设立

---

① 王华伟：《网络服务提供者刑事责任的认定路径——兼评快播案的相关争议》，《国家检察官学院学报》2017年第9期。
② 参见车浩《刑事立法的法教义学反思——基于〈刑法修正案（九）〉的分析》，《法学》2015年第10期。
③ 参见刘艳红《网络犯罪帮助行为正犯化之批判》，《法商研究》2016年第3期。
④ 参见张明楷《论信息网络犯罪活动罪》，《政治与法律》2016年第2期。

的支持态度。刘宪权教授认为信息网络技术支持、帮助行为与直接侵害利益的犯罪实行行为的结合无疑是互联网时代非法犯罪风险的典型。信息网络服务提供者明知其技术支持对象是传播盗版、色情、欺诈、非法集资信息等犯罪活动者，仍为其提供相关服务的，应当独立承担支持、帮助利用信息网络实施犯罪的刑事责任。新罪名的规范构建特征可以消除在传统共犯结构下分析业务行为刑事责任的障碍。[①]有学者认为这一罪名的设立有利也有弊，一定程度上讲，帮助信息网络犯罪活动罪的设立不仅是对当前网络服务商技术帮助犯罪的积极回应，也是对长期以来司法实践经验的总结和确认，但相关司法解释原有的体系性缺陷并未因此消除，同时也造成刑法解释乃至刑法适上的不协调。[②]

3. 网络平台提供者作为不作为犯

皮勇教授认为，在个人主页制作者将淫秽信息上传到商业网站服务器的情况中，如果商业网站明知自己的计算机系统中存在淫秽信息而不停止传输的，构成故意传播淫秽信息的行为。"因为依照我国《互联网信息服务管理办法》规定，服务提供者应该向上网用户提供良好的服务，并保证所提供的信息内容合法，不得传播包括淫秽信息在内的九类信息，如发现其网站传播的信息属于九类信息之一的，应该立即停止传输，保存有关记录，并向国家有关机关报告"。有学者认为服务提供者可以构成两种形式的不作为犯：即构成不作为的帮助犯和不作为的单独犯罪。[③]

关于网络服务提供者不作为义务的产生依据，存在以下几种观

---

① 参见刘宪权《论信息网络技术滥用行为的刑事责任——〈刑法修正案（九）〉相关条款的理解与适用》，《政法论坛》2015年第6期。
② 参见葛立刚《网络服务商不作为刑事责任的边界》，《西南政法大学学报》2016年第6期。
③ 参见秦天宁《网络服务提供者刑事责任犯罪要素的解构——基于"技术措施"的考察》，《中国刑事法杂志》2009年第9期。

点：第一，网络服务提供者的义务来源是我国现行法律中的相关规定——2000年《全国人民代表大会常务委员会关于维护互联网安全的决定》第7条、2006年《最高人民法院审理涉及计算机网络著作权纠纷案件适用法律若干问题的解释》第4条、2006年《信息网络传播权保护条例》第23条；第二，网络服务提供者的作为义务来源于其先行行为。所谓先行行为的义务是指自己创造出法益危险的人，负有避免该危险实现的义务。"网络服务商的网络服务行为本身便具有一定的风险，但不因此而具有刑法上的可归责性，正如出售菜刀者不能因为菜刀可能被用于杀人而被追究责任。但当这种风险超出法律所允许的范围，使行为所保护的法益面临现实的危险，制造该风险的网络服务商就具备了避免该危险向现实转化的义务，如果不履行该义务则应承担不作为责任"①；第三，服务提供者的保证人义务不是来源于先行行为而是源于对危险源的监督。当先行危险行为是在正当防卫下做出的，或者该行为具有社会普遍性，或者其是在可容许的风险、社会相当的危险以及符合法律的前行为的背景下做出的，则此时保证人的义务尤其需要被否定。网络服务提供者原则上并不具有来源于先行行为的保证人义务，还有另外一个原因：先行行为必须引起了构成要件结果的紧迫危险，并且这种危险在先前行为中已经客观存在了。如果某人通过一个合法行为创造了某种条件，而另外一个负有责任的实行人利用这种条件实施了故意犯罪行为，此时不能认为前者已经创造了这种紧迫危险。"计算机网络或者互联网中公共可用的储存空间能够形成一个危险源，因为其为非法内容的匿名传播和其他人犯罪行为提供了机会。对危险源的事实性支配是形成保证人地位的前提"。②

---

① 葛立刚：《网络服务商不作为责任的边界》，《西南政法大学学报》2016年第12期。
② Hoeren/Sieber/Holznagel, Multimedia-Recht Handbuch, Rechtfragen des elektronischen Geschaftsverkehrs, Verlag C. H. Beck munchen 2013, Sieber Teil 19. 1 Allgemeine Problem des Internetstrafrecht, Rn. 43.

一般认为,由于网上存在海量的信息,难以期待服务提供者能够对违法信息、违法网站进行事前审查、实时监控,即不具有保证人地位。只有在接到权利人的有效通知或者法定监管部门的改正指令后,才负有采取断开连接、移除信息等有效措施的义务。[①]

4. 拒不履行义务责任

关于入罪的理论根据,存在以下三种观点:(1)拒不履行信息网络安全管理义务罪的理论依据是监督过失理论,监督过失理论是指对危害结果发生而言,监督者没有完全履行监督义务,使处于监督者之下的被监督者的行为直接引起结果的发生应负刑事责任的情况;[②](2)管理危险源是网络服务提供者的实质作为义务发生的根据,是其不作为成立具体言论类型犯罪等不真正不作为犯的基础;[③](3)先行行为的义务来源也可以作为拒不履行信息网络安全管理义务罪的依据。[④]

该罪的设立存在以下四个方面的不足:(1)拒不履行信息网络安全管理义务罪中关于"拒不改正"的表述体现了行为人刑法的思想;[⑤](2)拒不履行信息网络犯罪活动罪中的信息网络安全管理义务并不明确,而且禁止服务提供者开展业务的禁令过多,会导致业务无法开展;[⑥](3)构成要件所规制的行为缺乏严重的危害性,且存在应罚性的疑问。"该罪立法属于滥用刑法的威慑、惩罚功能,欠缺立法的必要性和适当性,不能代替良好的行政监管,对我国信息社会的发展弊大

---

① 参见陈洪兵《论中立帮助行为的处罚边界》,《中国法学》2017年第1期。
② 参见陆旭《网络服务提供者刑事责任及展开——兼论〈刑法修正案(九)〉相关规定》2015年第6期。
③ 参见刘艳红《网络时代言论自由的刑法边界》,《中国社会科学》2016年第10期。
④ 参见葛立刚《网络服务商不作为刑事责任的边界》,《西南政法大学学报》2016年第6期。
⑤ 车浩:《刑事立法的法教义学反思——基于〈刑法修正案(九)〉的分析》,《法学》2015年第10期。
⑥ 参见周光权《网络服务商的刑事责任范围》,《中国法律评论》2015年第2期。

于利";① (4) 主观构成要件的设置使其与帮助信息网络犯罪活动罪存在重合致使立法过剩,"经责令而拒不改正"不当地限制了处罚范围。②

与此相反,也有学者对拒不履行信息网络安全管理义务罪的设立持支持态度,认为"平台责任"实现了"国家—个人"规制模式向"国家—服务提供者—个人"规制模式的转变,"平台责任实际通过刑事责任的方式,倒逼网络服务商进行自我管理,自觉构建安全管理机制,履行安全管理义务。这种思路恰恰切合了'刑事合规'的基本理念"。并且认为这种规制模式的建立会获得双赢的局面,"从网络服务商的角度讲,鉴于刑法的严厉性以及可能由此带来的企业名誉的减损、与此相关的股票价值大幅度下跌、市场丧失等经济损失,其更倾向于履行刑事法律规范的要求,建立内部安全管理机制,从而不仅可以减少他人利用网络平台的犯罪,而且还可以预防针对网络平台自身网络系统的犯罪。从国家的角度讲,服务商认真实施合规管理,可以带来司法效率的提升:相关犯罪证据被妥善地记录、保存,使得犯罪更容易被侦破;内部管理系统的建立意味着内部职员犯罪后组织体的及时反应并配合司法机关办理案件,从而提高司法效率。"③

关于本罪与帮助信息网络犯罪活动罪之间的关系,存在以下五种观点:第一,当网络服务提供者经监管部门责令改正后拒不改正的,既可以认为行为人系"明知"他人利用信息网络实施犯罪而提供技术支持,因而成立帮助信息网络犯罪活动罪,也可以认定行为没有履行信息网络安全管理义务,因此两罪在构成要件层面存在重合;④ 第二,

---

① 皮勇:《论网络服务提供者的管理义务及刑事责任》,《法商研究》2017年第5期。
② 参见李本灿《拒不履行信息网络安全管理义务罪的两面性解读》,《法学论坛》2017年第3期。
③ 李本灿:《拒不履行信息网络安全管理义务罪的两面性解读》,《法学论坛》2017年第3期。
④ 参见涂龙科《网络服务提供者刑事责任模式及其辨析》,《政治与法律》2016年第4期。

拒不履行信息网络安全管理义务罪"应是网络服务提供者不纯正不作为实际构成帮助的刑事责任之外的规定";① 第三，成立帮助信息网络犯罪活动罪仍需以具体实行行为成立犯罪为前提而存在适用盲区，立法者才设立了可以不依托他人实行行为而直接成立犯罪的拒不履行信息网络安全管理义务罪，进而设立了专门以平台为刑事责任主体的平台责任；第四，非法不履行信息网络安全管理义务与为信息网络犯罪提供技术支持在犯罪行为方面本质是相同的，即都是为了信息网络犯罪提供活动提供技术支持和帮助，但在犯罪类型上存在区别。前者通过不履行信息网络安全管理义务的消极不作为的方式帮助提供技术支持和帮助，后者是通过提供信息网络服务积极的方式提供帮助;② 第五，拒不履行信息网络安全管理义务罪的设立是由于考虑到网络服务提供者行为具有中立帮助行为的特殊性质，意在通过"责令改正"的特殊程序限制处罚范围，从而在互联网创新保护与打击网络犯罪之间寻求平衡。③

关于信息网络安全管理义务的内容存在以下三种观点。皮勇教授认为，拒不履行信息网络安全管理义务的内容应受到刑法规定的限制，具体应该包括协助执法、关键信息基础设施中的个人信息和重要数据的境内留存、保护个人信息、监管发现的违法信息以及针对恐怖主义、极端主义内容信息的监督义务。④ 有学者按照时间顺序将服务提供者的内容管理义务分为三类：其一是对网络内容的预先审查义务；其二是网络内容的事实审查制度；其三是违法信息出现后的删除报告义务。但认为设定网络服务提供者的预先审查义务和实时监控义

---

① 参见敬力嘉《拒不履行信息网络安全管理义务罪：以网络服务提供者的刑事责任为重展开》，《政治与法律》2017 年第 1 期。
② 参见刘宪权《论信息网络技术滥用行为的刑事责任——〈刑法修正案（九）〉相关条款的理解与适用》，《政法论坛》2015 年第 6 期。
③ 参见陈洪兵《论拒不履行信息网络安全管理义务罪的使用空间》，《政治与法律》2017 年第 12 期。
④ 参见皮勇《论网络服务提供者的管理义务及刑事责任》，《法商研究》2017 年第 5 期。

务并不妥当，必然导致网络服务提供者的负担过重，阻碍网络服务提供者的经营自由、束缚其发展空间。① 谢望原教授认为拒不履行信息网络安全管理义务是纯正的不作为犯，只能由不作为构成。信息网络安全管理义务体现为两种，即禁止性规范为网络服务提供者设定的义务和命令性规范为网络服务提供者设定的义务。②

二　国外研究状况

对于网络平台刑事责任的域外研究状况，笔者主要选择德国和美国作为主要参照对象。由于法律制度以及立法状况的不同，研究的重点也有所不同。由于德国和美国都存在针对网络平台的特殊立法，其研究都围绕着网络平台的特殊责任规则展开。德国学者 Sieber 教授通过比较法分析对网络服务提供者的特殊规则进行了总结。就网络服务提供者的刑事责任而言，除了依靠刑法总则基本原理的传统刑法解决方案以外，还包括以下责任规则：第一，阶梯式责任以及其他新闻法规则。一些法律体制将服务提供者对于第三方非法表达行为的共同责任与传统的新闻法规则或者模式相连。第二，一些法制设置了服务提供者的特殊责任规则，主要涉及服务提供者的责任特权。相关的法律改革适用了不同的法律技术，这些技术分别表现为适用于所有法领域的一般性截面规则（欧洲），或者适用于特定法律部门的规则（美国）。以德国《电信传媒法》为代表的截面规则（跨法领域适用），主要根据网络服务提供者的功能来限制其责任。《电信传媒法》的第 7 条、第 8 条、第 9 条以及第 10 条分别规定了服务提供者责任的基本原则、信息传输的责任、基于传输的信息缓存的责任以及信息储存的责任。其内容主要是特定条件下服务提供者对于传输、缓存、储存信息的免责规则。美国比较具有代表性的服

---

① 参见涂龙科《网络内容管理义务与服务提供者的刑事责任》，《法学评论》2013 年第 3 期。

② 参见谢望原《论拒不履行信息网络安全管理义务罪》，《中国法学》2017 年第 2 期。

务提供者特殊规则是《通讯规范法》第230条所确定的免责规则：即任何交互性计算机服务的用户和使用者都不能被视为其内容提供者发布的信息的发布者或者表述者。[1]

德国学者通常都是结合《电信传媒法》中相关规定和刑法的一般原则综合分析网络平台的刑事责任。[2]《电信传媒法》中特殊责任规则与刑法之间的关系主要表现在《电信传媒法》中的作为责任限制规范的条件的功能对于刑法一般规则适用的决定性影响。在刑法中一个完整规定的要素通常被归属于三个阶层，即构成要件符合性、违法、责任。那么需要考虑的是将特殊规则分配到哪一个阶层。[3]对此有学者认为，因为《电信传媒法》通过限制义务范围而实现了责任限制，这表明这些规则限制了命令规范与禁止规范，因此可以被归属于刑法行为规范的构成要件限制部分，在这一部分其可以被解读为近似空白规范中的补充规范。[4] 即使是在构成要件符合性层面讨论责任规则，也存在两种不同的观点：第一种是预先过滤方案，即将特殊规则作为独立的过滤规则在各种特定法领域的法规之前进行检查；[5]第二种是融合方案，即将特殊规则的各种要素作为构成要件要素进行解读。

---

[1] Vgl Sieber, Die Verantwortlichkeit von internet Providern im Rechtvergleich, ZUM (1999), 196 ff., 198 ff.

[2] Vgl Sieber, Verantwortlichkeitim Internet, Verlag C. H. Beck 1999, S. 105; *Isabel Blanke*, Über Die Verantwortlichkeit des Internet-Providers—Eine Untersuchunganhand des Teledienstgesetzsowienachallgemeinen Strafrechtliche Zurechnungskategorien, Verlag Görich und Weiershäuser 2006, S. 44.

[3] Vgl Hoeren/Siber/Holznagel, Multimedia-Recht Handbuch, Rechtfragen des elektronischengeschaeftsverkehr, Verlage C. H. Beck München 2013, Teil 18.1 AllgemeinsGrundsatze der Haftung, Rn. 20.

[4] Tobias Paul, Primärrechtliche Regelungenzur Verantwortlichkeit von Internet Providernausstrafrechtliche Sicht, Nomos 2005, S. 99.

[5] Vgl Hoeren/Siber/Holznagel, Multimedia-Recht Handbuch, Rechtfragen des elektronischengeschaeftsverkehr, Verlag C. H. Beck München 2013, Teil 18.1 Allgemeins Grundsatze der Haftung, Rn. 20.

美国学者则更注重从政策角度分析网络平台责任的构建以及对特殊责任规则的解读（《通讯规范法》第230条）。美国学者首先指出，如果在讨论网络平台的责任规则之前，无法在政策层面明确前提条件以及其意义并且如果为了实现这些政策的法律在实际适用时不能据此进行解释，网络平台责任规则无法发挥作用。网络平台责任的政策因素涉及以下三点：保障自由表达，鼓励平台自发的内容管理以及通过资助私人角色促进个别电子市场的发展。而网络平台责任规则的构建实际是上述三种政策因素的妥协与平衡。① 有学者进一步指出，"当政府针对网络平台建立法律责任时，它不仅影响到中介的行为，还影响到了用户的行为"，"因此政府在构建网络平台责任系统时一定要格外谨慎"。并在此基础上列出了国家在处理平台责任时所应该考虑的一般原则：（1）"避风港条款本身并没有建立平台责任"（这意味着不遵守免责条款是受到不享受保护，是否承担责任还需根据其他规定具体判断）；（2）"为了保护用户隐私，不要建立监视用户行为的责任"；（3）"不要过于宽泛地定义损害"；（4）"在认定法定损害时要极其谨慎"；（5）"避免因第三方而建立刑事责任"；（6）"禁止在没有法院检查的情况下因为对于侵犯知识产权的投诉而要求网络平台中止用户账号"；（7）"为用户建立正当程序"；（8）"赋予用户抗议不良行为的程序权利"；（9）"给予不同国家就更广泛的用户保护进行尝试的灵活性"。②

从政策角度来看，对于是否通过立法来督促网络平台进行网络治理以及如何实现这一目的，存在不同观点。针对网络平台的特殊责任规

---

① See Sophie Stalla, "Sometimes One is not enough! Securing Freedom of Expression, Encouraging private regulation, or Subsidizing Intermediaries or all three at the same time: the Dilemma of Intermediaries' Liability", *Journal of International Commercial Law and Technology*, 2012, pp. 154 – 175.

② Margot Kaminsiki, "Positive Proposal for Treatment of Online Intermediaries", *28 Am. U. Int'L. Rev.*, 2012, pp. 203 – 205.

则——网络平台的保护规则，有学者认为网络平台并不需要一个基于被动性的广泛豁免制度，而是需要一个更具有思维深度的发展原则，来决定在什么时候以及如何将错误行为的责任分配给最小成本的避免者，进而实现经济上的意义。网络带来的三点变化便网络中介成为可能的最小成本的避免者：（1）大规模的交易使得特定的网络中介易于被识别；（2）信息成本的减少，使网络中介更容易监控用户的行为；（3）日益增加的匿名性使得对终端用户直接采取的措施越来越没有效果。[①]

也有学者对此并不完全认同，其认为通过网络服务提供者来规制网络中的非法内容对管理者来说具有优点，这种方式提供了一个对本来无法规制行为的影响机制。而且监控和惩罚的成本外化到了作为直接被管理者的服务提供者身上。但是这些优点也存在着自由表达系统的重要影响。首先，虽然目标是可罚的，服务提供者仅仅屏蔽网络中的非法内容，但是总会存在出错的风险。其次，服务提供者倾向于放弃避免错误的努力而采取有意识的预言性的自我审查，对所有可能招致责任的内容进行屏蔽。最后，即使网络服务提供者决定投入资源识别、定位网络中不受保护的言论，网络服务提供者的反应远远无法达到精确的程度，这种对受保护表达的损害是避免责任的具有吸引力的妥协。[②] Hamdanit 教授通过网络服务提供者治理网络空间非法内容的方法进行了经济学上的分析并指出，由于网络服务提供者的激励因素与用户不同，使网络服务提供者承担全部责任会导致对网络通信的过度监管，进而否定了严格责任模式。虽然网络服务提供者具有阻止用户的能力，但是他们无法从被迫的网络警察身份中获得价值。对于过度监管的法律回应当与市场能力相一致，从而统一网络服务提供者与用户的激励要素。网络服务提供者责任模式的设计，需要详细分析相

[①] See Ronald J. Main & Seth R. Belzley, "The Promise of Internet Intermediary Liability", *47 Wm. & Mary L. Rev.*, 2005, pp. 239–240.

[②] See Seth F. Kreimer, "The First Amendment, Internet Intermediaries, and the Problem of the weakest Link", *University of Pennsylvania Law Review*, 2006, pp. 28–30.

关服务的种类以及违法行为的性质。服务的性质决定了在多大程度上可以依靠市场力量来缓解激励因素间的分歧；而违法行为的性质决定了网络服务提供者处于合法与违法用户行为之间的程度。[①]

就美国目前的平台特殊责任规则而言，有学者认为其并没有选择采取可能刺激网络平台出于避免诉讼而对用户过度警戒的"最小成本避免者"规制手段。倾向于言论保护的更为宽泛的政策决定意味着网络平台不必去评估和判断其贮存的内容的合法性。但该学者主张，即使是在遵循保护言论自由的情况下，也不必然要求网络平台对于网络违法内容保持无动于衷的态度。设计巧妙的立法可以在避免网络平台裁判者角色的同时，提供一个鼓励违法内容的删除机制。[②]

第三节 研究方法

一 实证研究方法

实证研究意在探究某种现象"事实怎么样"。本书中的实证研究主要面向网络平台涉及的犯罪活动。具体方法是通过"Openlaw"裁判文书检索网站搜集涉平台犯罪活动的判例，以反映涉平台犯罪活动的实际状况，从而以涉平台犯罪的状况作为分析网络平台刑事责任范围的一个事实基础。考虑到犯罪黑数以及数据库信息不全面等因素，搜集到的相关判例可能无法非常精准地刻画涉平台犯罪的状况，但是可以在一定程度上反映大概基本状况，足以支撑研究。

二 比较研究方法

本书考察了多个国家关于网络平台刑事责任的立法，主要选取美

[①] See Assafhamdanit, "Who's Liable for Cyberwrongs", 87 Cornell L. Rev., 2011, pp. 901 – 956.

[②] See Corey Omer, "Intermediary Liability for Harmful Speech: Lessons From Abroad", 28 Harv. J. L. & Tech, 2014, pp. 289 – 315.

国、德国以及欧盟的立法作为比较的主要对象,并分析不同国家立法、学术讨论在研究网络平台刑事责任时所偏向的重点。通过比较性研究,一方面可以发现国外立法或者学术研究中存在的不是避免重蹈覆辙;另一方面可以发现我国的研究空白,从而可以提供一种可能的借鉴思路。

第四节 创新之处

相比较目前关于网络平台刑事责任问题的研究而言,本书具有以下三点创新之处。

第一,以新的标准对现存的网络平台刑事责任规则进行了分类。这一标准是指网络平台身份属性,即网络平台既是网络(犯罪)活动的参与者,也是网络(犯罪)活动的管控者。基于不同的定位,则存在不同的刑事责任规则,而且这些刑事责任规则所追求的目的也有所不同。这种定位可以在一定程度上对现有的刑法规范进行梳理,又可以为解释相应的刑法规范提供一个基本的方向。

第二,主张通过网络平台的保护规则来实现对其刑事责任的限制。我国大部分学者都主张对网络平台的刑事责任进行限制,其中最具代表性的观点就是将网络平台业务行为视为中立的帮助行为,从客观归责的角度排除平台业务行为的构成要件符合性——虽然网络平台的行为在客观上促进了犯罪活动,但是由于其行为主要表现为具有社会有益性的业务行为,从而这种危险视为法所允许的危险。对此本书在理论限制的基础上进一步提出要参照域外的立法,构建与我国现行法律体系相协调的网络平台保护规则,实现对于网络平台刑事责任的明确化、法定化。

第三,从刑事合规的角度来理解拒不履行信息网络安全管理义务罪。目前对于拒不履行信息网络安全管理义务罪的解读主要集中在程序性要求以及信息网络安全管理义务的内容。仅仅从法律、行政法规中寻找对应的义务内容，从形式上解读信息网络安全管理义务并不能把握本罪的实质。刑事合规要求从两方面解读这一规范，一是立法者或者说国家层面希望借此实现什么目的，二是网络平台通过何种措施来避免刑事责任。这两方面并不相互矛盾，通过合理的解释可以实现立法目的与平台利益的统一。

第二章 网络平台提供者概述

网络平台提供者是一个较新的概念，最近才为学者们所采用，在此之前学者普遍采用网络服务提供者这一术语。许多文献在讨论网络服务提供者刑事责任时，实际上所指的是网络平台提供者的刑事责任。这种概念上的转变本质上是对研究对象更加精确的表述。但由于网络平台这一概念横跨经济学、网络科学两大领域，对其进行界定也并非易事。另外，现实中存在着不同类型的网络平台提供者，其所涉及的刑事责任也可能会因此有所不同。故对网络平台进行分类也是研究其刑事责任的基础。目前许多学术研究虽然着眼于网络平台提供者的刑事责任问题，但很少对网络平台提供者进行界定、分类。所以有必要明确网络平台提供者的概念、分类并考察其与我国现行法律所使用的概念是否兼容。

第一节 网络平台提供者的概念

一 概念的提出

网络平台提供者这一术语在我国最早是由刑法学者皮勇教授提出的，他将网络服务提供者分为网络内容提供者、网络接入提供者以及网络平台提供者，并指出网络平台提供者的地位和作用介于接入提供者和内容提供者之间。① 具言之,"网络平台提供者,是指为用户提供服务空间,或为用户提供空间,供用户阅读他人上载的信息和自己发送的信息,甚至进行实时信息交流;或使用超文本链接等方式的搜索引擎,为用户提供在网络上搜索信息工具的主体,如电子布告系统BBS经营者、邮件新闻组及聊天室经营者即属此类"②。在这一概念提出之后,其逐渐被我国学者所接受,许多学者都开始认可这一术语或者从这一角度着手进行研究。③

二 概念的争议

网络平台提供者虽然属于网络服务提供者的子概念,但其主体类型并没有得到完全认可。有论者认为网络平台提供者不适宜作为一种单独的类型:"网络平台提供者既有可能仅仅提供接入通道,也有可能提供内容,还有可能提供储存空间。'平台'一词是一个非常宽泛而多意的概念,可能扮演着多重技术功能的角色,所以并不适合作为基础性的主体类型加以确立"。④ 其依据在于不同类型的服务提供者对应着不同的刑事责任,明确的类型区分对于限制网络服务提供者刑事责任的边界具有重要意义。⑤

有学者在类型化思维的基础上试图进一步厘清相关概念,将网络服务提供者分为为自己信息提供服务者和为他人信息提供服务者。后

---

① 参见皮勇《网络服务提供者的刑事责任问题》,《光明日报》2005年6月28日第1版。
② 皮勇:《网络服务提供者的刑事责任问题》,《光明日报》2005年6月28日第1版。
③ 参见王利明《论互联网立法的重点问题》,《法律法学》(西北政法大学学报)2016年第5期;周汉华《论互联网法》,《中国法学》2015年第3期;齐文远、杨柳《网络平台提供者的刑法规制》,《法律科学》(西北政法大学学报)2017年第3期;孙道萃《网络平台犯罪的刑事制裁思路与路径》,《东方法学》2017年第3期;李源粒《网络安全与平台服务商的刑事责任》,《法学论坛》2014年第4期。
④ 王华伟:《网络服务提供者的刑法责任比较研究》,《环球法律评论》2016年第4期。
⑤ 参见王华伟《网络服务提供者的刑法责任比较研究》,《环球法律评论》2016年第4期。

一种类型又被称为网络中间服务提供者,并且可进一步分为网络接入提供者、网络信息定位服务提供者、网络储存服务提供者和网络平台提供者。[①] 该学者认为即使在类型化思维下,网络平台提供者仍然可以单独作为一种主体:"实践中网络交易平台、社交平台、文件分享平台已渐成约定俗成的提法,而且作为网络中间服务提供者的平台虽然提供的服务主要应用户请求而发生,但相对于单纯的接入、储存、搜索服务者而言其参与程度更高,由此基于其内容形成的参与度独立为一类,既可以避免网络中介服务提供者在类型划分中长期存在的列举方式的弊端,也可以使其在义务设定和责任分担上居于网络内容提供者和传统的网络中介服务者之间,从而形成一个轻重有序衔接的义务责任体系"[②]。

三 概念的可行性

实际上可以明确的是,类型化的思维与网络平台提供者的单独定位并不冲突。前述学者所提及的类型化思维主要是指欧盟、德国以及美国互联网立法中相关规定所进行的分类。回溯到立法原文,其实可以发现这些国家的法律并没有对网络服务提供者进行分类。例如《数字千年版权法》(*Digital millennium Copyright Act*)的第二部分《网络著作权侵权责任限定法》(*Limitations on Liability relating to Material Online*),其(a)至(d)仍然统一使用"服务提供者"(Service Provider)这一术语,只是分别从"暂时性数字网络通信"(Transitory Digital Network Communication)、"系统缓存"(System Caching)、"用户引导下系统或者网络中的信息储存"(Information Residing on System or Networks at Direction of Users)四种技术行为的角度

[①] 参见王彩霞《网络服务提供者刑事责任的类型化思考》,《法学》2018 年第 4 期。
[②] 参见王彩霞《网络服务提供者刑事责任的类型化思考》,《法学》2018 年第 4 期。

规定了服务提供者的责任。① 同样，欧盟《电子商务指令》（Directive on Electronic Commerce）也采用了统一性的概念，即中介服务提供者（Intermediary Service Provider），并且将中介服务提供者的资讯社会服务（Information Society Service）划分为纯粹的传输服务（Mere conduit）、缓存（Caching）、主机储存（Hosting），并按照不同服务类型设定了不同的责任规则。《电子商务指令》立法理由的第42点也表明，该指令是对社会资讯服务提供者的特定行为免责，而不是针对不同类型的服务提供者。德国的《电信传媒法》是欧盟《电子商务指令》的国内法转化，这就意味着《电信传媒法》必须严格执行《电子商务指令》的要求。《电信传媒法》的所有责任条款也采用了统一的称谓，即服务提供者（Dienstanbieter）。并且从信息传输、以促进信息传输为目的的缓存以及信息储存几个方面规定了服务提供者的责任。

从国外的立法规定来看，美国、欧盟以及德国的立法并没有像我国学者所介绍的那样对网络服务提供者进行了分类，而是根据不同的技术行为来分析网络服务提供者的责任。而且，从技术行为的角度来对网络服务提供者进行分类也是不现实的。在现实情况中，一个网络服务提供者的业务活动可能包含多种技术行为，例如视频分享平台既涉及信息的传输也涉及信息的储存，因此无法将其简单地认定为某一类的服务提供者。从现实情况中抽离出具体的行为类型，只是用来分析网络服务提供者责任的理论工具，而不宜作为分类的标准。这也就意味着，使用一个统一性的概念是可行的。

四 概念的展开

虽然当前的研究中已经普遍使用"网络平台"或者"平台提供

---

① See 47 U. S. C. 230 §（a）-（d）.

者"等表达，但是很少有学者对网络平台进行具体的定义。有论者从商业管理的角度来定义网络平台："网络平台就是一种网络产业中的一种平台化经营模式。即由专业的平台开发商或运营商以互联网为基础，以网络技术为依托构建一个平台框架，为用户提供集认证、支付、物流、客服于一体的一站式服务吸引买卖双方参与到平台上来达成交易的一种商业模式"①。这一定义虽然在一定程度上反映出了平台的本质特征，但其不足之处在于将平台的定义限制在商业领域。也有学者指出，"所谓网络平台，即网络中介服务提供商，但通常将网络接入服务提供商排除在外"②。这一定义显然又过为宽泛，难以据此区分网络平台提供者与其他服务提供者。

（一）偏向经济学的定义

欧盟委员会在其 2015 年调查问卷中提出了一种网络平台的定义："网络平台是指在双边或者多边市场中运行的企业，其使用网络使两个或多个不同但相互独立的用户群体进行互动，并且至少对一个群体产生价值。特定的平台也属于网络中介提供者"③。委员会的定义主要是基于多边市场的经济理论。而所谓的多边市场是美国学者于 2007 年提出的描述平台特征的非正式定义。具言之，一个多边平台（又被称为经济催化剂）具有："（a）两个或以上群体的用户；（b）其以某种方式相互需要；（c）但是他们无法通过自己的方式从相互吸引中获取价值；（d）并且依赖催化剂来促进互动中的价值创造。"④

英国上议院欧盟特别委员会 2015—2016 年度报告《网络平台与

---

① 李源粒：《网络安全与平台服务商的刑事责任》，《法学论坛》2014 年第 6 期。
② 周学峰、李平主编：《网络平台治理与法律责任》，中国法制出版社 2018 年版，第 9 页。
③ "Public consultation on Regulatory Environment for Platforms", Online Intermediaries, Data and Cloud Computing and the Collaborative Economy, http://ec.europa.eu/information_society/newsroom/image/document/2016-7/efads_13917.pdf.
④ David S. Evans, Richard Schmalensee, The Oxford Handbook of International Antitrust Economics Volume 1 (Roger D. Blair et al. eds., 1th ed.), 2014.

数字单一市场》（*Online Platform and Digital Single Market*）在对欧盟委员会所采取的定义进行分析后，得出了三点结论。①

（1）委员会主要从经济方面的多边网络平台定义洞察了这些业务的核心，包括它们的中介地位、不同用户群体中产生的相互依赖性、数据在不同用户群体之间的中介作用。这一定义提供了一种非常有用的思考网络平台的方式，能够给予政策制定者和监管者有用的启发。

（2）但是定义的边界是不清楚的。这也被委员会自己提供的平台名单所证明，其排除了目前在网络上运行的传统行业，却包括了一些非多边市场的数字平台。如果进行宽泛的解释，所建议的定义可以包含所有的网络；如果严格限制适用，其只能捕捉到所关注的业务的特定要素。

（3）我们建议，对网络平台进行规制需求进一步考虑应该从尝试更精准地对业务和用户最紧迫的损害的定义开始，然后考虑这些问题在多大范围上对所有的网络平台是普遍存在的，或者还是局限于个别公司。

英国的 Oxera 咨询公司在 Google 委托的调查报告《网络平台的益处》（*The benefits of Online Platforms*）中也指出，欧盟委员会在公众咨询中提出的定义过于宽泛而无法作为一个监管类别发挥作用。但 Oxera 的报告也没有提供一个明确的定义，而只是根据调查报告中列举的网络平台总结了两个核心特征：平台为不同的用户群体提供服务（例如购买者和销售者，发送者和接受者）；一个群体的参加会影响另一个群体的获得的利益（例如当平台上存在更多的购买者，销售者就愿意在网上列出更多商品）。②

---

① "Online Platform and The Digital Single Market"，https：//publications.parliament.uk/pa/ld201516/ldselect/ldeucom/129/129.pdf.

② "Benefitsof Online Platforms"，Oxera Consulting LLP，https：//www.oxera.com/wp-content/uploads/2018/07/The-benefits-of-online-platforms-main-findings-October-2015.pdf.pdf.

的确，对网络平台进行定义并非易事。正如欧盟委员会于2016年在关于网络平台的工作人员文件（*Europe Commission Staff Document on Online Platform*）中所承认的，目前并不存在得到广泛认可的网络平台（Online platform）的单一概念，这是由于一个明确的概念很可能过于狭隘，抑或是相反而导致适用于范围过于广泛的网络服务。故其试图从网络平台的一般特征着手来勾勒平台的轮廓，并认为许多网络平台都具有以下共性：

·在用户的直接互动和交易之中提升价值、获取利益的能力；

·收集、使用、处理大量个人或者不涉及个人的数据从而最优化每个用户的服务以及体验的能力，这种信息聚集能力使得平台具有相对于用户的信息优势进而造成信息不对称；

·构建平台网络的能力，其中用户数量的增加可以提升现有用户的体验——即所谓的网络外部性；

·创造新市场并将其塑造为给用户带来利益的更有效率的组织形式，在信息收集、处理、变更、编辑基础上组织新形式的市民参与的能力；

·并且依赖于信息技术作为手段来实现上述能力。①

（二）相关立法中的类似定义

在缺乏相关学术研究的情况下，我们其实可以试图从立法材料中寻找关于网络平台提供者的定义。许多国家的立法虽然使用了不尽相同的术语，但其定义所描述的本质特征却很接近网络平台提供者。例如，美国的《通讯规范法》（*Communication Decency Act*）使用的术语是交互性计算机服务提供者（Provider of interactive computer service），其具体是指"提供计算机接入或者使广大使用者能够接入计算机服务

---

① "Commission Work Staff Document on Online Platform", European Commission, https：//ec.europa.eu/digital-single-market/en/news/commission-staff-working-document-online-platforms.

器的信息服务、系统、软件提供者，特别是包括提供网络接入的服务或者系统，这些系统以及服务被图书馆或者教育机构运行或者提供"①。《数字千年版权法》使用的概念是服务提供者（Service provider），并将其定义为"在用户指定的节点之间，为用户选择的材料提供传输、路由或者为在线数字网络通信提供连接而不改变接收或者发送内容的实体"②；《电讯传媒法》使用的概念是服务提供者（Dienstanbieter），并将其核心特征描述为"准备自己或者他人的电信服务以供使用或者提供对于这些服务的接入"③。上述立法材料中的概念都具有一个共同点，就是强调了网络平台提供者只提供技术性服务而不实质地介入信息内容创造的特性。为此，有些立法还特意进行了区分。例如《通讯规范法》另外提出了信息内容提供者（information content provider）的概念，即"对于通过网络或者其他交互性计算机服务提供的信息的创造或形成具有部分或者全部促进作用的自然人或实体"④。总而言之，上述立法的定义方式强调了网络平台的技术性以及中立性特点，但是却没有体现网络平台在用户之中所发挥的作用。

相比较之下，德国最近出台的《网络执行法》对网络平台的界定更为准确，"本法所适用的电信服务提供者是指基于营利目的而在网络中运行的平台，而平台的作用仅限于用户能够与其他用户分享任意内容或者使得任意内容能够为公众所访问。"⑤ 这一概念从两个方面进行了限定，一是载有任意内容的平台；二是以同其他用户分享内容或者提供针对公众的访问为用途。

首先，就平台本身的含义而言，《网络执行法（草案）》（以下简

---

① 47 U. S. C. 230 § (f) (2).
② 17 U. S. C. § 512 (k) (1) (A).
③ TMD § 2 Abs. 1 Nummer 1 Telemediengesetz.
④ 47 U. S. C. 230 § (f) (3).
⑤ NetzDG, § 1 Abs. 1

称"草案")的理由说明指出平台本质上是一个通信空间，在这一空间中信息通信通常是向多个接受者发出且存在于这些接受者之间。[①] 实际上，个人之间通信与"一对多"通信之间的界限并不是十分确定，例如即使原本服务于个人间通信的微信也可以通过"群聊"或者"朋友圈"功能来实现一对多通信；而在原本定位于一对多通信的微博中，用户也可以进行点到点的个人通信。平台概念的关键并不在于通信者数量，而仅仅关于服务提供者为第三方用户提供的基于自己服务器进行通信的可能性。

其次，《网络执行法》对网络平台做出进一步的限定，即在平台中用户与其他用户分享"任意内容"或者使这些内容能够为公众所访问。值得注意的是，当在平台上只能分享或者传播特定表达或者数据类型的内容时，并没有实际影响到内容的任意性。而且，根据草案的理由说明，鉴于所谓的网络社交礼仪或者虚拟规则而进行的特定限制也没有影响到平台内容的任意性。[②]

再次，就内容的分享而言，草案中对于"与其他用户分享内容"的表述做出了更为详细的解释，将内容交换的空间限定在"封闭社区"之内。[③]"对此存在的疑问是，是否只有通过（注册、申请、支付会费）区分标准来与其他网络用户相区别且（或）相应地以排除非注册用户接入的方式对网络进行封闭的平台才被包括在定义之内。"[④]"根据草案的理由说明，'分享'的概念应该如此理解，其既包括使自己发布的内容能够为公众所访问的情形，也包括使得已经存在的内容对于选择的用户群体可以访问，在这些情形中内容向所有的使用者开放"[⑤]。《网络执行法》还从另一方面描述了平台

[①] BT-Drs. 18/13013，S. 19.
[②] BT-Drs. 18/12356，S. 19.
[③] BT-Drs. 18/12356，S. 12.
[④] *Liesching*，NetzDG §1，S. 570. Rd. 52.
[⑤] *Liesching*，NetzDG §1，S. 571. Rd. 54.

的特征，即平台可以向公众提供访问网络内容的机会。换言之，平台为用户提供了一种可能性，用户凭此可以使其发布的内容为社会公众所知悉而不受到物理空间的限制。实际上，这种"提供公众访问"的特征是以"分享"特征为基础的。当某一用户在具有十多名成员的网络群组中发布内容时，我们可以说该用户将特定内容分享给他人。但是如果将这一群组放大为具有数亿用户的网络空间（例如微博），那么我们还可以说平台为该用户提供了一个向公众表达自己的机会。

(三) 语言学上的网络平台定义

从字面含义来看，《现代汉语词典》（第七版）给出了关于平台的三种解释："（1）生产和施工过程中，为操作方便而设置的工作台；（2）计算机硬件或软件的操作环境；（3）泛指进行某项工作需要的环境或条件。"[1] 但是这一简单的解释对于我们解读网络平台并无太大实际帮助。美国学者分析了《牛津英语字典》（*Oxford English Dictionary*）中关于 Platform 的 15 种不同用法，认为任何一个单一的含义都无法代表作为网络中介媒体描述性术语的平台。并指出网络平台术语的含义应是四个语言学区域的结合：计算机相关的（Computer）、建筑学相关的（Architectural）、比喻性的（Figurative）、政治性的（Political）。[2] 具言之，从计算机层面来看，平台是指支持设计和使用特定应用的基础设施，包括计算机系统等；在建筑层面上是指人或事物可以处于之上的提高的水平面，通常是针对特殊活动的分离的结构；从寓意上来看，平台也指达到、创造的能够作为进一步基础的位置或者情形；最后在政治活动中，平台起初是指演讲者发表讲话时所

---

[1] 中国社会科学院语言研究所词典编辑室：《现代汉语词典》（第七版），商务印书馆 2016 年版，第 1008 页。

[2] See Tarleton Gillespie, "The Politics of 'Platform'", 12 *New Media & Society*, 2010, pp. 347–349.

站立的台阶，后来这一概念转化为演讲者所表达的政治观念。① 这四个语言学领域都与为什么"平台"一词逐渐指代网络中介有关系，其全部指向一系列共通的含义："一个设计于促进某些将要发生的活动的'被升高的平面'"。②

（四）基于综合分析的网络平台提供者界定

在综合考虑前述定义及其缺陷的基础上，可以将网络平台提供者定义为：在网络中为不同类型的用户群体提供互动空间并依赖信息技术手段和信息数据资源促进用户匹配但不实质介入用户活动的服务提供者。

首先，平台是为实现某项活动设计的特定环境——即网络平台的核心作用在于为用户互动提供一个空间。在这个空间内不同用户利用平台所提供的信息技术进行交流。当然，这种交流的形式是多样的，不仅限于《网络执行法》中的内容分享，抑或是偏向经济学中的交换。所以，使用概括性较强且中性的"互动"一个词来描述用户之间的这种交流可能是更为恰当的。

其次，除了提供互动空间以外，平台在用户互动过程中所产生的作用是很微妙且难以定性的。可以说，平台为用户之间的交流提供了便利条件。例如，平台对具有对应需要的用户群体进行匹配（滴滴出行帮助乘车者寻找距离最近的司机），又或是制定了有效互动的规则（淘宝规定了消费者与销售者的交易流程）。但最关键的是，平台没有实质介入、控制或者影响互动的过程（例如滴滴出行并没有参与实际承运）。所谓的经济学理论中的"网络效应（Network Effect）"实际也是平台提供者没有实际介入用户互动的体现。这一特点是平台设计之初的目标，而非所具备的必然特性。此处需要说明的是，需要对平台

---

① See Tarleton Gillespie, "The Politics of 'Platform'", 12 *New Media & Society*, 2010, pp. 347-350.

② Tarleton Gillespie, "The Politics of 'Platform'", 12 *New Media & Society*, 2010, pp. 347-350.

用户进行广义上的理解，例如在电子商务平台中，销售者和消费者都属于平台意义上的用户。

最后，网络平台提供互动空间、创造便利条件都是通过通信与计算机技术实现的。这些技术包括但不限于经常被提及的信息传输、信息缓存、主机储存以及近来非常流行且较为抽象的云计算、人工智能等技术。网络与计算机技术种类复杂，更新速度快，所以并没有必要也无法细致列举网络平台所采用的技术手段。

第二节 网络平台的类型

一 网络平台的分类

对网络平台进行分类的角度是多样的，可以基于不同的标准进行分类，例如可以根据网络平台所采取的商业模式进行划分，也可以从网络平台对用户的功能来进行划分。此外，还可以同时采用多个标准来对网络平台进行分类。

（一）依据商业模式的分类

有学者根据商业模式将多边平台分为三类：市场制造者（market makers）、观众制造者（audience makers）以及需求协调者（demand coordinator）。① 具体而言，市场制造者使具有交易目的的两组不同的群体聚合在一起，通过上下级市场以及收集的信息来提高匹配的质量并且降低交易成本；观众制造者将宣传者与观众进行匹配，如果观众中的更多成员愿意对信息做出积极的回应，那么服务则对宣传者来说具有更多的价值，相应地，如果观众制造者能够为观众提供更有用的"内容"，那么这一服务则对观众具有更多的价值；需求调节者制造的

---

① See David S. Evans, "The Antitrust Economics of Multi-sided Platform Market", 20 *Yale J. on Reg*, 2003, pp. 325–334.

商品和服务能够产生跨越两个或者更多群组的间接网络效应（indirect network effects）。以 Windows 为代表的软件平台，以信用卡为代表的支付系统都属于需求调节者。这一标准从宏观上对网络平台进行了划分，在这一标准上还存在进一步区分的可能性。

欧盟委员会人员工作记录根据不同的商业模式将网络平台分为五类：市场及电子商务平台（Marketplace and e-commerce platforms）、移动生态系统和应用经销平台（Mobile-ecosystems and application distribution platforms）、网络搜索平台（Internet Search Service）、社交媒体和内容平台（Social media and content platforms）、网络广告平台（Online advertising platforms）。①

欧盟委员会的调查问卷中对网络平台进行了相对具体的分类。问卷指出，典型的例子包括：一般性的网络搜索引擎（如谷歌）、特定搜索工具（如谷歌购物、TripAdvisor）、基于定位的商业索引或地图（如谷歌地图或者必应）、新闻聚集平台（如谷歌新闻）、网络市场（如亚马逊、易贝）、视听音乐平台（如 Spotify、Netflix）、视频分享平台（YouTube）、支付系统（如 PayPal）、社交网络（如 Facebook、Twitter）、应用商店（如苹果商店）以及共享经济平台（如 Airbnb、Uber、Bla-bla Car）。② 调查问卷中的这一分类较为具体，但是其列出的部分分类已经超出了网络平台的范畴。例如视听音乐平台 Spotify 以及 Netflix 并不具有网络平台的属性。Spotify 类似于国内的"网易云音乐"或者"虾米音乐"，其主要单方面向用户提供音乐。同理，Netflix 也是类似于"爱奇艺""腾讯视频"等向用户提供视频点播服务的服务者。

---

① See *Commission Staff Working Document on Platform*, European Commission, https://ec.europa.eu/digital-single-market/en/news/commission-staff-working-document-online-platforms.

② "Public consultation on Regulatory Environment for Platforms", Online Intermediaries, Data and Cloud Computing and the Collaborative Economy, European Commission, http://ec.europa.eu/information_society/newsroom/image/document/2016-7/efads_13917.pdf.

（二）依据参与者视角进行的划分

Oxera 咨询公司在其 2015 年的报告《网络平台的益处》（The benefits of Online Platforms）中分别从消费者和企业的视角对网络平台进行分类。首先，就消费者在平台上可以做什么以及平台为用户提供了什么样的服务而言，网络平台可以分为通信平台（Communication Platforms）、娱乐平台（Entertainment Platform）、网络市场（Online Marketplace）、比较平台（Comparison Platforms）以及信息平台（information Platforms）。而从平台处于价值链的哪一环节以及所采用的商业模式而言，网络平台可以分为招聘（Recruitment）、基金（Funding）、营销（Marketing）以及电子商务（E-commerce）。① 从消费者的角度来看，在通信平台能够与朋友、家人以及其他关系人保持联系并且遇见、认识新的朋友；在娱乐平台可以分享包括音乐、视频、照片等在内的各种内容；而在比较平台可以找到或者比较平台各种服务和商品；在信息平台用户寻找各种有用的信息和机会。而从企业的视角来看，通过网络平台可以招募员工（如 LinkedIn）、众筹、扩展市场。

（三）其他分类

全球企业中心（Center for Global Enterprise）在其 2016 年发布的调查报告《平台企业的崛起——一个全球调查》（The Rise of the Platforms—A Global Survey）中将网络平台分为四类：交易平台（Transaction Platforms）、创新平台（Innovation Platforms）、综合平台（Integrated Platforms）、投资平台（Investment Platform）。② 值得注意的是这一分类提出两个全新的概念，即创新平台和综合平台。其中创新平台是指某一可以作为基础的技术、产品、服务，其他公司可以在此基础

---

① See "Benefits of online Platforms", Oxera Consulting LLP, https：//www.oxera.com/wp-content/uploads/2018/07/The-benefits-of-online-platforms-main-findings-October-2015.pdf.pdf.

② See Peter C. Evans, Annabelle Gawer, "The Rise of the Platform Enterprises—A Global Survey", The center for Global Enterprise, https：//www.thecge.net/app/uploads/2016/01/PDF-WEB-Platform-Survey0112.pdf.

上发展现代技术、产品和服务；综合性平台是指某种同时具有创新性平台和交易平台特性的技术、产品以及服务。

（四）依据多标准的分类

我国学者选取了多个角度对现有的网络平台进行分类。从信息传播的角度可以将平台分为纯粹的信息传输平台，信息自动缓存平台，信息储存平台，信息搜索、链接平台，以及去中心化的 P2P 平台；从服务内容的角度可以将平台分为应用程序开发平台和信息提供平台；从开放程度可以将平台分为开放类平台、非开放类平台和私密平台；从监管的程度可以分为普通网络平台和特殊网络平台。①

二　网络平台划分标准的分析与选择

那么，在存在多种区分标准的情况下，应该如何对平台进行分类，抑或说，应该采取何种分类标准？

第一，一个最基本的前提就是，对网络平台进行的分类不应该超出网络平台的定义范围。例如欧盟调查问卷中所采用的具体分类方法就与提出的定义并不匹配，这样的分类就失去了实际意义。

第二，对网络平台进行分类需要与研究的目的相结合。因为我们意在研究网络平台上存在何种犯罪行为以及网络平台在何种情况下需要承担责任，那么平台的分类就必须与此相符合。由于网络平台只是提供互动空间，那么具体的犯罪行为通常是由平台的用户来实施的。所以从用户的视角——用户可以在平台上做什么，来对网络平台进行分类是恰当的。所进行的分类应该体现不同的用户活动，否则分类也会失去作用。例如我们可以根据不同业务模式将网络交易平台分为 C2C（Customer-to-Customer）、B2C（Business-to-Customer）、B2B

---

① 参见周学峰、李平主编《网络平台治理与法律责任》，中国法制出版社 2018 年版，第 9 页。

(Business-to-Business)。但这三种平台类型所涉及的活动都是不同用户群体间的交易活动，并没有实质差别。但如果我们将交易平台划分为商品交易平台和服务交易平台，则区别了不同类型的平台行为，也就意味着有机会来研究可能存在的不同类型的犯罪行为及责任。

第三，如果要研究平台上存在的犯罪行为，那么对平台的分类要尽可能的具体、全面，这样才可能将所涉及的各种情况包含在内。所谓全面是指尽可能将所有的平台类型包括在内，而具体则是明确到特定互联网企业。这样一来，一个扁平化的分类几乎是不可能的，必须采用一种多层级的分类方法。

根据上述总结的原则，对现有的平台分类进行整合、补充、细化，可以将网络平台初步划分为交易平台、社交网络、内容分享平台、信息平台、金融平台以及应用商店。虽然支付系统（支付宝、微信支付等）也涉及给付者与被给付者，但其仍然被排除在网络平台之外。这是因为支付系统并没有像定义所描述的那样，支付者与被支付者提供支付活动的空间并且促成支付，而是在于为交易活动提供便利。换言之，支付本身并不是目的，而是实现交易的手段。

三　网络平台的具体类型

网络平台的宏观分类划分了主要的平台类型，但仍然存在进一步分类的可能性。同时将现实中的互联网企业与理论上的平台类型"对号入座"也并非易事。由于某些互联网企业涉及的业务范围比较广泛，其可能同时跨越两种平台类型或者其部分业务就属于某一种平台类型。

（一）网络交易平台

网络交易平台又可以称为网络市场、电子市场或者电子商务平台，其主要为两种用户群体——消费者和销售者——提供交易的空间，并促进交易的实现。平台本身并不介入交易的过程，而是帮助消费者找到其可能希望购买的商品或者服务，在消费者与销售者之间建立联系。这正如传统百货商场的升级——商场为不同商品的销售者提供销售的空间，却不销售自己的产品，而网络市场在此基础上还提供了明确的信息指引——精确地告诉消费者在哪里可以买到什么商品。

进一步来看，根据交易对象的不同形式可以将网络交易平台区分为商品交易平台和服务交易平台。按照商品的不同类型存在不同的交易平台，例如综合性交易平台（淘宝、京东、亚马逊、易贝），或者特定商品的交易平台如二手汽车交易平台（瓜子网）、二手房交易平台（房天下）、食品交易平台（饿了么、美团、每日优鲜）等。从服务的角度来看，交易平台包括约车平台（Uber、滴滴）、租房平台（Airbnb）等。

（二）社交网络平台

社交网络（Social Network）是指允许用户在指定系统内建立公开或者半公开的个人资料，并且通过某种特定的关联与其他用户建立联系、查看自己的关联范围以及他人关联范围的网络服务。[1] 社交网络的特殊之处并不在于其可以使用户遇见陌生人，而是可以帮助建立联系并使他们的社会关系为他人所见。例如曾经流行于大学生之间的校内网（后更名为"人人网"）就是一个典型的社交网络，其以用户的求学经历为线索帮助用户寻找具有共同经历的其他用户并建立联系。校内网要求用户在注册时填写用户的全部求学经历——从小学至大学，然后推荐具有相同或者类似经历的用户，并使每个用户都可以看到其他用户的关系网络。

当前常见的社交网络包括微博、微信朋友圈、陌陌、Facebook、Twitter 等。除此之外之外还包括一些基于特定目的的社交网络，例如以婚恋为目的的百合网、珍爱网、世纪佳缘等。

---

[1] See Danah M. Boyd Social, Nicole B. Ellison, "Social Network Sites: Definition, History and Scholarship", 13 *Journal of computer-mediated Communication*, 2010, pp. 210 – 211.

社交网络在发展到一定程度后便成为了一种社交媒体（Social Media），即建立在网络 2.0 的意识形态和技术上的网络应用，允许用户生成内容（User Generated Content）的创造与交换。[1] 简单地说，凭借社交网络中用户之间错综复杂的关系，来自某个用户的内容能够以一种完全不同于传统媒体的方式在社交网络中进行传播——此时社交网络成为一种全新的传播媒体。其显著特征在于将个人从消极内容消费者转化为内容创造者。与传统媒体相比，社交媒体存在两点不同：首先，用户通过从多种渠道提交上传连接或者新的事件积极参与到内容的制作当中，而在传统媒体时代用户只是处于编辑所决定的内容之中；其次，物理空间上相隔的人们在网络空间中通过特定的关系相连接（如相似的兴趣爱好），新闻事件可以在这样的网络中传播并且在几分钟之内被来自世界各地的人所议论。[2] 我国学者将社交网络中这种一对多的多级内容传播方式描述为"裂变式传播模型"[3]，也有学者称其为"病毒式传播"[4]。

（三）内容分享平台

伴随着社交网络以及用户生成内容一起出现，还有内容分享平台。常见的内容分享平台包括：YouTube、抖音、美拍等视频分享平台；Instagram、Flickr 照片分享平台；简书、微信公众号等原创内容分享平台；小红书、马蜂窝、去哪儿等生活方式分享平台；斗鱼、YY 等网络直播平台；维基百科和百度百科等知识分享平台。

内容分享平台与社交网络非常相似，两者都以多种形式的用户生成内容或者第三方内容为基础，而且两种平台中的主要活动也都涉及

---

[1] A. M. Kaplan, Michael haenlein, "Users of The World, unite! The Challenges and Opportunities of Social Media", 53 *Business Horizons*, 2010, pp. 59 – 61.

[2] See Chei Sian Lee, Long Ma, "News Sharing in Social Media: The Effect of Gratifications and Prior Experience", 28 *Computers in Human Behavior*, 2010, pp. 331 – 332.

[3] 参见韩红星、赵恒煜《基于裂变式传播的新媒体噪音初探——以微博为例》，《现代传播》2012 年第 7 期。

[4] 参见童慧《微信的传播学观照及其影响》，《重庆社会科学》2013 年第 9 期。

内容的分享与传播。两者的区别在于社交网络更强调用户成员之间的特定联系，例如人人网中的同学关系、微信朋友圈中的好友关系。而这种用户之间的关系在内容分享平台之中往往并不存在或者被淡化，内容分享平台更重视内容本身的特殊性。在社交网络中，我们之所以对某一内容感兴趣，是因为内容涉及我们具有特定关系的人——例如我们会关注好友在朋友圈发布的生活状态；而在内容分享平台中，我们为内容所吸引是因为内容本身对我们有价值——比如我们在去哪网儿关心的是他人的旅游经历和景点的可游览性，而不在乎经历分享者的具体身份。

进一步来看，两种平台中传播的内容具有质的差别。一般而言，在社交网络中传播的内容通常是人们所转载的新闻事件，而内容分享平台中传播的内容往往是具有原创性的。根据经济发展合作组织的标准，用户生成内容需要满足三个条件：首先，其需要被发布在可以为公众所访问的网站或者为特定群体访问的社交网络，这就将 E-mail 和点对点即时通信中的内容排除；其次，这些内容需要体现出一定程度的创新性，即内容的创造或者对已经存在内容进行改编或者新的解读，那么根据这一原则，完全复制或者移植的他人不算是严格意义上的用户生成内容；最后，这种创作并非来自专业性的例行程序或者业务，这意味着用户生成内容可能来自非专业人士而且并不以回报或者获利为目的。其动机包括自我表达、与他人建立联系等。①

（四）网络信息平台

网络信息平台主要依靠第三方用户的信息资源帮助其他用户查找有用信息或者寻找机会。根据平台提供的信息资源种类，可以将网络平台划分为综合型信息平台和特定种类的信息平台。

常见的综合性信息平台包括 58 同城、赶集网、Craiglist，这类网

---

① See Graham Vickery, Sacha Wunsch Vincent, "Participative Web and User-created Content—Web 2.0, Wikis and Social Networking", OCED Library, https：//www.oecd-ilibrary.org/science-and-technology/participative-web-and-user-created-content_ 9789264037472-en.

络平台也被称为信息分类网站或是信息聚集网站。以 58 同城为例，其信息内容涵盖招聘求职、汽车、房产、本地服务等多个方面。58 同城在公司简介中指出，其"不仅仅是一个信息交互的平台，也是一站式的生活服务平台"。①

针对特定信息类型的平台包括招聘信息平台（如 Boss 直聘、猎聘）、餐饮信息平台（如大众点评、Tripadvisor）。以大众点评为例，该信息平台向消费者提供评价餐饮环境、味道等方面情况的机会。而这些评价信息又会成为其他用户选择用餐地方的判断依据。

（五）网络金融平台

根据八部委联合发布的《关于促进互联网金融健康发展的指导意见》，"互联网金融是传统金融行业与互联网企业利用互联网技术和信息通信技术实现资金融通、支付、投资和信息中介服务的新型金融业务模式"。② 有学者按照当前各种互联网金融形态在支付、信息处理以及资源配置上的差异，将互联网金融分为八类：传统金融的互联网化（如网上银行服务的出现）、移动支付和第三方支付、互联网货币、基于大数据的征信和网络贷款、基于大数据的保险、P2P 网贷、众筹融资以及大数据在证券投资中的应用。③ 根据前文对网络平台的定义，只有 P2P 网贷和众筹融资两种金融模式属于网络平台的范畴。

"P2P"是"Peer-to-Peer Lending"的缩写，即个人对个人的借贷。P2P 借贷平台的作用在于帮助资金富足者和资金缺乏者进行匹配，从而促成两者之间的资金借贷关系。根据"网贷之家"的评估，评级排行前十的 P2P 借贷平台有陆金服、宜人贷、人人贷、拍拍贷、微贷

---

① 见 58 同城简介，https：//about.58.com/home/introduction.html，2018 年 10 月 14 日。
② 中国人民银行、工业和信息化部、公安部、财政部、国家工商总局、国务院法制办、中国银行业监督管理委员会、中国证券监督管理委员会、中国保险监督管理委员会、国家互联网信息办公室，《关于促进互联网金融健康发展的指导意见》，http：//www.mof.gov.cn/zhengwuxinxi/zhengcefabu/201507/t20150720_1332370.htm，2018 年 10 月 14 日。
③ 参见谢平《互联网金融的现实与未来》，《新金融》2014 年第 4 期。

网、麻袋财富、小赢网金、团贷网、积木盒子、翼龙贷。①

网络众筹是指"企业性的个人或者群体为商业活动筹集资金而从大量使用网络的投资者中吸取规模较大但单位数额较小的投资，而不依靠标准化的中介机构。"② 简单来说，众筹平台是将需要资金进行创业的个人或者企业与小型的投资者进行匹配。与P2P相比，其资金的用途更加明确。根据投资者回报的模式，可以将网络众筹平台划分为互联网非公开股权融资型（投资者获得一定比例的股权）、权益型（获得产品或者服务）、公益型（投资者无偿投资）、债权型（投资者获取一定比例债券，未来收回本金和利息）、综合型（前述模式的组合）。③ 当前的网络众筹平台呈现出专业化的发展趋势，即将服务定位于某一特定领域，例如影视、科技创新产品、艺术等。

（六）应用商店平台

应用商店是计算机系统与市场初步结合的产物，在应用商店平台软件开发者可以出售自己针对特定操作系统开发的应用程序，而用户可以根据自己的需求以及偏好免费或者付费下载、使用相应的程序。应用商店平台在整个网络环境中处于最顶端，用户通常需要先在应用平台中下载所需要的应用程序，然后才能在此基础使用相应的服务。例如前文中所提到的其他类型的平台，都需要用户在计算机终端登录网页或者在移动终端下载相应的应用程序。

一般而言，应用商店是针对移动终端而言的。从国际市场来看，最为普遍使用的两个最大的应用商店 Google Play（安卓手机）、App

---

① 参见 P2P 网络借贷平台排名，https://www.wdzj.com/jhzt/P2Pwljdptpm/，2018 年 10 月 15 日。

② Ethan Mollick, "The dynamics of Crowdfunding: An Exploratory Study", 29 *Journal of Business Venturing*, 2014, pp. 1-2.

③ 参见《中国众筹行业发展报告 2018（上）》，http://www.zhongchoujia.com/data/31205.html，2018 年 10 月 15 日；《中国权益众筹市场研究报告（2015）》，http://report.iresearch.cn/report_pdf.aspx?id=2325，2018 年 10 月 15 日。

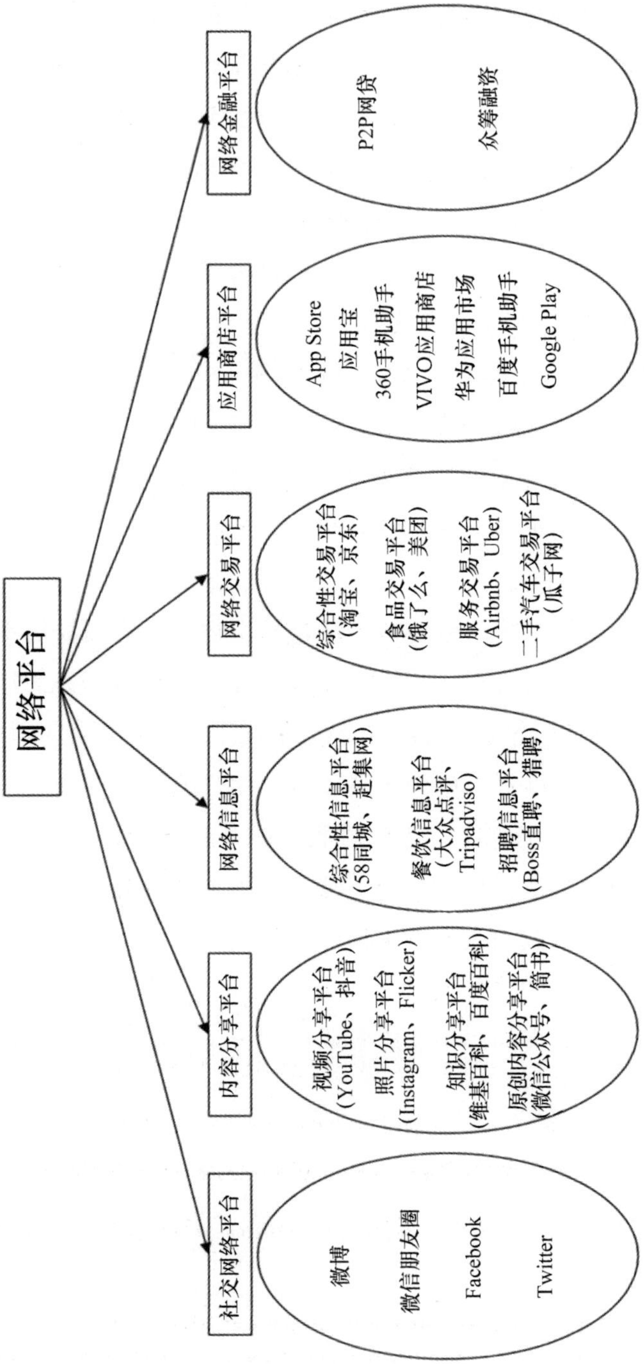

图 2-1 网络平台基本分类

网络平台
- 社交网络平台：微博、微信朋友圈、Facebook、Twitter
- 内容分享平台：视频分享平台（YouTube、抖音）、照片分享平台（Instagram、Flicker）、知识分享平台（维基百科、百度百科）、原创内容分享平台（微信公众号、简书）
- 网络信息平台：综合性信息平台（58同城、赶集网）、餐饮信息平台（大众点评、Tripadviso）、招聘信息平台（Boss直聘、猎聘）
- 网络交易平台：综合性交易平台（淘宝、京东）、食品交易平台（饿了么、美团）、服务交易平台（Airbnb、Uber）、二手汽车交易平台（瓜子网）
- 应用商店平台：App Store、应用宝、360手机助手、VIVO应用商店、华为应用市场、百度手机助手、Google Play
- 网络金融平台：P2P网贷、众筹融资

Store（苹果手机）。根据艾媒咨询《2017—2018 年中国移动应用市场监测报告》我国主要的第三方应用商店包括，应用宝、360 手机助手、华为应用市场、小米应用商店、小米应用中心、OPPO 软件商店、百度手机助手、VIVO 应用商店、VIVO 游戏中心。[①] 目前，随着应用商店的发展与成熟，其也逐渐进入计算机操作系统。如苹果电脑上的 Mac App Store 于 2010 年发布投入使用，微软的 Microsoft Store 于 2012 年投入使用。

第三节 网络平台提供者的法律定位

网络平台提供者更多是一种学术研究中采用的定义，虽然逐渐为实务人士和学者所接受。但我国现行立法很少采用这一术语。所以有必要考虑网络平台提供者是否与我国立法中的其他概念相兼容。

一 我国互联网立法中的表述

《网络安全法》可以说是我国互联网法的顶层设计，其使用的术语是"网络运营者"。但《网络安全法》只对"网络运营者"做出了极为简单的界定，具体是指"网络的所有者、管理者和网络服务提供者"。[②] 我国互联网立法中另外一个比较常见的概念是"互联网信息服务提供者"，这一概念在多个互联网法律规范有所体现。[③] 此外则是较为普遍的"网络服务提供者"，也有不同程度的体现。例如法律层面的《全国人民代表大会常务委员会关于加强网络信息保护的决定》

[①] See Newzoo, "Top 10 Android App Stores in China", https://newzoo.com/insights/rankings/top-10-android-app-stores-china/.
[②] 参见《中华人民共和国网络安全法》第 76 条第（3）项。
[③] 参见《互联网信息服务管理办法》第 11 条、《互联网信息内容管理行政执法程序规定》第 42 条、《电信和互联网个人信息保护规定》第 6 条、《规范互联网信息服务市场秩序若干规定》第 1 条。

以及行政法规层面的《信息网络传播保护条例》。①

除此之外，在行政法规、部门规章以及规范性文件层面的互联网立法中，存在一些更为具体的概念，例如"微博客信息服务提供者"②"网络直播服务提供者"③"互联网论坛社区服务提供者"④"互联网视听节目服务单位及相关网络运营单位"⑤等表述。

最值得注意的是，目前我国已有法律规范开始使用网络平台的概念。《电子商务法》首次在法律层级的规范文件中采用平台的表述，其第9条第2款规定："本法所称电子商务平台经营者，是指在电子商务中为交易双方或者多方提供网络经营场所、交易撮合、信息发布等服务，供交易双方或者多方独立开展交易活动的法人或者非法人组织"。电子商务平台经营者属于网络平台提供者的一个具体分类，实际上也就是前文提及的网络交易平台。我国法律规范对于平台概念的采纳一方面表明对于概念本身的认可，另一方面也表明网络平台本身的重要意义以及规制需要。

二　相关刑事立法以及司法解释中的表述

我国的刑事法律规范主要采用的是较为常见且中性的概念——网络服务提供者。《刑法修正案（九）》增设的拒不履行信息网络安全管理义务罪是我国刑法针对网络服务提供者设立的特殊责任规则。其并没有使用"网络平台提供者"的概念，而是采用了较为宽泛的"网络服务提供者"。而且，一些司法解释也沿用了"网络服务提供者"这一概念，例如《关于办理电信网络诈骗等刑事案件适用法律若

---

① 参见《全国人民代表大会常务委员会关于加强网络信息保护的决定》第6条、《信息网络传播保护条例》第14条。
② 参见《微博客信息服务管理规定》第2条。
③ 参见《网络直播服务管理规定》第2条。
④ 参见《互联网论坛社区服务管理规定》第5条。
⑤ 参见《互联网视听服务管理规定》第4条。

干问题的意见》。此外,《最高人民法院、最高人民检察院关于办理利用互联网、移动通讯终端、声讯台制作、复制、出版、贩卖、传播淫秽电子信息刑事案件具体应用法律若干问题的解释（二）》[以下简称《淫秽信息解释（二）》] 第 6 条所使用的在非刑事互联网法律规范中较为常见的"互联网信息服务提供者"。

三　网络平台在法律规范概念体系中的定位

根据前文的总结，可以发现我国不同的法律规范中存在多种与网络平台相关、相互近似或者有紧密联系的概念。这些概念大致可以分为两个层面，即宽泛界定和具体类型。首先，从宏观层面来看，存在"网络运营者""互联网信息服务提供者""网络服务提供者"等较为宽泛、一般性的概念。这些概念所表达的含义基本相似，如若一定要进行某种程度的区分，则可以根据字面含义得出一个种属关系，即网络运营者包括网络服务提供者和互联网信息服务提供者。而且，这些概念实际是可以相互替换的，例如在规定违法信息的删除义务时，这三种表述都有被使用。那么相比较之下，网络平台提供者实际上是一种更为具体的网络服务提供者、信息服务提供者类型或网络运营者，只是其提供服务的形式存在一定程度的特殊性。

进一步来看，在对网络服务提供者进行具体化和类型化时，我国的立法更多地使用了网络平台的概念。例如电子商务平台运营者、微博客服务提供者、网络直播服务提供者，这些概念实际上都对应着具体的网络平台类型：网络交易平台、社交网络平台、网络内容平台。以微博客服务提供者为例，微博客本身就是一种典型的社交网络，微博客服务提供者通过搭建平台使得不同用户能够建立联系，并在此基础上分享或者浏览内容。

从整体来看，不论是宏观上的一般规定，还是细化到具体的类型，网络平台的概念基本都可以与我国法律规范中的定义呈现出包含或者对应的关系。所以可以认为，我国涉及网络运营者、网络服务提供者、互联网信息服务提供者的各种法律规范同时也可以适用于网络平台提供者。故在下文的讨论中，将使用网络平台提供者取代其他相似概念。

第三章 网络平台提供者刑事责任的根据

在讨论网络平台提供者关于平台用户或者第三方违法犯罪活动的刑事责任时，一个重要的事实根据是网络平台中存在何种违法犯罪活动。如果网络平台实际上并不涉及犯罪活动，那么平台提供者的刑事责任也就无从谈起。此外，就网络平台可能因为何种用户的违法犯罪行为、在何种情况下承担刑事责任而言，则需要以相应的刑法规范为根据。

第一节 网络平台提供者刑事责任的事实根据
——基于对平台用户实施的严重违法行为的实证分析

根据一般观念，网络平台提供者应该为自己实施的具有严重社会危害性的行为而承担刑事责任。但这并非是网络平台提供者承担刑事责任的通常情况。就前述类型的网络平台而言，其主要为依托基础设施和技术能力而开展业务的互联网企业。可以说，主动实施违法犯罪行为并不是一个互联网企业的首选行为，因为相比较个人而言，企业实施犯罪活动的成本更高，风险更大。此外，网络平台由于自己实施的违法犯罪活动而承担刑事责任的情况非常少见且在理论上较少存在争议，因而缺乏研究的意义。对于网络平台的刑事责任而言，研究的重点在于网络平台在什么情况下应为用户或者第三方的严重危害行为而承担刑事责任。所以，网络平台的刑事风险主要源于用户或第三方的严重危害行为。换言之，网络平台提供者的刑事风险主要源于平台用户或者第三方实施的具有严重社会危害性的行为。故网络平台中存在的由平台用户或第三方实施的严重危害行为是研究网络平台提供者刑事责任的重要事实根据。

一 网络交易平台中的严重危害行为

由于网络交易平台的服务在于交易活动的促成，所以其涉及犯罪活动的种类也比较多。几乎所有能以交易形式发生的违法活动都可以在交易平台发生。鉴于网络交易平台的种类较多且各种平台存在的犯罪活动具有一定程度的共性，故选择综合型的"淘宝网"交易平台为例，通过现存判例研究平台中存在的严重危害行为。在 Openlaw 裁判文书数据库以"淘宝"为关键字，"刑事案件"为限制条件进行检索，获得 16852 个相关结果。

在排除不相关判例后选取前 100 个判例进行分析，可以发现淘宝平台中存在以下严重危害行为：诈骗行为（25 起，其中合同诈骗 2 起），非法买卖枪支弹药（21 起），非法经营行为（16 起），销售假冒注册商标商品（11 起），销售假药（10 起），销售伪劣产品（4 起），提供侵入计算机信息系统程序、工具（2 起），传播淫秽物品牟利（2 起），敲诈勒索（3 起），买卖国家机关印章（3 起），非法获取计算机信息系统数据（3 起），贩卖毒品（1 起）。

从上述判例搜索结果可以看出，淘宝网中存在的严重危害行为与其平台类型具有直接的联系，主要表现为与交易有关的严重危害行为。其中，提供非法入侵计算机信息犯罪活动是指行为人通过淘宝销售用于入侵的计算机程序，[①] 而传播淫秽物品牟利是指通过淘宝销售

[①] 参见（2014）杭于刑初字第 802，杨某提供入侵非法控制计算机信息系统程序、工具一审刑事判决书。

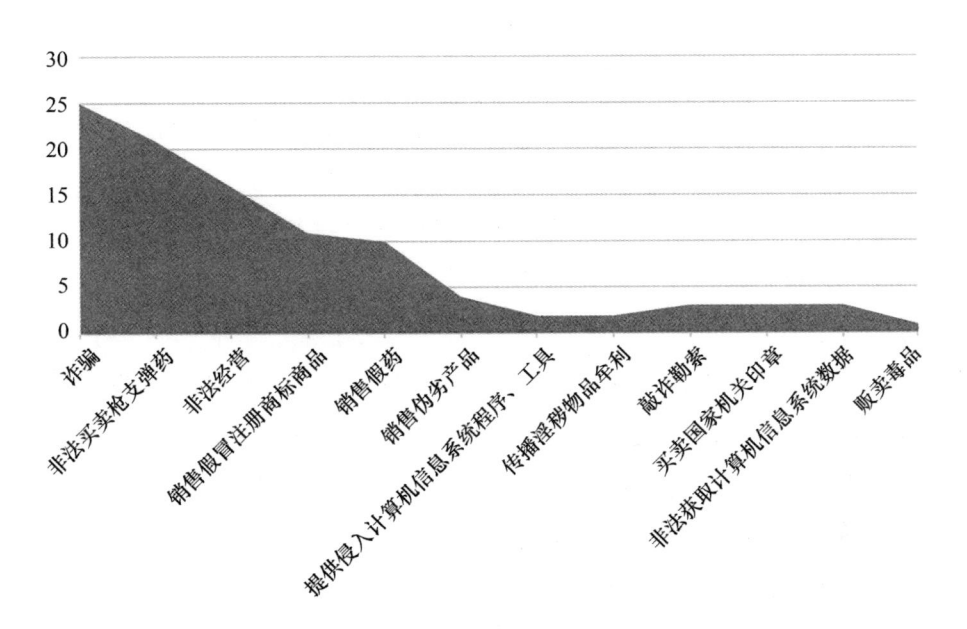

图 3-1　淘宝网中的犯罪活动数量统计

淫秽视频。①

二　社交网络平台中的严重危害行为

就社交网络而言，用户规模较大且具有代表性的包括"微博"和"微信朋友圈"。在 OpenLaw 裁判文书检索网，以"刑事案件"作为类型限制对"微博"和"微信朋友圈"关键字进行检索分别获得判例 1385 条和 4398 条。

（一）微博网络中的严重危害行为

在以"微博"为关键字以及刑事案件为限制条件的搜索结果中排除不相关的判例前提下，选取前 100 个相关判决进行分析，可以发现微博平台中主要存在（按照数量依次排序）发布违法信息内容（40

---

① 参见（2017）浙 0681 刑初 1201，秦某传播淫秽物品牟利案一审刑事判决书。

起)、诈骗行为（30起）、寻衅滋事（11起）、敲诈勒索（8起）以及其他严重危害行为（11起）。

首先，社交网络中的大多数严重危害行为都与发布违法内容有关，其中涉及的违法内容类型包括：侮辱诽谤性言论、淫秽信息、虚假信息和虚假恐怖信息、宣扬恐怖主义信息、宣扬邪教组织信息、煽动民族仇恨言论、损害商业信誉言论、泄露国家机密信息、传授犯罪方法言论。

其次，诈骗作为一种较为传统的犯罪活动在微博网络中的发案量也较高（29起），其中主要的诈骗类型有收取他人支付而不交付商品的虚假交易（21起）、冒充他人向亲朋好友骗取财物（3起）、捏造事实骗取大众捐赠（2起）、在交友过程以借钱的形式进行诈骗（2起）、以推荐股票为名骗取钱财（1起）。

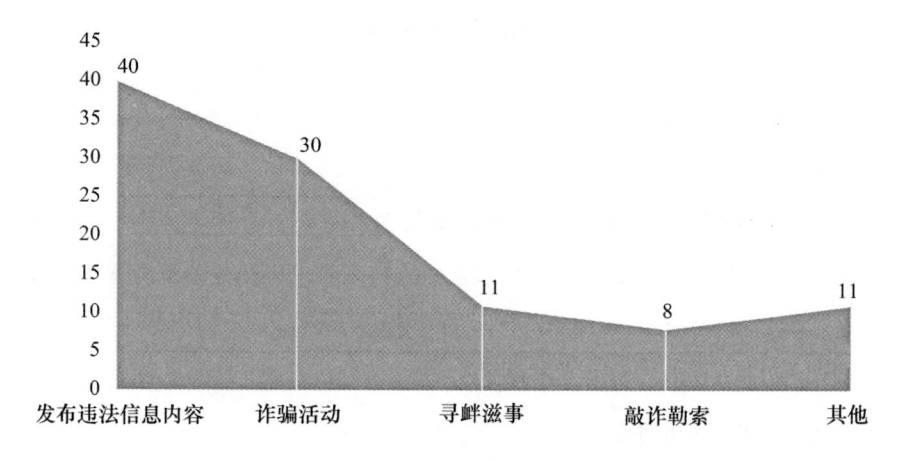

图 3-2 微博平台中的犯罪活动数量统计

另外较为常见的两种严重危害行为是寻衅滋事和敲诈勒索。其中寻衅滋事多是行为人通过微博捏造不实信息诋毁公共机构或者国家机关。而敲诈勒索案件中，行为人通常捏造他人的不实信息发布到微博中或者发布他人的隐私照片，然后向他人勒索钱财。

其他存在的严重危害行为包括玩忽职守，主要是指政府部门负责微博运作的工作人员在发布或者转载内容时不够认真负责而致使不良内容传播并产生恶劣影响；① 伪造国家机关印章，即通过伪造政府部门印章申请微博认证的官方账号；② 非法经营活动，从事网络非法删帖活动；③ 以及传授犯罪方法，走私普通货物、物品，销售假药、伪造证件，煽动颠覆国家政权，招摇撞骗等严重危害行为。

（二）微信朋友圈中的严重危害行为

同样，以"微信朋友圈"为关键词且以"刑事案件"为限制条件的搜索结果中，筛除不相关案例并选取前100份判例作为研究样本。通过对这些判例所涉及的严重危害行为进行分析，可以发现"微信朋友圈"中所存在的严重危害行为类型与"微博"中的具有一定程度的相似性，不同的是各种行为类型所占比例略有差异。微信朋友圈中主要存在的严重危害行为包括（按照判例数量多少依次排序）：诈骗（46起），非法销售（21起），发布违法信息内容（19起），敲诈勒索（5起），寻衅滋事（3起），组织、领导非法传销（2起），掩饰、隐瞒犯罪所得（2起）以及其他严重危害行为（2起）。

首先，就在微信朋友圈所占数量最多的诈骗犯罪而言，其犯罪形式非常简单，主要就是通过在朋友圈发布手机、相机等数码产品或者枪支等违法物品的出售信息，诱使他人先行支付而不交付具体物品。

其次，与微博相比微信朋友圈存在较多非法销售类的犯罪行为，例如销售野生动物（2起）、烟草（7起）、管制药物（2起）、警用

---

① 参见（2016）陕08刑终39号，被告人苗乐玩忽职守罪上诉一案二审裁定书。
② 参见（2014）忠法刑初字第00041号，陈某某伪造、变造、买卖国家机关公文、证件、印章罪一审刑事判决书。
③ 参见（2014）朝刑初字第1300号，杨某等非法经营罪一审刑事判决书。

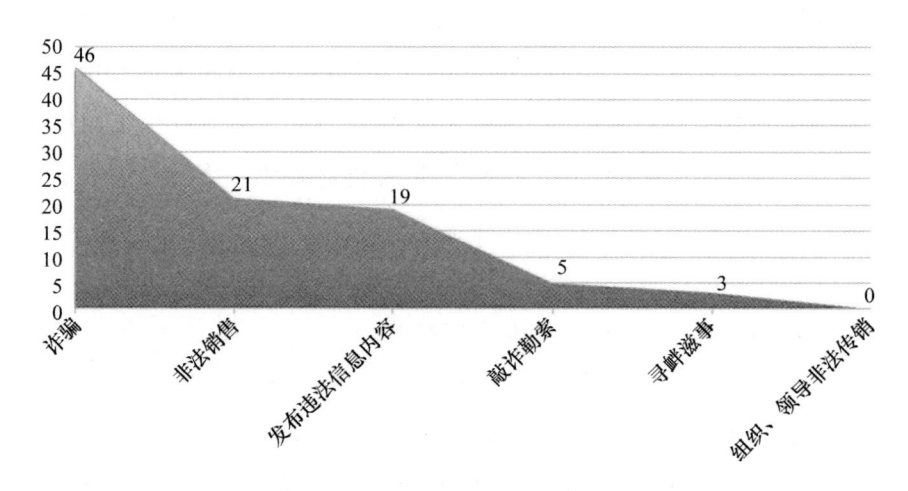

```
50  46
45
40
35
30
25     21
20           19
15
10
 5                    5
 0                         3       0
    诈  非  发  敲  寻  组
    骗  法  布  诈  衅  织
        销  违  勒  滋  、
        售  法  索  事  领
            信            导
            息            非
            内            法
            容            传
                          销
```

图 3-3 微信朋友圈中的犯罪活动数量统计

装备（1起）、枪支（3起）、假药（3起）、伪劣产品（1起）、有毒有害食品（1起）、假冒注册商标商品（1起）。出现这种状况的原因是微信朋友圈相对微博而言封闭性更强，微信用户在朋友圈发布的内容只是对好友可见，而且相对缺乏转发的机制（只存在转发公众号内容的功能）。

三 内容分享平台中的严重危害行为

由于内容分享平台种类较多且缺乏可以代表不同种类具有综合性的内容分享平台，故选取多种平台类型来综合分析其可能涉及的犯罪活动。选取的内容分享平台类型主要包括：文字分享平台（知乎）、视频分享平台（优酷）。以"知乎"为关键词、刑事案件为限制条件进行搜索得到 8 个结果；以"优酷"为关键词、刑事案件为限制条件进行搜索获得 185 个结果，经过筛选获得 14 个相关结果。

根据搜索结果的显示，主要以文字和图片作为内容形式的原创内容分享平台"知乎"中存在的犯罪活动较少，主要涉及诽谤、诈骗、非法经营、侵犯公民个人信息四类犯罪活动。其中较为特殊的是在知乎平台中发生的侵犯公民个人信息的犯罪行为，即行为人通过技术手段或者知乎用户的账号以及密码，随后在网络中进行出售。① 这种类型的犯罪活动在关于前几类平台的判例搜索中并没有发现。

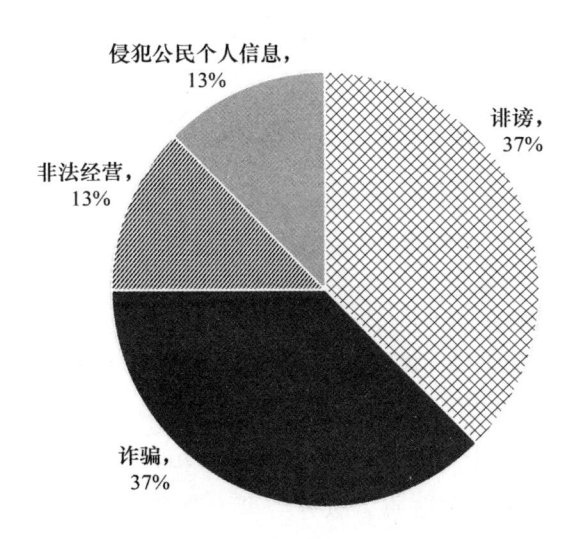

图3-4　知乎中的各类犯罪活动的占比

优酷网虽然在介绍中将自己定位为"大型视频分享网站"，但是用户分享内容在网站中虽然比例极小。优酷网中的大部分视频是网站自己提供的电影和电视剧。所以说，优酷网是一个不纯正的"视频分享平台"。那么，在以视频为主题的网络内容分享平台"优酷"，主要存在的犯罪活动包括寻衅滋事、敲诈勒索，以及发布诽谤、损害商品信誉、宣传邪教组织等违法内容的活动。

四　网络信息平台中的严重危害行为

我国具有影响力的大型网络信息平台主要包括"58同城"以及

---

① 参见（2018）粤1802刑初190号，刘某等侵犯公民个人信息一审刑事判决书。

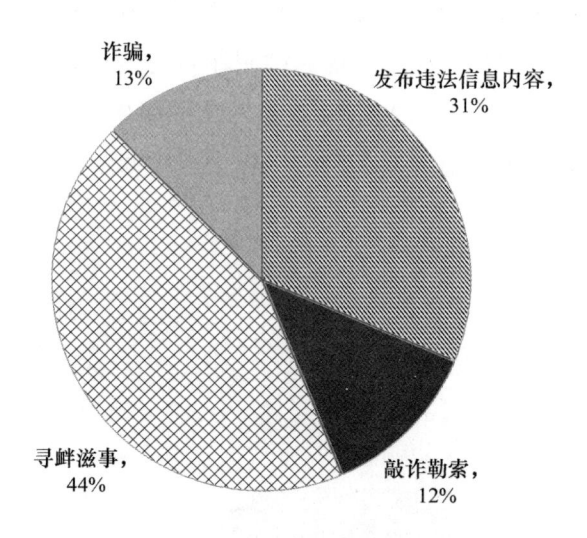

图 3-5 优酷平台中的各类犯罪活动的占比

"赶集网",这两个平台都在其主页将自己定位为分类信息服务网站。因为这两个网络平台在性质、服务类型上都非常相似,所以选取其共同作为信息网络平台的代表进行分析。以"58同城"为关键词,"刑事案件"为限制条件进行搜索,获得2664个结果,通过过滤不相关案件选取前50个结果作为研究的样本;以"赶集网"为关键词,"刑事案件"为限制条件进行搜索获得864个结果,在此基础上进行筛选获得前50个相关结果。

其中58同城中存在的犯罪活动包括:诈骗,合同诈骗,掩饰、隐瞒犯罪所得,非法销售间谍器材,介绍、组织卖淫,非法获取计算机信息系统数据,妨害信用卡管理。而赶集网中的犯罪活动包括:诈骗,合同诈骗,组织、介绍卖淫,掩饰、隐瞒犯罪所得,买卖国家机关证件以及非法获取计算机系统数据。

可以发现,由于性质和服务非常近似,两个平台中所存在的犯罪活动的类型也基本相同。首先,就所收集到的判例而言,这两个平台

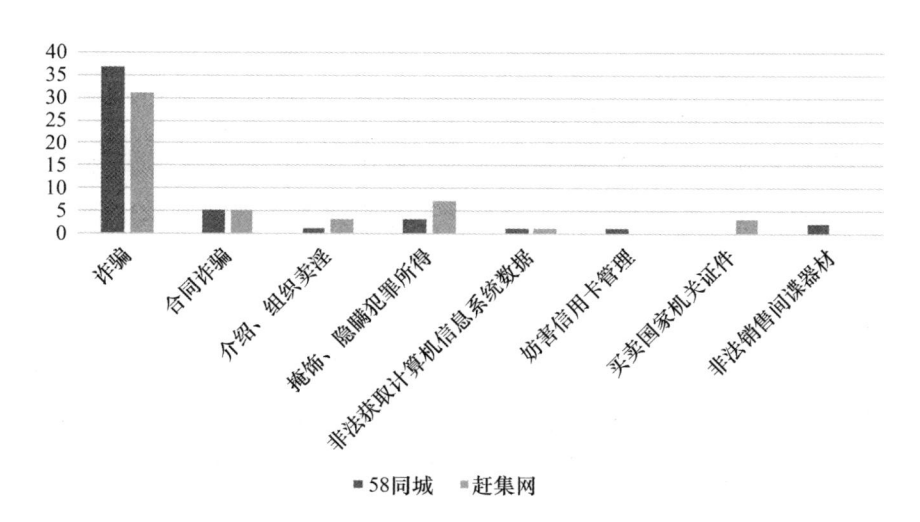

图 3-6　网络信息平台中的犯罪活动数量统计

中存在数量最多的犯罪活动是诈骗。多数诈骗案件的形式较为简单，即在平台中发布销售手机、电脑、相机、机动车的广告骗取他人先行支付，而却不交付相关商品。其次，这两个信息平台中都出现了一些较为独特的犯罪活动。第一是掩饰、隐瞒犯罪所得犯罪活动，如行为人将明知是赃车（电动车）而予以收购并且在 58 同城网站上进行收购[1]，又如明知赃车（摩托车）而在 58 同城网站上进行购买[2]。第二是组织卖淫犯罪活动，即通过 58 同城网站招募女性从事卖淫活动[3]。第三是买卖伪造国家机关证件犯罪活动，如在 58 同城、赶集网购买伪造的摩托车行驶证然后再加价出售[4]或购买伪造的出租车运营证以及驾驶员服务卡[5]。

---

[1] 参见（2016）粤 03 刑终 1571 号，罗某掩饰、隐瞒犯罪所得、犯罪所得收益罪二审刑事裁定书。
[2] 参见（2014）侯刑初字第 55 号，林某掩饰、隐瞒犯罪所得、犯罪所得收益罪一审刑事判决书。
[3] 参见（2017）黑 0111 刑初 189 号，郑某组织卖淫罪一审刑事判决书。
[4] 参见（2011）闸刑初字第 643 号，贺某买卖国家机关证件罪一审刑事判决书。
[5] 参见（2018）京 0116 刑初 35 号，穆某买卖国家机关证件罪一审刑事判决书。

五 网络金融平台中的严重危害行为

首先，就网络 P2P 借贷平台而言，由于网络借贷行业并没有形成成熟行业市场，所以目前尚不存在像其他平台类型一样的具有全国影响力的大型平台。根据网贷之家按照平台综合影响力对我国借贷平台进行的排名，居于前三名的分别是"陆金服""宜人贷""人人贷"。分别以这三个平台为关键词，以刑事案件为限制条件进行搜索，分别获得相关结果 5 个、16 个、77 个。通过对上述判例进行分析发现，其中存在的犯罪活动并没有涉及平台用户。多数案件都是行为人假借平台名义在线下实施诈骗活动，例如以虚构帮助平台刷信用事实，让他人在平台帮助贷款。[①]

其次，以"网络众筹"为关键词，以刑事案件进行搜索，获得 66 个判例结果。其中多数判例中的犯罪活动都是以网络众筹的名义进行诈骗、非法吸收公众资金或者从事非法传销活动。而并没有涉及真正的网络众筹平台，即不存在实际筹资人与投资者之间的实质联系。[②]

六 应用商店平台中的严重危害行为

虽然当前存在近十种应用商店平台，但是主要可以分为两类，即以苹果公司为代表的基于 iOS 手机系统的苹果应用商店以及谷歌公司为代表的基于安卓系统的谷歌商店。

以"苹果应用商店"为关键词，刑事案件为限制条件进行搜索，获得 317 条判例结果，经过筛选其中涉及平台用户的犯罪行为的判例有 4 个（检索时间为 2018 年 10 月 24 日）。案例中涉及的犯罪活动包括诈骗、侵犯著作权以及非法获取计算机系统数据。具体而言，在苹

---

① 参见（2018）辽 0211 刑初 478 号，李某诈骗罪一审刑事判决书。
② 例如在众筹平台没有实际运行的情况下，采用虚假宣传的方式骗取投资人投资，参见（2017）苏 0722 刑初 602 号，张某集资诈骗一审刑事判决书。

果应用商店中存在的诈骗活动是用户利用苹果公司支付系统的漏洞在购买游戏金币时使苹果公司无法扣款①，也有类似的行为方式被认定为非法获取计算机信息系统数据的情况②。此外，侵犯著作权的情况是指手机阅读软件的文字作品侵犯他人著作权。③

不同于苹果公司，安卓手机的应用商店较为分散，并不存在一个统一的应用程序下载平台。故以概括性较强的"安卓应用程序"为关键词，刑事案件为限制条件进行检索，获得10个判例结果，其中两个判例中的犯罪活动是在应用商店平台发生的。其一是由平台软件下载者所实施的非法获取计算机信息系统数据的行为，行为人在下载应用商店的软件后进行反向编译，加入恶意代码以后重新打包上传回应用商店平台，其他用户安装后手机的运行状态则会被监控，同时也会被强行推送广告对话窗。④ 其二是由应用软件提供者实施的非法控制计算机信息系统、非法获取计算机信息系统数据的行为。应用程序开发者制作手机应用是加入恶意代码，可以在下载后通过用户来窃取其他公司服务器内储存的Wi-Fi热点账号和密码。⑤

七 网络平台中严重危害行为的综合评价

鉴于判例搜索网本身的不完善、搜索方法的片面性以及判例数量的局限性，通过搜索判例所总结的网络平台所涉及的犯罪活动必然不能准确无误、非常精确地反映涉平台中严重危害行为的真实状况。例如，产生很大社会影响的微信朋友圈中的组织卖淫犯罪活动并没有在

---

① 参见（2017）闽0702刑初378号，卢某诈骗一审刑事判决书。
② 参见（2017）吉0802刑初391号，李某等非法获取计算机信息系统数据罪一审刑事判决书。
③ 参见（2017）沪0110刑初623号，冷某侵犯著作权案一审刑事判决书。
④ 参见（2014）建刑初字0104号，李某非法获取计算机信息系统数据罪一审刑事判决书。
⑤ 参见（2014）浦行初字第4938号，黄某等非法获取计算机信息系统数据罪、非法控制计算机信息系统罪一审刑事判决书。

判例搜索中体现出来。① 即使有限的判例不能精准地反映实际的状况，但是通过不同平台之间判例的互补以及新闻曝光的补充，这些数据足以反映涉及平台犯罪的一个基本状况。例如，虽然没有通过判例搜索发现社交网络中存在组织卖淫犯罪活动，但是这一情况信息平台中得到了体现。按照这一思维，只要是在现实情况允许的情况下，我们可以将在不同网络平台发生的犯罪活动进行整合，从整体上考察网络平台中的犯罪活动类型。

首先，从整体来看，诈骗犯罪基本是存在于所有网络平台的一种犯罪类型。从网络交易平台到社交网络平台，再到内容分享平台，甚至是在应用商店，只要为用户提供某种相互交流的可能性，就会存在诈骗活动。其次，不难发现，发布违法内容的行为也存在于大多数网络平台。因为互联网设立的初衷就在于信息的分享，而各种形式的内容是信息的外在表现。可以说，互联网的技术特征以及目的都决定了发布非法内容不可避免的是一种主要的犯罪活动形式。最后，平台中存在的犯罪活动都在一定程度上受到了平台性质的影响，某些平台还存在与平台业务相关的特有的犯罪类型。例如在网络交易平台中，多数犯罪活动都与电子商务有关——销售假冒伪劣产品或者销售违法违禁物品。而掩饰、隐瞒犯罪所得以及犯罪收益所得的犯罪活动只出现在网络信息平台。

基于这种整体状况，可以考虑从以下几个方面对网络平台中的犯罪行为进行整合。第一，可以将其他类型的诈骗犯罪——例如合同诈骗等，整体归入诈骗犯罪。第二，将网络寻衅滋事犯罪活动纳入发布违法信息内容的范畴，因为判例中认定为寻衅滋事罪的基本都是在网络中捏造并散布虚假事实的行为。第三，将网络中的销售假药、出售

---

① 参见汤鹤新《朋友圈里广招嫖，组织卖淫罪难逃》，《检察日报》2016年2月20日第2版。

野生动物、非法买卖警用装备、非法销售枪支、（部分）侵犯公民个人信息和掩饰、隐瞒犯罪所得等犯罪活动归为涉及违法交易的犯罪活动。其中较为特殊的是侵犯公民信息犯罪、妨害信用卡管理罪和掩饰、隐瞒犯罪所得罪，这两种犯罪在网络中都表现为出售相关的违法物品。例如，侵犯公民个人信息犯罪表现为在网络中销售他人的账号、密码以及其他个人信息[①]；妨害信用卡管理罪表现为在网络中出售信用卡；[②] 而掩饰、隐瞒犯罪所得罪表现为在网络中购买或者销售被盗物品。[③]

据此，网络平台中的犯罪活动主要体现为网络诈骗、发布违法信息内容以及违法交易三个类型。而在此基础上可以进一步对网络平台中的犯罪活动进行整合，即将网络平台中的所有犯罪活动划分为两类：一是侧重信息状态的违法信息内容发布行为；二是侧重行为过程的一般性网络犯罪活动。例如为了诈骗在网络中发布信息和在网络中进行诈骗是两种不同的犯罪类型。首先，两者都是犯罪行为，前者属于非法利用信息网络罪的规制对象，而后者属于诈骗罪的规制对象。其次，两种犯罪的构成要件存在重大差异，对于前者而言，行为对象在构成要件中起决定性作用；而对于后者，行为方式处于核心地位。具言之，前者的不法在于发布了违法的信息内容，信息内容决定了行为的不法。而对于后者，其不法性更多体现在虚构事实、隐瞒真相的行为方式上。涉及违法信息内容类犯罪是网络空间中一种非常重要的犯罪类型，这些犯罪是传统犯罪网络化的重要体现。根据以上分类以及各种网络平台犯罪活动的状况，我们可以得到以下关于网络平台的整体犯罪状况。

[①] 参见（2018）粤1802刑初190号，刘某然、黄某侵犯公民个人信息罪一审刑事判决书。
[②] 参见（2015）邓刑一初字171号，邹某某妨害信用卡管理罪一审刑事判决书。
[③] 参见（2017）湘13刑终204号，欧某等掩饰、隐瞒犯罪所得、犯罪所得收益罪二审刑事判决书。

表 3-1   各类网络平台犯罪活动的状况

		社交网络平台	内容分享平台	网络信息平台	网络交易平台	网络应用平台	网络金融平台
利于网络实施的一般犯罪行为	诈骗	√	√	√	√	√	
	非法交易	√	√	√	√		
	敲诈勒索	√	√		√		
	组织、领导非法传销	√	√				
	组织、介绍卖淫				√		
	非法获取计算机信息系统数据			√		√	
发布违法信息内容	淫秽信息	√			√		
	侮辱	√					
	诽谤	√	√				
	寻衅滋事	√					
	损害商业信誉、商品声誉	√	√				
	利用会道门、邪教、迷信阻止妨碍法律实施	√	√				
	煽动颠覆国家政权	√					
	煽动民族仇恨	√					
	宣扬恐怖主义、极端主义	√					
	泄露国家秘密	√					
	虚假信息	√					
	传授犯罪方法	√	√				

第二节　网络平台提供者刑事责任的规范根据

对于前文网络平台中存在的严重危害行为，通常应该由行为的实际实施者承担责任——即平台用户或者其他第三方，相关判例也遵循了这种思路。但这并不意味着不存在网络平台提供者承担刑事责任的可能。在许多网络平台对犯罪活动的实施发挥重要作用的情形中，追究网络平台提供者刑事责任的想法变得越来越具有诱惑力。特别是在那些难以查证实际行为人且无法追究责任的情形中，网络平台更容易成为追究责任的目标。在公共政策的影响下，追究网络平台提供者刑事责任的做法似乎成为规制平台空间中犯罪活动的策略导向。因此我国的相关法律规范也逐步开始为追究网络平台提供者的刑事责任提供规范根据。起初，司法解释只是针对部分网络犯罪活动，为追究网络平台提供者的刑事责任提供了一种思路，即将网络平台提供者视为由他人实施的犯罪活动的共犯。而《刑法修正案（九）》针对网络服务提供者增设了拒不履行信息网络安全管理义务罪，直接为追究网络平台提供者的刑事责任提供了明确依据。

一　传统刑法中网络平台提供者刑事责任的规范根据

在《刑法修正案（九）》出台之前，我国刑法中并不存在专门针对网络平台提供者责任的刑法规范。而且，在非互联网时代制定的刑法主要更为注重保护生命健康、财产等方面的权益和维护国家、社会的政治经济秩序。随着传统犯罪与网络的结合，我国刑法首先做出的反应并不是设立专门针对网络犯罪的刑法规范，而是通过司法解释的方式扩大传统刑法适用范围。同样，针对涉网络平台犯罪活动的相关规定也首先是以司法解释的形式实现的。到目前为止，涉平台犯罪的司法解释包括以下8个：《关于办理危害计算机信息系统安全刑事案件应用法律若干问题的解释》（以下简称《信息系统安全解释》）、《关于办理利用信息网络实施诽谤等刑事案件适用法律若干问题的解释》（以下简称《网络诽谤解释》）、《最高人民法院、最高人民检察院关于办理诈骗刑事案件具体应用法律问题的解释》（以下简称《诈骗案件解释》）、《关于办理电信网络诈骗等刑事案件适用法律若干问题的解释》（以下简称《电信网络诈骗解释》）、《关于办理赌博刑事案件具体应用法律若干问题的解释》（以下简称《赌博案件解释》）、《关于办理网络赌博案件具体适用法律若干问题的意见》（以下简称《网络赌博意见》）、《关于办理利用互联网、移动通讯终端、声讯台制作、复制、出版、贩卖、传播淫秽电子信息刑事案件具体应用法律若干问题的解释》（以下简称《淫秽信息解释》）、《关于办理利用互联网、移动通讯终端、声讯台制作、复制、出版、贩卖、传播淫秽电子信息刑事案件具体应用法律若干问题的解释（二）》［以下简称《淫秽信息解释（二）》］。

　　需要说明的是，多数上述司法解释并没有使用网络平台或近似的概念，也没有明确地规定网络平台的责任。之所以认为这些司法解释都涉及网络平台提供者的刑事责任，是因为其规范表述中所描述的行为方式都与网络平台密切相关，例如"提供互联网接入、网络储存"，又或者是"提供通讯传输通道、网络技术支持"等。而其中明确提及网络平台刑事责任的司法解释仅包括《电信网络诈骗解释》和《淫秽信息解释（二）》。《电信网络诈骗解释》，其第三部分"全面惩处关联犯罪"第8条明确指出，"网络服务提供者、电信业务经营者在经营活动中，违反国家有关规定，被电信网络诈骗分子利用，使他人遭受财产损失的，依法承担相应责任，构成犯罪的，依法追究刑事责任"。《淫秽信息解释（二）》第6条规定："电信业务经营者、互联网信息服务提供者明知是淫秽网站，为其提供互联网接入、服务器托管、网络储存空间……以传播淫秽物品牟利罪定罪处罚"。

从网络平台提供者承担刑事责任的方式来看，多数司法解释都将网络平台提供者定位为共犯。根据《诈骗案件解释》第7条，明知他人实施诈骗犯罪，为其提供通信传输通道、网络技术支持的，以共同犯罪论处；根据《赌博案件解释》第4条的规定，明知他人实施赌博犯罪活动而为其提供计算机网络的，以赌博罪的共犯论处；根据《淫秽信息解释》第7条的规定，明知他人实施传播淫秽信息犯罪，为其提供互联网接入、服务器托管等帮助的，以共同犯罪论处。而较为特殊的是，《淫秽信息解释（二）》却在网络平台提供者为他人提供技术帮助行为的情况下将网络平台提供者视为传播淫秽物品牟利罪的正犯。

从可能涉及的网络犯罪类型来看，通常每个司法解释只是将网络平台与一种犯罪相联系起来。较为特殊的是，《信息系统安全解释》和《网络诽谤解释》将多种犯罪活动与网络平台相联系。根据《信息系统安全解释》第9条第2款，明知他人实施非法入侵计算机信息系统罪，非法获取计算机信息系统数据罪，非法控制计算机信息系统罪，提供非法侵入、非法控制计算机信息系统程序、工具罪以及破坏计算机信息系统罪，而为他人提供互联网接入、网络储存等帮助的，应当按照共同犯罪处罚。而《网络诽谤解释》第8条规定："明知他人利用信息网络实施诽谤、寻衅滋事、敲诈勒索、非法经营等犯罪，为其提供资金、场所、技术支持等帮助的，以共同犯罪论处"。除此之外，网络平台提供者可能涉及的犯罪类型还包括传播淫秽物品（牟利）罪、诈骗罪、赌博罪、开设赌场罪。所以，根据上述司法解释，网络平台提供者涉及的犯罪包括13种。但是成立诈骗罪、赌博罪、开设赌场罪、诽谤罪、寻衅滋事罪、敲诈勒索罪的主体限于自然人，而网络平台提供者作为单位成立这些犯罪的共犯存在法理上的障碍。从这一角度来看，网络平台提供者所涉及的犯罪类型是非常有限的，虽然理论上可能构成危害计算机信息系统类犯罪和传播淫秽物品（牟利）罪的共犯，但在多数情况中平台本身就是信息系统的所有者，实际上不可能为该种犯罪提供技术帮助。

综上所述，司法解释将网络平台提供者与极有限的犯罪类型相联系，主要体现为传播淫秽物品（牟利）罪。但是在刑事责任认定的方式上，相关的司法解释却对相似的情况做出了近乎冲突的规定，同样在明知他人传播淫秽信息的情况下提供技术帮助的行为，《淫秽信息解释》将其认定为共犯，而《淫秽信息解释（二）》却认定为传播淫秽物品牟利罪的正犯。

二 专门立法中网络平台提供者刑事责任的规范根据

2015年8月29日通过的《刑法修正案（九）》，增设了刑法第286条之一——拒不履行信息网络安全管理义务罪。拒不履行信息网络安全管理义务罪不仅明确了网络平台提供者的责任主体地位，也在一定程度上确定了网络平台提供者承担刑事责任的客观事由，即网络平台提供者可能因为哪些用户行为而承担刑事责任。具体来看，拒不履行信息网络安全管理义务罪列出了网络平台承担刑事责任的三种情形：（1）致使违法信息大量传播；（2）致使用户信息泄露，造成严重后果的；（3）致使刑事案件证据灭失，情节严重的。但这并不意味着网络平台提供者只在这三种情形中可能承担责任，因为立法者还通过开放式的规定——"有其他严重情节的"——保留了在其他情形中追究网络平台刑事责任的可能。当然，应该对这种开放式的规定进行严格的限制，否则所列出的三种限制情形也就失去了存在的意义。

拒不履行信息网络安全管理义务罪所列出的三种情形并不都是与用户的犯罪活动有关。第一款所列出的"致使违法信息大量传播"的情形应该是用户在平台中发布违法信息，而网络平台没有履行相应的处置义务。第二种情形虽然也涉及犯罪活动，但却还不同于第一种情形。根据权威解释，设置第二种情况的立法目的在于要求网络平台妥善保管其在提供服务过程中所收集和保存的用户信息，从而防范危害公民个人信息安全的行为。[1] 但是在公民信息泄露的情况中，网络平台往往也是处于受害者的地位——如平台网络遭到入侵而导致用户数据泄露，而不像是在传播违法信息情形中的中立甚至是依靠流量受益的地位。从第三种情形中"致使刑事案件证据灭失"可以推断，网络平台的刑事责任并不是源于用户或第三方的犯罪活动，而是源于刑事侦查活动中的配合义务。设置这一义务的目的在于督促网络平台按照规定对网上信息内容和网络日志信息记录进行备份。[2] 从整体来看，拒不履行信息网络安全管理义务罪列出的网络平台承担刑事责任的三种情况——违法内容大量传播、用户信息泄露、刑事案件证据灭失，只有前两种是与犯罪活动相对应的，而且对网络平台进行惩罚的责任根据依次减弱，而政策根据逐渐增强。

此外，《刑法修正案（九）》增设了另外一个可能涉及网络平台刑事责任的罪名——帮助信息网络犯罪活动罪。帮助信息网络犯罪活动罪规定："明知他人利用信息网络实施犯罪，为其犯罪提供互联网接入、服务器托管、网络储存、通讯传输技术支持，或者提供广告推广、支付结算帮助，情节严重的，处三年以下有期徒刑或者拘役，并处或者单处罚金。"[3] 从规范表述上来看，其所描述的行为方式直指网络平台提供者，网络接入、储存、信息传输等技术手段都是网络平台在提供服务时不可避免的手段。这一规定似乎是把涉及网络平台的司法解释结合起来并进一步扩展，而将所有类似的情况包含在内。而其立法目的也印证了这一猜测：增设该罪的目的在于对目前存在的个别司法解释（关于赌博、诈骗、传播淫秽信息）中关于网络帮助行为的

---

[1] 参见臧铁伟、李寿伟《中华人民共和国刑法修正案（九）——条文说明、立法理由及相关规定》，北京大学出版社2016年版，第221页。
[2] 参见臧铁伟、李寿伟《中华人民共和国刑法修正案（九）——条文说明、立法理由及相关规定》，北京大学出版社2016年版，第220页。
[3] 参见《中华人民共和国刑法》第二百八十七条之二。

定罪量刑问题进行专门规定，从而为打击网络犯罪产业链中的独立环节提供法律基础——特别是针对一些互联网企业以不知道他人实施犯罪为理由逃避法律追究。① 如果说，将这一规定适用于网络平台提供者，那么网络平台的刑事责任范围将会极大程度地被扩张，不仅超越了司法解释所强调的刑事责任范围以及专门性立法所明确划定的范围，而且几乎将网络平台的刑事责任范围扩张为网络中实际存在的所有范围类型。换言之，帮助信息网络犯罪活动罪可能会成为针对网络平台的"口袋罪"。

综上所述，新的刑事立法明确地提供了追究网络平台提供者刑事责任的思路。同时也在划定了网络平台提供者承担刑事责任的范围。拒不履行信息网络安全管理义务罪虽然试图明确网络平台刑事责任的范围，并且列举了三种情况。但是其开放式的补充规定又使网络平台刑事责任的范围存在肆意扩大的危险。不仅如此，由于帮助信息网络犯罪活动罪适用对象不明确，且规范用语和立法目的都直接指向网络平台提供者。这可能会导致网络平台刑事责任范围的全面扩张，即对于任何平台中存在的犯罪活动都可能以帮助信息网络犯罪活动罪追究其刑事责任。那么，帮助信息网络犯罪活动罪是否可以作为追究网络平台提供者刑事责任的规范根据，值得进一步研究。

三　司法实践认定网络平台提供者刑事责任所采用的规范根据

目前为止，我国仅存在一起涉及网络平台提供者刑事责任的判例，即快播科技有限公司传播淫秽物品牟利案。其大致案情为"站长"利用快播公司的服务发布淫秽性视频资源，而用户可以通过快播播放软件观看淫秽视频资源。而对此快播公司未能彻底阻止淫秽视频

---

① 参见臧铁伟、李寿伟《中华人民共和国刑法修正案（九）——条文说明、立法理由及相关规定》，北京大学出版社2016年版，第233页及以下。

在其网络中的传播。对于这一案件情况，法院在认定快播公司刑事责任时并没有采用司法解释所提供的规范根据，也没有采用新的专门立法中的规范根据。而是从不作为的角度来认定快播公司的刑事责任。

根据快播案件一审判决书，法院直接以刑法第363条第1款的规定作为规范依据，认定快播科技有限责任公司成立传播淫秽物品牟利罪。其具体思路是：首先快播公司作为网络视频服务提供者负有信息网络安全管理义务；其次快播公司及相关负责人均明知快播系统内存在淫秽视频并且介入了淫秽视频的传播活动中；再次快播公司及相关负责人存在放任淫秽视频在其系统内传播的间接故意；最后快播公司具备履行信息网络安全管理义务的能力但拒不履行信息网络安全管理义务。由此可以发现，法院在认定网络平台刑事责任时并没有按照司法解释的思路将网络平台定位为共犯，也没有选择《刑法修正案（九）》新确立的平台责任认定思路。而是将网络平台不履行监管义务的行为解释为不作为的传播，并将网络平台视为正犯，直接以并非针对网络平台的一般性罪名来追究网络平台的刑事责任。根据这种思路，刑法中的多数能够适用于单位的罪名都可以作为追究网络平台刑事责任的规范根据，例如组织赌博罪、破坏计算机信息系统罪等。而且，即使是对于无法成立单位犯罪的罪名，也可以作为直接追究网络平台企业中相关主管人员刑事责任的规范根据。所以，根据司法实践中所采用的网络平台刑事责任认定的思路，可以针对更多类型的平台中的犯罪活动来追究网络平台的刑事责任。

可以推测，法院在选择规范依据以及平台责任认定思路时，应该已经对不同规范依据和责任认定思路进行了对比。首先，法院之所以未选择司法解释提供的思路，其原因可能在于无法论证网络平台与平台中实施违法犯罪活动的行为人之间的意思联络，难以证明共同犯罪的存在。其次，一审法院未适用《刑法修正案（九）》新出台的规范依据——拒不履行信息网络安全管理义务罪，一方面是因为在快播公司实施所涉嫌的犯罪活动期间，拒不履行信息网络安全管理义务罪并未生效。另一方面，即使实际上也存在适用拒不履行信息网络安全管理义务罪的可能——根据从旧兼从轻的原则，如果适用拒不履行信息网络安全管理义务罪比适用旧法更轻，则适用拒不履行信息网络安全管理义务罪。但在新罪名刚刚出台不久且适用条件不明确的情况下，法院出于谨慎的考虑更倾向于回避适用这一罪名。

尽管如此，法院选择采用的规范依据以及责任认定思路并非是没有争议的。第一，信息网络安全管理义务是拒不履行信息网络安全管理义务罪的构成要件内容，而将这一义务脱离拒不履行信息网络安全管理义务罪而结合其他刑法规范是否恰当，这本身是存疑的。第二，在以传播淫秽物品牟利罪等刑法罪名作为网络平台刑事责任的规范根据时，将不履行管理义务的不作为评价为传统的作为犯似乎存在法理上的障碍。有学者指出，这种做法会导致一系列困境的出现："上至领导干部，中至企业经理，下至平民百姓，只要被认为违反了某种管理义务，司法机关就可以绕开玩忽职守罪、拒不履行信息网络安全管理义务罪、拒绝提供恐怖主义犯罪证据罪等法定义务犯、不作为犯（轻罪），而直接适用故意杀人罪、传播淫秽物品牟利罪，组织、领导、参加恐怖组织罪等重罪"[①]。另外，也有学者表示出类似的观点，"以不作为犯罪理论来支持控罪将陷入'不作为义务来源'理论的泥淖：依据不作为传统理论框架，因无法说明'不作为义务来源'而无法提供充分的论证；如果因一罪适用而突破'不作为义务来源'的传统理论框架，将后患无穷"。由此可见，直接依据刑法分则的行为规范（例如传播淫秽物品牟利罪）和传统不作为理论，将网络平台提供者视为不作为正犯追究责任的思路，是值得进一步探讨的。

---

① 高艳东：《不纯正不作为犯的中国命运：从快播案说起》，《中外法学》2017年第1期。

四 网络平台提供者刑事责任规范根据的辨析

就前文介绍的几种网络平台提供者刑事责任的规范根据而言，其适用性仍然值得质疑。除了司法实践采用的规范依据以外，司法解释以及新的刑事立法提供的刑事责任依据都未曾被适用。特别是新制定的帮助信息网络犯罪活动罪，该罪名本身争议较大。故其对于网络平台提供者的适用性值得进一步探讨。

（一）帮助信息网络犯罪活动罪立法定位之明确

目前学界对于帮助信息网络犯罪活动罪的立法定位存在两种理解：一是认为本罪实际上是针对网络犯罪帮助犯设立的独立量刑规则，即"只是因为分则条文对其规定了独立的法定刑，而不再适用刑法总则关于帮助犯（从犯）的处罚规定"；[1] 另一种观点则认为本罪的设立遵循了共犯正犯化的立法思路，将特定的帮助行为作为实行行为处理，即认为这一立法是一个新的犯罪化。[2] 而所谓的共犯正犯化，简而言之，是指将网络中具有严重危害性的帮助行为独立入罪，使针对帮助行为的惩罚摆脱对于被帮助者所实施的犯罪行为的依赖。[3] 两种观点争论的核心在于本罪是否通过将新的帮助行为犯罪化从而扩大了犯罪圈。

如何看待这两种观点？就量刑规则说而言，通过一个新的立法来描述与构成要件无关的量刑规则，既不合立法例也缺乏必要性。[4] 进一步来看，如果说帮助信息网络犯罪活动罪本质上是网络犯罪帮助犯的特殊量刑规则，那么该规则的预期效果应是排斥刑法总则关于帮助

---

[1] 张明楷：《论帮助信息网络犯罪活动罪》，《政治与法律》2016年第2期。
[2] 参见于志刚《网络空间中犯罪帮助行为的制裁体系与完善思路》，《中国法学》2016年第2期。
[3] 参见于志刚《网络犯罪与中国刑法的应对》，《中国社会科学》2010年第3期。
[4] 参见聂立泽、胡洋《帮助信息网络犯罪活动罪的规范属性及司法适用》，《上海政法学院学报》2017年第1期。

犯的一般处罚规定。但其作为特殊量刑规则是否恰当以及能否真正发挥作用是值得质疑的。首先，这一立法作为量刑规则缺乏合理性。相对于诈骗罪、盗窃罪等常见网络犯罪，其所设置的法定刑偏低。即使是诈骗罪或盗窃罪的帮助犯，在实践中也可以被判处三年以上有期徒刑。如果将网络接入、服务器托管、网络储存、通信传输等技术支持或者广告推广、支付结算等形式的网络犯罪帮助犯按照特殊的量刑规则进行处罚，必然会导致对于这类帮助犯的量刑偏低，实际上会起到不当地限制处罚力度的作用。其次，这一所谓量刑规则实际上也并不能排他地确定网络犯罪帮助犯的刑罚。帮助信息网络犯罪活动罪的第3款规定，"有前两款行为，同时构成其他犯罪的，依照处罚较重的规定定罪处罚"。当网络犯罪的帮助犯应被判处三年以上有期徒刑时，该规则无法发挥量刑的功能；而当需要判处三年以下有期徒刑时，这一量刑规则与帮助犯的处罚无实质区别。这会导致实践中认定网络犯罪帮助行为性质的逻辑错误：根据需要判处的刑罚来确定罪名（认为需要对于帮助行为判处三年以上有期徒刑时则不适用帮助信息网络犯罪活动罪），而不是在确定罪名的基础上进行量刑。

共犯正犯化的观点认为帮助信息网络犯罪活动罪是一个全新、独立的犯罪化，犯罪化的内容是原有的帮助行为，即共犯行为。共犯正犯化原本是针对网络中出现的新状况——犯罪帮助行为超越实行行为的危害性以及突破传统从属地位的独立性所引发的规制困境——而提出的立法上的解决方案。具体而言，危害性的超越是指帮助行为的技术性使其相对于实行行为而言在实现法益侵害时发挥更关键的作用；其独立性主要是体现在主客观两个方面，主观上缺乏与实行行为人的意思联络，客观上表现为"一对多"的特殊行为样态。[①] 然而，帮助

[①] 参见于冲《帮助行为正犯化的类型研究与入罪化思路》，《政法论坛》2016年第4期。

信息网络犯罪活动罪似乎并没有回应帮助行为危害性提升的状况。因为，帮助行为的独立入罪反映的是行为的应罚性，而不是危害性程度。而且从本罪的刑罚设置来看，其最高法定刑为三年有期徒刑，惩罚力度上也没有体现出帮助行为危害性提升的特征。另外，"超越实行行为的危害性"以及"突破从属地位的独立性"也不足以作为单独处罚帮助行为的依据。首先，帮助行为危害性的提升是指帮助行为的危害性大于实行行为，主要体现为帮助行为在共同实现法益侵害时发挥的作用更大，而并不意味着帮助行为可以独立侵害法益。其次，即使网络中的帮助行为确实具有一定程度的独立性，但行为的独立性并不等同于独立的法益侵害。一般而言，在缺乏实行行为的情况下，帮助行为本身无法导致实害后果。如果说，网络犯罪帮助行为具有独立的法益侵害性，则需要明确其如何独立实现法益侵害以及侵害了何种法益。

相比较而言，将帮助信息网络犯罪活动罪定位为一个新的犯罪化更为合理。如果认为这一立法是量刑规则，则实际只是对需要判处三年以下有期徒刑的帮助犯适用了不同的罪名，并无实质性意义。所以，只有将其解释为犯罪圈的扩大，才可能使这一立法发挥功能。另一方面，虽然共犯正犯化的立法建议在结论上与帮助信息网络犯罪活动罪的设立是一致的，都要求单独对帮助行为进行处罚，但是有关共犯正犯化的相关论述并不能准确反映帮助信息网络犯罪活动罪设立的原因以及针对的行为类型。

(二) 帮助信息网络犯罪活动罪之犯罪类型判断

如果说帮助信息网络犯罪活动罪是犯罪圈的扩大，即将特定的帮助行为纳入刑法的处罚范围，那么还需要进一步确定这种帮助行为的犯罪类型。

从法条的表述来看，一方面帮助信息网络犯罪活动罪的构成要件规定了技术支持、广告推广以及支付结算三种形式的帮助行为，而没有要求特定危害后果的发生；但另一方面还规定了"情节严重"的要求。由此而产生的疑问是：本罪究竟是属于抽象危险犯还是情节犯。就两者的关系而言，存在两种观点：情节犯排斥抽象危险犯，如果在罪状中添加"情节严重"的描述就会使抽象危险犯转化为"情节犯"或者"结果犯"，无法实现法益前置保护的效果；[1] 也有学者认为"情节犯"和"危险犯"并不冲突，"情节犯"也可以体现危险犯的性质。[2] 实际上，罪状中关于情节方面的要求并不能否定危险犯的性质。例如，在危险驾驶罪的罪状中也存在"情节恶劣"的要求，但这并没有影响学者将其认定为抽象危险犯。[3] 因为情节方面的规定本身就是比较模糊的，并不能决定犯罪的性质，其内容反而依赖犯罪的性质。故正确的思路应是先明确犯罪性质，然后再决定"情节严重"的内容。[4]

在无法通过罪状表述准确判断帮助信息网络犯罪活动罪性质时，有必要结合其他材料进行分析。应该认为，本罪是抽象危险犯。首先，从社会客观现实——网络犯罪的现状来看，存在设立抽象危险犯的必要性。目前，犯罪产业链已经成为多种网络犯罪的存在形式，特别是各种帮助形式的行为在犯罪链中扮演了重要的角色。这不仅体现在帮助行为的技术性，更体现在各种犯罪帮助行为的普遍性。普遍存在的犯罪帮助行为会使网络犯罪的实施更为容易，促使更多的人实施犯罪行为，而更多的犯罪行为也会进一步刺激网络帮助行为的增加，

---

[1] 参见黎宏《〈刑法修正案（九）〉中有关恐怖主义、极端主义的立法——从如何限缩抽象危险犯的成立范围的立场出发》，《苏州大学学报》（哲学社会科学版）2015年第6期。

[2] 参见李川《危险犯扩展逻辑与正当性思考》，《法学评论》2017年第3期。

[3] 参见王耀忠《危险驾驶罪罪过问题等规范研究》，《法律科学》（西北政法大学学报）2012年第5期；刘军《危险驾驶罪的法理辨析》，《法律科学》（西北政法大学学报）2012年第5期；

[4] 参见姚诗《非法行医罪"情节严重"的解释立场和标准》，《政治与法律》2012年第4期。

从而形成一种恶性循环。所以,当前刑法所面对的挑战,并不是个别的帮助行为在个案中通过正犯行为而实现的法益侵害或者威胁,而是犯罪帮助行为泛滥的宏观态势所产生的安全危机。这些帮助行为在整体上削弱了网络中的安全状态,侵害了法益自由支配所需要的条件。①在这种背景下设立的帮助信息网络犯罪活动罪,其所保护的应是超个人法益的抽象法益,即网络中的一般安全状态。

其次,从刑法的体系性来看,抽象危险犯的解释也是协调性的要求。共同犯罪一般原理已经对部分网络犯罪帮助行为——即帮助犯进行处罚,那么帮助信息网络犯罪活动罪所规制的帮助行为及其依据必然有所不同,否则其便失去存在的意义。而且,立法者本来也希望通过设立帮助信息网络犯罪活动罪来对共犯理论进行一定程度的补充。②一般认为,帮助犯是惩罚的扩张事由,其可罚性从属于正犯。而帮助信息网络犯罪活动罪则突破了这种从属性的限制,其对帮助行为的处罚并不以正犯行为为条件,而是注重帮助行为自身的特性以及这种特性对网络安全产生的威胁。将帮助信息网络犯罪活动罪解释为抽象的危险犯,可以在保证刑法体系协调性的前提下,实现帮助犯基础上网络犯罪帮助行为处罚范围的扩大。

最后,从本罪所规范的特殊领域来看,抽象危险犯的设定是信息与风险社会中刑法的新趋势。"传统刑法以此实现法益保护的任务:通过对犯罪行为人施加惩罚的威胁(特别是已经实现的法益损害),阻止犯罪行为人和其他人在未来实施犯罪行为。而在现代信息与风险社会,刑法越来越多地直接承担预防性任务,通过设置抽象的危险行为以及超个人法益的犯罪行为,将可罚性转移至真正的

---

① 参见[德]金德霍伊泽尔《刑法总论教科书》,蔡桂生译,北京大学出版社2015年版,第67页。
② 参见藏铁伟、李寿伟《中华人民共和国刑法修正案(九)条文说明、立法理由及相关规定》,北京大学出版社2016年版,第233页。

法益损害之前"。① 这种预防性刑法的发展在网络犯罪的领域尤为明显，例如刑法第 280 条对于提供入侵、非法控制计算机信息系统程序、工具行为的处罚，以及《刑法修正案（九）》新增的第 287 条之一对于设立用于实施诈骗等违法活动的网站的处罚，都将处罚移至法益损害之前（如计算机系统的非法控制与破坏、诈骗行为的实现）。同理，网络犯罪帮助行为的犯罪化，并不是因为这类行为已经具有紧迫的法益威胁，而是立法者基于预防刑法的理念，根据一般生活经验选择出网络中与法益损害联系密切的帮助行为，并在立法上拟制为危险行为。

如果帮助信息网络犯罪活动罪是抽象危险犯，则此处的情节缺乏具体的法益损害标准来实质化结果要素，因此只能用来表征行为的性质。② 故"情节严重"是对帮助行为危险属性的要求，而非可能造成法益损害的严重程度。"情节严重"的要求也在一定程度上表明，具有抽象危险的帮助行为在立法上的类型化并不明确，还需要在司法上进行进一步的判断。③ 但这并不意味着帮助信息网络犯罪活动罪是具体危险犯，因为这种危险尚停留在行为本身。由此可见，帮助信息网络犯罪活动罪实际上属于一种特殊的抽象危险犯——准抽象危险犯，只要帮助行为具有立法者所规定的危险属性即成立犯罪，其危险属性虽然需要一定程度的具体判断，但无须达到现实化、紧迫性的程度。④

（三）原则上排除帮助信息网络犯罪活动罪对网络平台提供者的适用

从形式上看，帮助信息网络犯罪活动罪具有适用于网络平台的可

---

① Sieber, Allgemeine Probleme des Internetstrafrechts, in: Hoeren/ders./Holznagel (Hrsg.), Handbuch Multimedia-Recht, C. H. BECK, 2001, § 19.1 Rn. 4.
② 参见李川《寻衅滋事罪情节犯属性认定与缩限适用探究——以拟制抽象危险犯为视角切入》，《法学》2015 年第 12 期。
③ 参见张克文《危险驾驶罪的客观不法与主观罪责》，《环球法律评论》2013 年第 6 期。
④ 参见陈洪兵《准抽象危险犯概念之提倡》，《法学研究》2015 年第 5 期。

能性，但是由于其将所有犯罪类型与网络平台相联系，使网络平台负担了过多刑事风险，因此有必要从适用上进行限制。

有学者指出，帮助信息网络犯罪活动罪中的规定的确可能包括网络平台等服务提供者的中性业务行为，并指出帮助信息网络犯罪活动罪可以朝着限制中立帮助行为处罚范围的方向进行解释。① 具体限制的方法体现在三个层面：第一，在构成要件层面违法行为造成的法益侵犯后果通常应由相关行为人负责，而不应该由网络平台负责；第二，即使法益侵害的结果可以归属于平台的行为，还要权衡平台行为所带来的利益是否小于造成的损害；第三，还需要从期待可能性的角度来考虑是否能够要求平台对危害结果承担责任。②

但这种适用上的限制仍不足以减轻网络平台所面临的刑事风险，所以需要从适用主体上排除帮助信息网络犯罪活动罪适用于网络平台。笔者赞同帮助信息网络犯罪活动罪是针对网络中为犯罪活动提供帮助的一般主体，而拒不履行信息网络安全管理罪是针对网络平台这一特殊主体的说法。③

从立法根源上来看，帮助信息网络犯罪活动罪本来就不是针对网络平台而设置的。根据全国人大常委会法制工作委员会刑法室的立法理由说明，这一罪名是针对网络中犯罪产业链普遍存在以及帮助性网络犯罪活动的独立性和危害性增强的现状——主要体现在网络犯罪帮助者与被帮助者之间意思联络的弱化以及帮助行为"一对多"特征。④ 就这方面来看，网络平台并不属于网络犯罪链条中的常见环节。

---

① 参见张明楷《论帮助信息网络犯罪活动罪》，《政治与法律》2016 年第 2 期。
② 参见张明楷《论帮助信息网络犯罪活动罪》，《政治与法律》2016 年第 2 期。
③ 但笔者并不认同拒不履行信息网络安全管理义务罪是将网络平台定为犯罪活动帮助者的观点。参见于志刚《网络空间中犯罪帮助行为的制裁体系与完善思路》，《中国法学》2016 年第 2 期。
④ 参见臧铁伟、李寿伟《中华人民共和国〈刑法修正案（九）〉条文说明、立法理由以及相关规定》，北京大学出版社 2016 年版，第 233 页。

相反，网络平台更多表现为提供有益于社会的网络服务的互联网企业。而且很少，或者说几乎没有网络平台仅仅依靠类型化的犯罪帮助行为来作为其主要业务，例如类似于钓鱼网络诈骗中的域名注册、服务器租用、诈骗网站制作、盗取他人账户信息、冒名办理信息卡等行为。帮助信息网络犯罪活动罪所针对的帮助行为都与犯罪活动具有特定的、类型化的联系或者本身就具有某种违法性指向。即使说网络平台的行为可能在客观上促进或者帮助了某种犯罪行为的实施，但其行为主要体现为正当的业务行为。

第四章　网络平台提供者承担刑事责任的情形

司法解释和新的刑事立法从理论上设定了网络平台提供者承担刑事责任的情形，即特定网络犯罪活动的共犯以及不履行信息网络安全管理义务犯。然而司法实践在认定网络平台提供者刑事责任时却对网络平台提供者承担刑事责任的情形有着截然不同的判断，将网络平台提供者认定为以不作为方式实施特定犯罪活动的正犯。那么对此存在的问题是，对于网络平台提供者关于他人实施犯罪活动的刑事责任而言，究竟将其概括为哪种情形较为准确。抑或是，不同的刑事责任情形都是存在的，只是认定的条件不同。

对此，有学者总结了三种网络平台提供者承担刑事责任的情形（模式）：即共犯责任、共犯正犯化责任以及拒不履行法定义务责任。并指出，"三种责任情形（模式）之间存在适用范围部分重合、刑法失衡的现象"。[①] 也有学者表达了类似的观点，将网络平台提供者承担刑事责任的情形大致分为两类：一是帮助性的责任，包括传统犯罪的共同犯罪和帮助信息网络犯罪活动罪；二是构成不履行管理义务的不作为犯。[②] 依据以上学者的观点，共犯正犯化——帮助信息网络犯罪

[①]　涂龙科：《网络服务提供者的刑事责任模式及其关系辨析》，《政治与法律》2016年第4期。

[②]　参见皮勇《论网络服务提供者的管理义务及刑事责任》，《法商研究》2017年第5期。

活动罪所对应的刑事责任，也属于网络平台提供者承担刑事的情形之一。并且几种刑事责任情形处于相互排斥的关系，适用的条件并不相同，需要加以区分。上述总结的网络平台提供者的刑事责任情形基本与司法解释和刑事立法呈现出一一对应的关系，但是并没有考虑到司法实践中所认定的网络平台提供者承担刑事责任的情形。那么，网络平台提供者作为刑法分则一般规定的不作为犯承担刑事责任的情形与上述其他刑事责任情形，特别是拒不履行管理义务的情形，存在何种关系，是特别值得注意的。另外，如果脱离网络平台提供者的具体行为来讨论网络平台提供者的刑事责任情形，则未免会比较抽象。所以，应该以网络平台提供者的行为方式为基础，结合刑法规范和刑法基本理论，分别其承担刑事责任的可能情形以及具体条件。

第一节　网络平台提供者承担刑事责任情形之基本划分

对于网络平台提供者可能承担刑事责任的多种情形而言，首先需要明确的是网络平台提供者的行为方式属于作为还是不作为。具体而言，如果认为网络平台提供者介入他人犯罪活动的行为属于积极作为，那么则可以根据相关标准来判断其行为是否属于帮助行为或者共同正犯行为。如果认为网络平台提供者的可罚性在于特定措施的不作为，则需要在分析网络平台提供者是否具备保证人地位的前提下，进一步分析其作为可能以及期待可能性。对于网络平台提供者的行为方式的判断，必须以现实中网络平台的实际活动为基础。

一　网络平台提供者的基本行为方式

笼统地讲，网络平台提供者的行为主要是指提供和维持平台服务。从表面上看，由于服务种类和形式上的差异，网络平台提供者的行为模式也不尽相同。但是各种不同类型和形式的平台服务都可以从计算机与网络技术的角度进行统一概括。任何类型的网络平台服务都可以从两个层面进行理解：从硬件层面来看，网络平台提供者必须为了提供网络服务必先准备所需要基本设施，例如服务器、储存空间等；而从软件层面来看，为实现特定的服务目的和功能，网络平台提供者需要通过特定的计算机语言来设定服务的规则，提供用户服务的框架。至于平台服务的维持则是指网络平台提供者保障硬件层面的设施与软件层面的计算机程序正常发挥作用。

进一步来看，在网络平台提供者提供平台服务的过程中，还存在一些针对个别用户的信息传输、缓存、储存以及其他更为复杂的自动性信息处理或者运算过程。那么这些由用户触发的自动行为是否可以归为网络平台提供者的行为？这一问题并没有得到学者的关注，通常在讨论信息传输、缓存以及储存等行为时，都是将其默认为网络平台提供者的行为。但众所周知，刑法意义上的行为不同于一般意义上的行为，前者是行为人有意识的身体动静。无须置疑，我们可以将设计平台规则、搭建网络平台和运营平台服务视为网络平台提供者的行为。但是在网络平台提供者设计的计算机程序上所延伸出的"自动性反应"，是否仍然可以视为网络平台的行为，是值得思考的。对于这种情况至少不应该一概而论，尤其是在用户对这一过程进行影响并且决定了行为的主要性质时，网络平台提供者由于缺乏具体的认识和控制而不应被视为行为的实施者。例如，网络平台提供者通过提供计算机程序允许用户发布内容，而某一用户将淫秽信息发布至网络空间，其间的信息传输行为则难以视为是网络平台提供者的行为。

二 网络平台提供者作为与不作为责任的区分

德国学者Sieber指出，区分网络平台提供者作为的依据在于"可谴责性的重点"存在于作为还是不作为中。① 通常而言，由于网络平台提供者的服务行为从整体上看是合法且有益于社会的，例如租用服务器、设计软件程序、提供并运营平台服务。故更多应该从不作为角度考虑网络平台提供者的刑事责任。但这并不是绝对的。如果网络平台提供者在提供合法服务的同时，还额外提供了额外的服务或者在服务的某个具体环节存在特殊的设置，此时谴责的重点也完全可能以积极的方式呈现出来。例如婚恋平台设置机器人程序冒充女会员，诱导男性会员充值。② 由于这种额外的程序设置已经明显偏离了正常的平台服务范畴，此时则可以考虑网络平台提供者在积极地实施诈骗行为。

实践中存在的案件情况都往往更为复杂、模糊。例如在快播案件中，我国学者就认为快播公司同时存在作为与不作为。周光权教授认为，快播公司存在两类行为，一是提供媒体服务器安装程序以及快播播放器让他人发布、搜索、下载、播放淫秽视频，该行为存在成立不作为的可能；二是缓存淫秽视频，该行为属于积极的作为。③ 并进一步指出，对于快播案件而言作为犯应该是更为合适的入罪切入点。④ 与此相似，其他一些学者也认为快播公司同时存在作为和不作为，并且可以评价为一个犯罪行为。⑤ 而其不同之处在于对快播公司作为情形的判断不同。一种观点认为快播公司提供的缓存服务并不属于严格

---

① Hoeren/Sieber/Holznagel, Multimedia-Recht Handbuch, Rechtfragen des elektronischen Geschaftsverkehrs, Verlag C. H. Beck munchen 2013, Sieber Teil 19.1 Allgemeine Problem des Internetstrafrecht, Rn. 22.
② 参见百家号《在婚恋网上相亲，你要做好准备，说不准对方是个"机器人"》，百度百家号，https://baijiahao.baidu.com/s?id=15784103490219781 04&wfr=spider&for=pc&isFailFlag=1，2019年2月22日。
③ 参见周光权《犯罪支配还是义务违反——快播案定罪理由之探究》，《中外法学》2017年第1期。
④ 参见周光权《犯罪支配还是义务违反——快播案定罪理由之探究》，《中外法学》2017年第1期。
⑤ 参见张明楷《快播案定罪量刑的简要分析》，《人民法院报》2016年9月14日第3版；陈兴良《快播一审判决的刑法教义学评判》，《中外法学》2017年第1期；范君《快播案犯罪构成及相关审判问题》，《中外法学》2017年第1期。

意义上的传输行为,充其量只能是传输的帮助行为。① 另外一种观点认为,快播公司拉拽淫秽视频储存在缓存服务器中,并向用户提供缓存服务器里淫秽视频的行为属于传播淫秽物品的正犯行为。②

那么由此可见,网络平台提供者承担刑事责任的情形究竟属于作为还是不作为,取决于现实中网络平台的设置和运行状况。而且,网络平台提供者的作为和不作为是可能同时存在的。通常而言,网络平台提供者的业务行为整体是合法且具有社会有益性的,故网络平台提供者承担不作为刑事责任的情形存在更大的空间。但是在特殊情况下,当网络平台提供者的某些特殊设置超出了正常业务活动的范畴,则也有可能成立积极作为。对于作为和不作为的认定,还需要结合进一步的判断标准。

第二节　网络平台提供者承担刑事责任情形之作为

就网络平台提供者以作为的方式介入他人的犯罪活动而言,通常认为网络平台提供者应该以帮助犯的地位而承担责任。不仅司法解释将网络平台提供者定位为他人实施犯罪活动的共犯,多数文献也是从帮助犯角度切入来讨论网络平台提供者的刑事责任。此外,文献中还存在一些论证网络平台提供者作为刑事责任的特殊思路,如将网络平台提供者视为正犯或者间接正犯。

一　网络平台提供者作为帮助犯

从表面来看,帮助犯似乎是对网络平台提供者理所应当的定位:

---

① 陈兴良:《快播一审判决的刑法教义学评判》,《中外法学》2017年第1期。
② 参见张明楷《快播案定罪量刑的简要分析》,《人民法院报》2016年9月14日第3版。

平台用户利用平台服务实施违法犯罪行为，而正是在网络服务的助力下相关违法犯罪活动才能得以实现，这几乎与刑法中帮助犯的定义不谋而合。但当实际证明网络平台提供者刑事责任时，这种思维定式上的定位却面临着难以证明的尴尬境地。一方面是由于网络平台提供者与平台用户之间实际的影响关系与我国传统共同犯罪理论存在根本性的差异，即平台提供者与犯罪行为人之间不存在意思联络。另一方面是由于网络平台提供者行为本身的复杂性，这主要体现在平台服务虽然在部分情况下会促进违法犯罪活动的实施，但其整体上表现为合法且有益于社会的正当业务行为。正是由于这些因素，使得难以从帮助犯的角度论证网络平台提供者的刑事责任。

（一）传统共犯理论的评价困境

根据我国传统的刑法理论，成立共同犯罪必须具备三个条件：即共同的犯罪主体、客观方面共同的犯罪行为以及主观方面共同的犯罪故意。其中共同的犯罪故意一方面表示共同犯罪人的犯罪故意相同，另一方面表示共同犯罪人之间存在意思联络。[①] 这就意味着，如果要论证网络平台是网络活动的帮助犯，不仅需要证明网络平台在客观上对犯罪活动存在促进作用，还需要证明其具有相应的犯罪故意以及与犯罪行为人的意思联络。这种平台责任论证的思路是非常清晰却具有很大的局限性。由于现实情况中网络平台并没有与各种常见类型的犯罪行为人进行意思联络，所以这种责任论证的思路更多是一种理论上的设想而没有实际用武之地。

（二）针对帮助犯定位困境的应对

对于这种状况而言，许多学者的感受是现有的立法状况以及传统刑法理论相对犯罪现状而言存在缺陷，即无法在网络平台中存在

[①] 参见高铭暄、马克昌主编《刑法学》（第六版），北京大学出版社、高等教育出版社2014年版，第163页。

多种犯罪活动且网络平台对此存在一定知情的情况下对网络平台进行处罚。① 针对这种所谓的困境，以下四种解决方案相继被提出。

解决方案之一：将网络平台视为片面共犯。有学者认为网络平台与平台中犯罪行为的实施者之间存在"片面的意思联络"，而网络平台属于一种"并不典型的片面共犯"。② 具言之，网络平台明知自己的网络中存在犯罪活动，例如发布违法信息内容的行为，而出于招揽用户或者提高点击率的目的放任这种行为。

解决方案之二：提倡新的共犯犯罪认定方法。实际上传统共同犯罪理论不仅在认定网络平台责任方面存在问题，还在许多其他领域存在不足，为我国学者诟病已久。具言之，传统刑法理论在认定共同犯罪时存在三方面不足：一是混合认定共犯是否成立，不区分不法与责任；二是整体认定共同犯罪，不区分正犯与狭义共犯；三是抽象地认定共同犯罪，没有分别考察共犯行为与结果之间是否具有因果性。③ 针对这种不足，我国多数学者主张将德日刑法中的阶层化思维引入到共同犯罪的认定中。④ 那么，共同犯罪的认定应该以不法为重心、以正犯为中心、以因果关系为核心。换言之，在不法层面就完成了是否成立共同犯罪的判断。在明确正犯的前提下，考察帮助犯对正犯结果是否存在促进作用。如果存在则可以在不法层面确定基于帮助的共犯关系。至于帮助犯与正犯的责任则应该分别进行判断，而且这种判断对于成立共同犯罪也不再重要。这也就意味着"在帮助行为与正犯结果具有因果性的场合，只是帮助者认识到正犯的行为及结果，即使事

---

① 参见王霖《网络犯罪参与刑法刑事责任模式的交易学塑造》，《政治与法律》2016年第9期。
② 参见刘守芬、丁鹏《网络共同犯罪之我见》，《法律科学》（西大政法学院学报）2005年第5期。
③ 参见张明楷《共同犯罪的认定方法》，《法学研究》2014年第3期。
④ 参见张明楷《共同犯罪的认定方法》，《法学研究》2014年第3期；钱叶六《我国犯罪构成体系的阶层化及共同犯罪的认定》，《法商研究》2015年第2期。

前没有与正犯同谋,也成立帮助犯"①。如果以这种新的共同犯罪认定方法来讨论网络平台关于用户传播信息内容或者实施其他犯罪活动的刑事责任,则只需要网络平台的行为对于犯罪结果具有因果性,并且网络平台认识到用户的犯罪活动以及结果,则可以单独追究网络平台作为帮助犯的责任,无须以意思联络为条件。由此可见,共同犯罪理论的发展,也为追究网络平台的责任提供了一种解决思路。

解决方案之三:通过立法降低犯罪成立标准,即共犯正犯化。有学者发现,传统刑法对网络共同犯罪的评价困境不仅仅体现在意思联络的缺失,还表现在两个更为宏观的层面:第一是网络帮助行为的危害性往往超越了实行行为的危害性;第二是网络帮助行为越来越具有独立性而突破了从属性的地位。而这种独立性既包括帮助行为人在主观方面独立于实行行为人——没有意思联络,也包括客观的帮助行为独立于实行行为——帮助行为"一对多"甚至"多对多"的样态。②对此而提出的应对策略是将网络中的帮助行为规定为独立的犯罪行为,从而使对帮助行为的惩罚既不依赖于被帮助者的行为是否构成犯罪,也不再以主观上的意思联络为必要条件。这种共犯正犯化所针对网络帮助行为,也包括网络平台在明知他人实施犯罪活动时所提供的技术支持行为。③ 这一解决方案实际上是专门针对网络中的犯罪帮助行为而提出的,而网络平台某些特定技术行为也被归纳到网络犯罪帮助行为体系之中。

解决方案之四:重新解释意思联络。面对网络平台与在平台中实施犯罪活动的行为人没有意思联络而难以处罚平台的状况,有论者认为对此并不必然以取消意思联络要件为解决方案的出发点,而是可以通过对意思联络要求的重新解释来扩大规制的范围,从而实现对网络

---

① 张明楷:《论帮助信息网络犯罪活动罪》,《政治与法律》2016 年第 2 期。
② 参见于冲《帮助行为正犯化的类型研究与入罪化思路》,《政法论坛》2016 年第 4 期。
③ 参见于冲《帮助行为正犯化的类型研究与入罪化思路》,《政法论坛》2016 年第 4 期。

平台的责任追究。① 这种互联网背景下的意思联络缓和包括两个方面：一是"针对共同性的未必故意"；二是"通过符号语言的意思联络"。② 前者削弱共同犯罪中各行为人的主观意欲要素，即行为人在主观上只要意识到自己参与到他人的犯罪活动中即可。而后者对各行为之间意思联络的方式进行了扩张。共同犯罪中的意思联络具有清晰性和明确性，一般表现为行为人之间直接性的言语沟通。而通过符合语言则打破了直接性的常规沟通方式，使行为之间的合意非常容易被认定。在这两方面的缓和，则可以得出如下认定网络平台意思联络的思路：网络平台的负责人意识到网络空间存在犯罪活动且自己不进行处理的态度会为众人所知，而平台中实施犯罪活动的行为人也意识到即使自己实施犯罪行为网络平台也不会介入，那么这样网络平台便与用户达成意思一致。

就这四种解决方案而言，其实前两种方案在本质上是一样的，如果采取阶层化的共同犯罪认定方法，那么片面帮助犯问题本身就可以得到解决。不可否认，传统的共同犯罪方法的确存在诸多问题，阶层化的共同犯罪认定方法已经得到很多学者的支持，也必然是未来发展的趋势。故将这种认定方法用于判断网络平台与平台中的犯罪行为是否构成共同犯罪以及平台是否承担帮助犯的责任，并无不妥。但是这种认定方法并没有从根本上解决问题，因为在判断网络平台是否构成帮助犯以及是否应该承担责任问题上，明知的认定既是关键也是难点。对此还有待进一步的回答。对于共犯正犯化的解决方案而言，其本身是存在很多争议的。共犯正犯化思路并没有明确地描述被惩罚行为的具体形态，难以根据这一理论明确把握哪些帮助应该受到惩罚。而且，从根本上讲，共犯正犯化的方案原本是针对网络中那些以具有

---

① 参见吕翰岳《互联网共同犯罪中的意思联络》，《法学评论》2017年第2期。
② 参见吕翰岳《互联网共同犯罪中的意思联络》，《法学评论》2017年第2期。

明显犯罪帮助特征的行为。将网络平台主要体现为业务活动的具有中性色彩的行为纳入犯罪帮助行为的范畴并不妥当，这可能会使网络平台承认过于严格的责任。而通过缓和意思联络来处罚网络平台的做法，基本相当于只是形式性地保留了意思联络的要求。这种扩大化解释的目的性过强——以实现对网络平台的刑事归责为目标，但是却没有论证这种做法的正当性——为什么要求在现有的基础上降低追究网络平台刑事责任的标准。综上所述，在四种方案中，共同犯罪理论的新发展为认定网络平台的帮助犯责任提供一个似乎可能的追责路径。但是这种归责方式没有提及其中最为棘手的问题——即如何认定网络平台对于违法信息内容的明知。对此有必要进一步讨论。

（三）网络平台明知的认定

网络平台对于他人的犯罪活动（如发布违法信息内容）是否存在认识，是认定平台帮助犯刑事责任的关键。但是由于网络平台行为技术性的特征，导致明知的认定几乎成为不可能。以传播违法信息内容为例，当用户在网络平台中发布违法内容时，此时平台并没有实际参与。这表现为用户所提供的违法内容是通过预先设定好的计算机程序自动传输到网络之中，平台的相关工作人员以及负责人并没有介入其中。可以说，网络平台所依赖的技术行为，就决定了其在提供服务时无法对某个具体的违法行为知情。

网络平台的明知难以认定的问题也在相关司法解释中得到了体现。《淫秽信息解释（二）》试图通过设立立法推定解决网络犯罪中明知难以认定的问题，其中也涉及网络平台明知推定的相关规定。通常而言，只有特定构成要件事实难以证明时，才会采用推定的证明方法。《淫秽信息解释（二）》第8条规定了五种可以推定行为人明知的情形："（1）行政主管机关书面告知后仍然实施上述行为的；（2）接到举报后不履行法定管理职责的；（3）为淫秽网站提供互联网接入、服务器托管、网络储存空间、通讯传输通道、代收费、费用结算服务，收取费用明显高于市场价格；(4) 向淫秽网站投放广告，广告点击率异常的；(5) 其他能够认定行为人明知的情形"。

有论者进而主张对于技术中立行为中共犯明知的认定可以采取推定的方法来证明其主观罪过。并在此基础上针对违法有害信息传播中共犯明知的推定提出了若干推定规则。① 具言之，对于网络谣言等违法有害信息传播犯罪活动中共犯明知的认定，除了《淫秽信息解释（二）》中规定的推定规则以外还可以采用以下三种推定规则来认定共犯的明知：(1) 以虚假身份、地址或者其他虚假方式提供或者接受服务和帮助的；(2) 在执法人员询问时逃跑的；(3) 在执法人员调查时，通过销毁、修改数据等方式故意规避调查或者向犯罪嫌疑人通风报信的。②

首先，就《淫秽信息解释（二）》中的规定而言，第 8 条所规定的前四种情形所对应的明知内容并不是完全相同的。第 8 条明确指出，"实施第 4 条至第 7 条规定行为的，具有下列情形之一的，应当认定行为人明知"。第 8 条并没有明确指出其所推定的明知的内容，所以这些情形中的明知的具体内容是什么还必须结合所提及的其他条款进行判断。实际上，第 4 条至第 7 条分别规定了不同的行为：(1) 放任他人在自己的所有或者管理的网站发布淫秽信息（第 4 条、第 5 条）；(2) 为淫秽网站提供技术和服务支持（第 6 条）；(3) 通过投放广告的方式为淫秽网站提供资金支持或结算服务（第 7 条）。由此可见，第 8 条规定所推定的明知的内容分别包括对淫秽信息的明知以及对淫秽网站的明知。这样看来，这些推定规则并不必然都能够适用于网络平台。例如以投放广告的方式为淫秽网站提供资金以及为

---

① 参见郭旨龙《论信息时代犯罪主观罪过的认定——兼论网络共犯的"同谋"与"明知"》，《西部法学》2015 年第 1 期。
② 参见郭旨龙《论信息时代犯罪主观罪过的认定——兼论网络共犯的"同谋"与"明知"》，《西部法学》2015 年第 1 期。

淫秽网络提供技术支持的行为都不可能由网络平台来实施，因为在网络平台中投放广告的是平台以外的第三方，而且网络平台的技术行为也是用来支持自己的业务活动。那么，与这两种行为方式对应的推定规则也就难以适用于网络平台。除此之外，《淫秽信息解释（二）》还存在两种具体推定规则和关于推定规则的开放式规定。这两种具体的推定规则——推定网络平台在接到行政机关书面告知或在接到举报后对相关的违法信息内容或者违法活动知情，从表面看起来似乎可以用于判断网络平台关于所有类型犯罪活动明知的判断。

其次，就这两种推断规则而言，的确可以帮助证明网络平台对违法犯罪活动的知情，但是这种明知无法用来作为判断网络平台刑事责任的依据。通过这两种推定而证明的明知实际上都是对违法信息内容或者其他犯罪活动的一种事后知情，不论是行政机关的书面通知还是相关人的举报，只能表明网络平台对已经发生的违法信息发布或者其他犯罪活动存在某种程度的，但不一定正确的认识。如果依据这种在刑事可罚性信息的传播已经通过平台的业务活动实现后对所传播信息性质的认识，来推定网络平台在用户将信息发布到网络时就认识到信息性质明显是不合适的。这样就可以依据事后的知情对所有的客观上促进违法犯罪活动的行为进行处罚。那么是否可以通过这种明知，针对以后平台中所发生的类型的犯罪活动来认定网络平台帮助犯的责任？这可以分两个层面进行讨论：一是网络平台在知情后如何对待已经发生的犯罪活动；二是网络平台在知情后是否还能继续开展业务活动。就第一种情况而言，对于某些即使实施完成但还可能处于持续状态的犯罪活动，如淫秽信息经用户发布后仍然处于可供其他用户访问的状态，此时不应该将淫秽信息持续存在的状态视为网络平台的作为，而是应该从不作为入手，要求平台删除特定的淫秽信息，故这一问题不在此进行讨论。而另一方面，值得研究的是在通过上述推定方式认定网络平台在对犯罪活动知情后，是否会影响其进一步开展业务活动以及这种知情是否可以转化以后再出现类似犯罪活动的明知。第一，我们认为对于通过推定获得的网络平台对发生了传播淫秽信息等犯罪活动的认识，不足以否定网络平台开展业务，否则所有的网络活动将无法正常开展；第二，如果说推定网络平台认识到其网络中存在犯罪活动，是否就意味着网络平台对于以后发生的相同类型的犯罪活动也存在明知。例如，平台被告知网络中有用户发布淫秽信息，那么是否意味当其他用户再次发布淫秽内容时，也可以推定平台对此存在明知？这其实是在原有明知推定（经行政机关书面通知或者用户举报而推定对违法活动的明知）基础上又进行了另外一次的推定（根据网络对于以前存在犯罪活动的知情，推定平台能够意识到以后同类型的犯罪活动可能再次发生）。而且这种明知过于抽象，如果凭着这种概括的明知作为认定网络平台帮助犯的主观依据，责任意味网络平台将陷入必定承担责任的僵局。

最后，《淫秽信息解释（二）》第 8 条对于明知的推定进行开放性的规定，使得对于网络平台的明知存在通过其他方式进行推定的可能性。而且正如前述，已有学者提出了关于网络平台明知推荐方法的建议。对此我们认定应该严格限制将明知推定规则适用于具有正当业务的网络平台。由于网络平台业务活动技术性的特点，以自动性为主要特点的业务行为与明知的证明存在着根本性的矛盾。这也就意味我国学者所新提出的共同犯罪认定方法在判断网络平台帮助犯责任方面仍然存在定性困难。此时存在两种认定平台帮助犯罪的选择：一是仍然根据传统共同犯罪理论来认定平台帮助犯的责任，以意思联络为认定其主观故意的必要条件，虽然在实际情况中几乎没有符合的情况，但这种方法至少在理论上是可行且清晰明确的；二是采用新的共同犯罪认定方法，并且同时采取推定的证明方法且在明知认定方面降低标准，从而可以更为轻易地追究网络平台帮助犯的刑事责任。对此我们认为基于网络平台所表现出的中立性以及主要以正当业务为外在表现的行为，应该采取保守的立场。在无法判断其作为帮助行为刑事责任的情况下，没有必要过分追究刑事责任的证成，而应该坚守刑法谦抑性的基本原则。

（四）中立帮助行为理论下的网络平台行为

之所以前文主张在认定网络平台作为问题（是否构成帮助犯）上要采取谨慎以及限制的态度，是因为考虑到网络平台行为的外部中立性特征。这种外部中立性表现为：虽然网络平台的行为可能在客观上促进了某些犯罪活动，但网络平台的行为通常表现为提供技术服务的业务活动，这些促进犯罪活动的行为至少从外观看来是无害的。

我国学者陈洪兵教授最早对外部中立行为问题进行了深入的研究，并将具有这种特征的行为称为中立的帮助行为。[①] 一般而言，国内外的主流观点都表示应对中立帮助行为的处罚范围进行限制。对此，陈洪兵教授最早主张通过客观归责理论来限制中立帮助行为的处罚范围。[②] 具体来看，对行为进行客观归责需要以两个相互构建的原则为依据：第一，只有当行为人的行为针对行为对象设立了危险（这一风险并不是源于法律所允许的风险所蕴含的危险）且这一危险具体的构成要件结果中得到了实现；第二，当构成要件结果表现为行为人设立危险的实现时，其通常是可以被归责的。[③] 而实际上客观归责理论更多注重归责的排除，而非对行为进行客观归责。例如德国学者罗克辛就是从归责排除的角度来分析归责的三个条件：行为是否制造了不被允许的风险、行为是否实现了这种不被允许的风险以及所实现的危害结果是否在构成要件的范围之内。对于第一个条件而言，罗克辛教授总结了三种排除规则的情形：（1）行为人降低了针对受害者存在的危险；（2）行为虽然没有降低危险，但是并没有以法律关注的方式

[①] 参见陈洪兵《中立的帮助行为论》，《中外法学》2008 年第 6 期。
[②] 参见陈洪兵《中立的帮助行为论》，《中外法学》2008 年第 6 期。
[③] Vgl C. Roxin, Strafrecht Allgemeiner Teil, Band II, C. H. Beck 2003, S. 373.

提升危险；(3) 行为人制造了法律所允许的危险。①

其中第三种归责事由与网络平台帮助犯的认定密切相关。正如罗克辛教授指出："此处在允许的风险概念之下，应该以这种方式来理解行为，即行为制造了法律上的相关风险，但通常这种行为（并不取决于个例）为法律所允许并且因此不同于正当化事由但仍然可以排除对客观构成要件的归责"。② 这种允许的风险的行为的原型是遵守交通法规条件下的汽车驾驶行为，虽然汽车驾驶行为存在交通事故、污染等多方面的风险，但是这些风险由于驾驶行为本身的正当性及其为社会带来的利益而为社会所容忍。根据这种思路似乎也可以得出如下推论：网络平台的技术行为虽然可能在客观上为他人的犯罪活动提供了环境或者便利，但是平台的业务活动本身在经济和生活中也扮演着不可或缺、越来越重要的角色，因为平台在客观上促进犯罪活动的风险也应该为法律所接受。而实际上我国许多学者也表达了近似的观点，陈洪兵教授认为网络平台服务提供商通常不应该承担帮助的责任；③ 张明楷教授指出通常在网络空间中，危险应该分配给实施违法犯罪活动的人，而不应该分配给网络平台提供者；④ 周光权教授也认为，"单纯提供网络技术的'中立帮助行为'（经营行为），原则上就不能处罚"。⑤

由此可见，我国学者在通过中立帮助行为理论限制网络平台责任方面的态度基本是一致的，即虽然网络平台表现为正当业务的行为在客观上促进了犯罪活动，但通常而言不应该追究其责任。但是在对中立帮助行为责任限制范围方面，还存在争议。就网络接入服务提供商的责任问题而言，陈洪兵教授认为提供者不论是在接入前知悉他人的犯罪意图还是在接入后了解相关犯罪事实，都不应承担帮助犯的责

---

① Vgl C. Roxin, Strafrecht Allgemeiner Teil, Band II, C. H Beck 2003, S. 401.
② Vgl C. Roxin, Strafrecht Allgemeiner Teil, Band II, C. H Beck 2003, S. 382.
③ 参见陈洪兵《中立的帮助行为论》，《中外法学》2008年第6期。
④ 参见张明楷《论帮助信息网络犯罪活动罪》，《政治与法律》2016年第2期。
⑤ 周光权：《网络服务商的刑事责任范围》，《中国法律评论》2015年第2期。

任。但如果在接到相关司法正式通知的情况下仍然接入的,则成立帮助犯。① 而周光权教授对此持不同意见:"如果网络接入服务商的行为从客观上本身就属于正常的业务行为,客观上具有不可归责性,是不是有警方介入不影响无罪的结论"②。

其实这种责任限制范围的争议不仅仅是存在于网络接入服务的范畴,陈洪兵教授又在服务器托管、网络储存、通信传输服务以及网络平台所涉及的其他业务行为方面做出了进一步的补充,这些业务行为通常不应该受到惩罚,但当接到有效通知或者监管部门指令时,网络平台应该履行相应的义务。③ 对此,我们认为首先有必要确定中立帮助行为理论的效力范围,即应该在什么范围内限制对网络平台的处罚。此处的中立帮助行为应该是指一般性的、宏观层面的、以正当业务为表象的平台行为,而非在具体情况中网络平台的态度和所采取的措施。如果说网络平台接到了关于犯罪活动的具体通知或者举报,这的确无法否定其业务活动的正当性,也不能根据这种基于通知和举报的知情来追究之前客观上促进犯罪活动的行为。但是,网络平台接到监管部门的命令或者对犯罪活动知情后所持的态度和采取的措施就已经超出了一般性、宏观性业务活动的范畴。监管部门的命令或者对犯罪活动的知情可能使平台产生了新的法律义务,此时的责任问题已经转化为不作为的认定,在这种情况下无法以中立的帮助行为为依据排除平台的义务。至于网络平台在接到通知或者举报后没有采取相应措施的,是否构成帮助犯还应根据具体情形进行判断。而在这种情况中平台通常并不存在帮助的故意,所以只可能是单纯的不作为犯。

---

① 参见陈洪兵《中立的帮助行为》,法律出版社 2013 年版,第 233 页。
② 周光权:《网络服务商的刑事责任范围》,《中国法律评论》2015 年第 2 期。
③ 参见陈洪兵《论中立帮助行为的处罚边界》,《中国法学》2017 年第 1 期。

二 网络平台提供者作为正犯

有观点认为，对于网络平台中他人实施的犯罪活动，网络平台还可能成立实施同种犯罪活动的正犯。这一观点主要依据快播案件中的具体情况，虽然快播公司不是原始淫秽视频的提供者，但是从信息是否实现了多数受众分享来看，快播公司的行为性质符合"传播"行为的本义。[①] 也就是说，暂且不考虑淫秽视频是否来源于网络平台，只要网络平台提供者有意识地传播了淫秽视频，就可以认为其实施了传播淫秽物品牟利的实行行为，即成立传播淫秽物品牟利罪的正犯。其论证的具体思路在于，快播服务客观上具有在不特定人群之间分享信息的功能，"当其明知指向的是不良视频网站或淫秽视频信息时，这种传播即具有了与日常的传播不同的行为性质，构成刑法规范中传播淫秽物品罪罪状中的'传播'行为"。[②]

根据这种观点，网络平台中实施犯罪活动的行为人与网络平台则被完全划分开。这更像是无法认定意思联络而进行的一种妥协——将网络平台和用户的行为拆分开来，分别讨论责任。网络平台虽然在用户制作、发布违法信息内容的基础上进一步传播违法信息内容，而这并不意味着网络平台的行为依赖于用户的行为。然而，将网络平台的行为抽离出来并且单独评价为传播的实行行为本身是值得质疑的。例如在快播案件中，快播公司到底是在用户行为的基础上实施了另一个完全独立的传播行为，还是仅仅介入了用户的传播行为，是值得质疑的。对此，陈兴良教授认为，"就提供缓存服务而言，并不能就此认为快播公司实施了作为了传播行为，充其量只不过是他人传播的帮助

[①] 参见毛玲玲《传播淫秽物品罪中"传播"行为的性质认定——"快播案"相关问题的刑事法理评析》，《东方法学》2016年第2期。

[②] 毛玲玲：《传播淫秽物品罪中"传播"行为的性质认定——"快播案"相关问题的刑事法理评析》，《东方法学》2016年第2期。

行为，属于传播淫秽物品的共犯"①。

而且实际上难以将网络平台和用户的行为彻底分离开来，网络平台的"传播"行为实际上只是违法信息内容传播的过程之一。因为网络平台提供者的这种传播行为实际上是由用户发起的，网络平台的程序只不过对此自动做出了反应。前述观点中所谓的"实行行为"的认定本身就是存在缺陷的。即使认为实行行为不存在中立性的学者也承认，在传播淫秽信息的情形中，"明知"在构成要件之内，它不是四要件的主观要件，而是传播行为的主观要素。② 这表明，对于网络平台行为性质的判断，一定要结合其主观要素。其实当前主观不法在德日刑法中都得到了承认。如日本学者前田雅英教授指出："在故意犯的情形中，如果实行行为时不伴随着故意，就不能认定构成要件该当性"③。德国学者耶塞克也表明："在故意犯罪情况下，故意是个人行为不法的核心"④。如果网络平台提供者没有认识到平台服务实际上传播了淫秽视频时，那么就无法认定网络平台提供者实施了传播淫秽信息的实行行为。在实践中，认定网络平台提供者的明知是十分困难的。正如在网络平台提供者承担帮助犯刑事责任的情形中，证明网络平台提供者对于实际传播信息的内容存在知情几乎是不可能的。从这个角度来看，也就几乎无法从正犯的角度论证网络平台提供者的刑事责任。

三 网络平台提供者作为间接正犯

如果说强行将网络平台与平台中实施违法犯罪活动的用户分开，

---

① 陈兴良：《快播一审判决的刑法教义学评判》，《中外法学》2017 年第 1 期。
② 陈兴良：《快播一审判决的刑法教义学评判》，《中外法学》2017 年第 1 期。
③ ［日］前田雅英：《刑法总论讲义》（第六版），曾文科译，北京大学出版社 2017 年版，第 67 页。
④ ［德］汉斯·海因里思·耶塞克、［德］托马斯·魏根特：《德国刑法教科书》，徐久生译，中国法制出版社 2016 年版，第 425 页。

单独从网络平台提供者的角度来分析其刑事责任过于牵强，那么将网络平台提供者视为间接正犯的思路似乎更合理一些。有论者认为，可以从间接正犯的角度论证快播公司的刑事责任。具体而言，站长利用快播的服务上传淫秽视频但是却没有牟利的目的，而快播公司正是利用站长发布的淫秽视频来赚取广告费。① 这种思路既考虑了平台和平台用户之间的相互作用关系，同时也在一定程度上实现了单独对网络平台提供者追究刑事责任。但现实中平台与平台用户之间的支配关系并不一定存在。首先就快播案而言，"站长"上传淫秽视频并非不追求牟利。"站长"在自己的网站上传淫秽视频也是希望借此能够增加网络的访问量，进而获得更多自己网站中投放广告的收益。其次，快播公司与快播播放器以及服务使用者之间的支配性并不明显，"站长"发布淫秽视频并非出于快播公司的支配，而是出于自身意识的支配。也就是说，并不存在快播公司对于"站长"上传淫秽视频的意思支配。②

其实也有其他学者采用了这种间接正犯的论证思路，只是没有明确指出间接正犯的概念。例如有学者从三个方面描述了快播公司参与传播淫秽视频的模式："第一，快播公司建立了自己的'仓库'，这就是在用户与用户之间分发视频文件的缓存服务器"；"第二，快播公司决定'仓库'里放什么货物"；"第三，快播公司决定'仓库'向用户提供货物的方式和条件"。③ 实际上这一论述隐含的意思是，快播公司建立的仓库中的货物实际来源于用户。也就是说，快播公司通过设置"仓库"的适用规则，进而支配用户提供具体的货物种类，然后将这些货物提供给其他用户。根据这一论述，此处的快播公司对于用

---

① 参见李世阳《快播案评论第二弹：间接正犯说的展开》，互联网法学，https://mp.weixin.qq.com/s/rubEAlE6IfnkjDihqx6OpA，2019年2月22日。
② 参见姜瀛《快播案的解题思路与验证方法》，《法律适用》2017年第12期。
③ 范君：《快播案犯罪构成及相关审判问题》，《中外法学》2017年第1期。

户的支配在于快播公司通过设置服务的规则，使得用户只能在规则范围内使用服务，进而实现对用户行为的支配。但是，快播公司所设计的缓存规则并没有达到支配用户行为的程度。该缓存规则实际只是具有中性特征，即只是选择用户播放最多的视频进行储存。

综上所述，网络平台提供者作为间接正犯从理论上来讲是可能的。但是这种支配关系在现实中是难以实现的，通常情况下网络平台提供者无法对其用户产生支配。

第三节　网络平台提供者承担刑事责任情形之不作为

如前文所述，由于几乎无法证明网络平台对犯罪活动的明知，且从限制对中立帮助行为进行处罚的角度出发，对于网络平台帮助犯的责任认定应该限制存在意思联络的情形。由此可见，从作为的角度追究网络平台的刑事责任是极为困难的。而不作为可能是网络平台提供者刑事责任认定的一个切入点。

一　网络平台提供者的保证人义务来源

在网络平台介入犯罪活动的情形中，通常其并不是犯罪活动的直接实施者。那么如果说要追究网络平台因未阻止他人实施犯罪活动而承担的责任，必须首先明确网络平台阻止他人实施犯罪活动的根据。

根据我国传统刑法理论，保证人义务的来源包括四个方面：法律明确规定的义务、先行行为引起的义务、职务行为要求的义务以及法律行为引起的义务。但是传统刑法理论只是在形式上对作为义务进行了讨论，并没有从根本上说清楚作为义务的正当性。此外，传统作为义务的来源还存在理论上的缺陷，导致适用范围不清楚。因此有必要实质性地对法义务来源进行讨论。①

德国刑法理论并没有采取义务来源的措辞，而是从保证人地位的角度来讨论积极保护他人法益的特殊的法的根据。德国刑法学者考夫曼主张从实质角度来考察保证人义务，并将保证人义务区分为对特定法益的保护义务和对危险源的监督义务。②而后德国学者将形式的考察方法与实质考察方法结合起来，将两种保证人义务进一步细化。具言之，"关于特定法益的保护义务，可产生于与法益主体的自然联系，产生于密切的共同体关系和接受保护"；③而对于危险源的责任包括三种情况中，危险的先行行为、存在于自己社会领域的危险源以及对受监督之人的行为进行监督的义务。④起初日本刑法从形式上来讨论作为义务的发生根据，后来也从"等价性"要求的角度来实质性地研究作为义务的内容。

我国学者在德日刑法作为法义务研究的基础上，将形式法义务与实质法义务相结合，总结出三种保证人地位情形：（1）基于对危险源的支配产生的监督义务（包括"对危险物的管理""对他人危险行为的管理""对自己的先前行为造成的法益侵害紧迫危险的防止义务"）；（2）基于与法益的无助状态的特殊关系产生的保护义务（包括"基于法规范产生的保护义务""基于制度或者体制产生的保护义务""基于自愿承担而产生的保护义务"）；（3）基于对法益的危险发生领域的支配产生的阻止义务（包括"对自己支配的建筑物、汽车等场所内的危险的阻止义务""对发生在自己身体上的危险行为的阻止义务"）。⑤我们认为这一义务分类更为全面、细致，故以此作为讨论平台作为义务的理论基础。

---

① 参见张明楷《刑法学》（第五版），法律出版社2016年版，第152页。
② 参见张明楷《刑法学》（第五版），法律出版社2016年版，第835页。
③ 参见张明楷《刑法学》（第五版），法律出版社2016年版，第835页。
④ 参见张明楷《刑法学》（第五版），法律出版社2016年版，第841页。
⑤ 参见张明楷《刑法学》（第五版），法律出版社2016年版，第153—159页。

而对于网络平台阻止其网络中传播有害信息内容等犯罪活动的义务根据而言，存在不同看法。

观点一：认为网络平台的作为义务来源于法律、行政法规的规定。① 此处相关规定主要是涉及互联网的法律、法规中关于网络平台行政义务的规定，许多法律规范都对作为有较为相似的规定。其对网络平台的大致要求为：发现法律所禁止发布或者传输的信息，应立即停止传输并采取处置措施以防止扩散，同时保存有关记录并向有关部门报告。

观点二：认为网络平台的作为义务源于其先行行为。这主要是指网络平台的服务行为本身就具有一定的风险，虽然网络平台不必因为这种风险承担责任，但当这种风险超出了法律所允许的范围而产生了法益威胁时，制造了这一风险的网络平台就具备了避免该风险向现实转化的义务。②

观点三：网络平台的义务源于对他人危险行为的监督。对此，持该观点者主要是从监督过失理论的调度进行了论证的。"监督过失是指对危害结果的发生而言，监督者没有或者没有完全履行义务，使处于监督者支配之下的被监督者的行为直接引起结果的发生应负刑事责任的情形"。③

观点四：网络平台的义务源于保护法益免于遭受自己控制范围内的危险的侵害，即基于法益的危险发生领域的支配产生的阻止义务。Sieber教授指出，"计算机网络或者网络中可访问以及可使用的储存空间（例如存在于信息通信平台或者云服务）可能表现为一个危险

---

① 参见孟传香《关于网络服务提供者不作为刑事责任的探讨》，《重庆邮电大学学报》2012年第6期。

② 参见葛立刚《网络服务商不作为刑事责任的边界》，《西南政法大学学报》2016年第6期。

③ 参见陆旭《网络服务提供者的刑事责任及展开——兼评〈刑法修正案（九）〉的相关规定》2015年第6期。

源，因为其提供了匿名传播违法内容或者实施其他犯罪行为的机会"[1]。而对于这样危险源的实际性支配的连接点，既不仅仅是网络平台所掌握的软件的事实支配，而且特别是对所传输和储存信息的施加影响的可能性。[2]

相比较而言，第四种观点较为恰当。首先，认为网络平台阻止其网络中犯罪活动的义务来自其他法律规定的观点只是从形式上回答了其义务来源，而没有根本性地说明这种义务为何可以上升为刑法上的义务。根据前文所确定的保证人义务来源理论，"基于法律规范所产生的保证义务"被划分在"基于与法益无助状态的特殊关系产生的保护义务"之下。但是，我们很难从刑法理论上论证网络平台需要对用户或者社会公众的法益进行保护并避免其遭受损害。因为至少无法将网络平台与其用户或者社会大众的保护关系等同于这种保护义务中常见的父母对子女的保护或者警察对公民的保护。

其次，认为网络平台的保证人义务来源于其先行行为的观点存在一定程度的自我矛盾。如果说网络平台的业务行为并没有制造法不允许的危险，那么出现超出法律允许范围且威胁法益的危险时，这种危险并不能归于网络平台，而是应该归于危险的制造者——在平台中实施犯罪活动的用户。所以说，网络平台具有社会相当性的业务主要体现为对社会的有益性，并不能视为一个危险源。因此其提供平台服务的行为也就不能被视为造成法益侵害紧迫危险的先行行为。

再次，如果承认在平台中实施犯罪行为的用户或者其他人是危险源，那么平台是否对其用户的危险行为具有监督义务。通常而言，这种对于他人危险行为的监督义务都存在于父母或者监护人对子女、被

---

[1] Vgl. Hoeren/Siber/Holznagel, Multimedia-Recht Handbuch, Rechtfragen des elektronischengeschaeftsverkehr, Verlage C. H. Beck München 2013, 19.1 Allgemeine Probleme des Internetstrafrecht, Rn. 43.

[2] Vgl. Sieber, Rd. 44.

监护以及类似的监管关系之中。而网络平台与其用户更多是处于一种相对平等的合同关系中——网络平台提供服务，而用户使用服务。从法理上讲，网络平台并不应该被赋予监督其用户危险行为的义务。在其他行业中，服务活动的提供者也并没有被赋予这种监督管理义务。例如在铁路客运服务中会经常发生盗窃类犯罪，而客运公司也并没有被要求去阻止这些犯罪活动的发生。

最后，根据前文的论述至少可以得出的结论是：平台所提供的业务行为具有社会相当性，其并没有制造法不允许的风险，因此其业务行为不应被评价为危险源。平台中实施传播有害信息等犯罪活动的用户是所谓的危险源。而网络平台也不因为对于这种危险源的支配而存在监督义务。但应该承认的是，网络平台对于其提供的网络空间具有排他的支配性。如前文所述，这种支配性体现在网络平台对于支撑服务的各种硬件设施和软件程序的实质控制，而且这种控制进一步体现为对数据传输、缓存、储存等技术行为的影响。虽然通常危险发生领域中的"领域"是指现实空间，例如自己支配的建筑物、汽车等场所。但是随着网络平台与社会生活的深度结合，将网络视为一种"空间"的观点已经为学者所接受。[①] 那么，最终可以得出的结论是，网络平台提供者基于其对危险发生领域——网络空间的支配而产生了阻止违法活动的义务。

二 网络平台提供者作为可能性

从作为可能性的角度来看，首先应分析的是网络平台所可能阻止的犯罪行为类型。当然，这些犯罪活动应该以当前平台中存在的犯罪活动作为现实基础。论文第二部分对涉平台犯罪案件判例的搜集表

---

① 参见皮勇《论中国网络空间犯罪立法的本土化与国际化》，《比较法研究》2020年第1期。

明，网络平台中较为常见的犯罪活动包括网络诈骗、传播有害信息、销售违法违禁物品或假冒伪劣产品以及侵犯公民个人信息类犯罪等。显而易见，就网络中的大多数犯罪而言，网络平台是不具有阻止能力的。这一方面是否由于犯罪活动本身的隐蔽性。以网络诈骗为例，即使是遭受诈骗的当事人在犯罪过程中尚且无法认识到诈骗活动的性质，那么网络平台又如何能够识别诈骗活动并且进行阻止。又如入侵计算机信息系统类犯罪活动，当犯罪活动发生甚至完成时，都不会出现客观上可以观察到的危害结果。另一方面是犯罪活动的性质本身难以判断，例如对于在平台中销售的假冒伪劣商品而言，平台由于没有实际介入到销售者与消费者的交易之中，很难对此做出准备的评价。所以，由于上述两个原因网络平台对于网络中的大部分犯罪活动都不具有控制能力。但较为特殊的是涉及违法信息内容传播的犯罪活动，由于其在很大程度上会受到信息传输、缓存、储存技术的影响，故网络平台对此存在一定的控制能力。更为关键的是，违法信息相对于其他犯罪活动而言更为直观、违法性更为明显，这也就意味着更容易被识别。所以，从犯罪类型上来看，网络平台对于违法信息类犯罪有着相对较强的控制能力，具有阻止的可能性。但是网络平台提供者在信息违法性的判断方面却存在不足。

如果说将网络平台作为义务的范围限制为违法信息内容类犯罪，那么需要进一步明确的是网络平台的义务内容。有学者将网络平台处置违法信息内容的义务分为三类："一是对网络内容的预先审查义务；二是网络内容的实时监控义务；三是违法信息在网络空间出现之后的报告、删除义务"。[①] 在研究这三种义务时应该与其所对应的危害后果联系起来。网络中的违法信息内容也可以分为两种状态：一是违法信

[①] 涂龙科：《网络内容管理义务与网络服务提供者的刑事责任》，《法学评论》2016 年第 3 期。

息内容的从无到有，即用户制作并通过网络平台发布违法内容；二是违法信息内容被发布到网络以后持续存在的状态。对于这两种状况而言，网络平台所能采取的阻止措施是有限的。首先，网络平台无法阻止用户发布违法信息内容，要求网络平台避免网络中出现违法内容是不现实的。其次，对于网络中已经存在的违法信息内容而言，由于技术能力的限制以及成本的考虑，网络平台也无法进行彻底的处理。所以，要求网络平台对于网络内容进行预先审查的义务以及对网络内容的实时监控义务，从避免危害结果的角度来看是不现实的。换言之，我们只能将两者理解为一种行为义务，而非结果义务。例如，我们可以要求网络平台通过设置关键词的技术方法，在一定程度上限制用户发布含有特定关键词的、具有很高程度违法可能性的信息内容，而不应要求网络平台彻底避免相关危害结果出现；我们也可以要求网络平台采用相关的搜索软件，自动搜查网络平台中的违法信息内容，并且对自动搜查到的信息内容进行核实和进一步的处理，但不应该将网络中存在违法信息内容结果归于实时审查工作的不履行。而对于第三种义务——即违法信息在网络空间出现之后的报告、删除义务，则存在一定的避免可能性。

  对违法信息在网络空间出现之后的报告、删除义务而言，刑法关注的只是网络平台的删除义务，报告与否并不涉及刑法规范所要求避免的结果。对此，还有必要进一步明确的问题是网络平台需要删除的违法信息内容的范围。可以说，网络空间中所出现的违法信息内容是无法估量的，要求网络平台删除所有出现的违法信息内容也超出了其能力范围。因此至少应该将要求网络平台删除的信息内容控制在其知情范围之内，即网络平台应该删除其所发现的违法信息内容。网络平台所"发现"的违法信息内容应该限制为网络平台所实际发现并且知情的违法信息内容，而非推定网络平台应该知道或者可能知道的违法信息内容。这样可能会使网络平台因为不知情的违法信息内容存在而承担责任。而目前较为常见的两种认定网络平台发现违法内容或者对违法内容知情的方法是"监管部门的书面通知"以及"相关人员的举报"。那这也就意味着，网络平台只需要删除通知或者举报涉提及的特定信息。

在评估网络平台删除违法信息内容的能力时，还有两个问题需要注意。第一是网络平台判断信息内容违法性的能力。并不是所有的违法信息内容都像通常所见的淫秽信息一样，容易对其违法与否进行判断。例如就为了实施诈骗而发布的信息而言，网络平台提供者判断信息是否具有真实性。那么，只有对于违法信息内容具有明显客观违法性的犯罪类型而言，网络平台才具有作为可能性。第二是违法信息内容删除的时间问题。对于一个相对规模较大的网络平台来说，其每天接收到的通知或者投诉的数量非常庞大。那么平台的工作人员是否能够在有限的时间内及时处理完所受到的全部通知和投诉是值得考虑的。如果由于过大的工作量而导致部分违法信息未能及时处理，而且在这期间该违法信息被大量传播，那么网络平台是否还应该承担刑事责任。对此而言，既无法估计网络平台的工作量，也不存在相关的行业或者实践标准，很难判断网络平台在特定情况下是否具有履行义务的能力。特别考虑到当前网络爆发性、发散式的传播特点，某一特定信息内容可能在一夜之间传遍全国，如果仅仅因为一个短暂的耽误或者疏忽而追究网络平台的刑事责任，这必然导致网络平台所面对的责任过于严厉。同时，这种严厉的责任还会导致网络平台为了规避责任而尽可能地删除其所知情的网络中一切具有违法可能性的信息——不论信息内容本身是否违法，而这必将会严重地损害公民的信息自由和言论自由。所以，在考虑综上要素的基础上可以认为网络平台提供者不纯正不作为义务是极为有限的。

三 关于网络平台提供者不作为责任的质疑

在前文关于网络平台刑事责任形式的讨论中，曾提及两位学者对

107

网络平台不作为责任的批判。其中毛玲玲教授认为网络平台的不作为义务来源的问题难以得到解决。但关于这一问题已经在前文的讨论中得出了初步的结论——网络平台的不作为义务源于其对危险源存在空间的现实支配能力。此外，高艳东副教授以快播案件为切入点，从根本上质疑了处罚不纯正不作为犯的正当性——我国刑法总则中并不像德、日、意等国家一样，存在关于处罚不纯正不作为犯的相关规定。这也就意味着处罚不作为犯罪违反了罪刑法定原则。① 其次，从传播淫秽物品罪的视角来看，应该排除对重罪适用不作为犯。② 对于上述质疑存在以下三点回应。

第一，对于不作为犯的可罚性而言，虽然我国刑法总则中没有进行相关规定。但是对于不作为犯的处罚已是我国学者的共识，如果从只是因为缺乏刑法总则的相关而根本上否定不作为犯，则未免过于绝对。所以至少应该在理论上承认不纯正不作为犯的可罚性。

第二，不作为犯理论的适用的确要充分考虑时代的背景，特别是对于网络中第三方实施违法犯罪活动时追究平台不作为刑事责任的情形。高艳东副教授提出的"排除重罪的不作为犯"是非常有意义的，至少在网络平台关于第三方犯罪活动的不作为犯认定方面是值得提倡的。如果将10年以上有期徒刑作为重罪的标准，那么一些传播违法信息内容的犯罪类型的确可能涉及重罪。③ 例如煽动颠覆国家政权、推翻社会主义制度，煽动分裂国家破坏国家统一等违法信息内容。如果网络平台因为没有处置这类涉及严重性质的罪名的违法信息成立相关的不作为犯，即使是在论证其保证人地位的前提之下，这种作为和不作为的等价性在国民情感上也是难以接受的。所谓我们认为将网络

---

① 参见高艳东《不纯正不作为犯的中国命运》，《中外法学》2017年第1期。
② 参见高艳东《不纯正不作为犯的中国命运》，《中外法学》2017年第1期。
③ 参见赖早兴《刑法力度问题研究——中国刑罚力度趋轻化之探讨》，法律出版社2014年版，第181页。

平台关于第三方实施传播违法信息以及其他类型犯罪的不作为责任限制在重罪之外是合理的。

第三，考虑到网络中违法信息的数量以及网络平台的处置能力，有必要分情况讨论网络平台处理违法信息内容的状况。需要明确的是，面对不同的违法信息通知来源，网络平台处置义务的紧迫性有所不同。在前文提到的网络平台知情途径基础上可以将违法信息的通知来源归于三个方面：一是法院生效判决所确定的违法信息内容，这些信息内容的性质较为明确；二是监管部门或者其他行政机关书面通知要求删除的犯罪性内容，虽然这些违法内容并没有明确与犯罪活动相联系，但是国家机关的权威性在形式上肯定了其违法性；三是用户举报的违法信息内容，这些信息内容的性质最为不明确，有待进一步考察。对于这三种来源的违法信息内容，应当主要从数量较少、违法性较为明显的前两种来源的违法信息角度来判断网络平台的不作为的刑事责任。所以有必要将网络平台的不作为义务限定在两种情况之中。

四 网络平台提供者不作为刑事责任的特殊形式

《刑法修正案（九）》增设的拒不履行信息网络安全管理义务罪以一种全新的方式定义了网络平台的不作为责任。《刑法》第286条之一规定："网络服务提供者不履行法律、行政法规规定的信息网络安全管理义务，经监管部门责令采取改正措施而拒不改正，有下列情形之一的，处三年以下有期徒刑、拘役或者管制，并处或者单处罚金：（一）致使违法信息大量传播的；（二）致使用户信息泄露，造成严重后果的；（三）致使刑事案件证据灭失，情节严重的；（四）有其他严重情节的。"

此外，其第二款还进行了补充，强调处罚的对象也包括单位："单位犯前款罪的，对单位判处罚金，并对其直接负责的主管人员和其他直接责任人员,依照前款规定进行处罚"。根据其规定,可以发现拒不履行信息网络安全管理义务罪具有以下四方面的特殊性。

第一,拒不履行信息网络安全管理义务罪本质上属于行政刑法。从形式来看,拒不履行信息安全管理义务罪源于"行政不法",即网络平台"不履行法律、行政法规规定的信息网络安全管理义务"。而当这种行政上的不法跨越"行刑鸿沟",超出了刑法所能容忍的范围,则转化为刑事不法。[①] 如果结合本罪来看,此处的"行刑鸿沟"包括两个要素,一是"经监管部门责令采取改正措施而拒不改正";二是产生本罪所规定的与不履行信息网络安全管理义务具有因果关系的特定危害后果。然而,这种形式上的前置性行政不法以及"行刑鸿沟"的存在并不足以实质地反映行政刑法的本质。换言之,这种具有行政色彩的刑法规范不仅仅体现为刑法作为其他部门法的后位法,在部门法对相关法益无法提供保护时才接入。此处应该更为关注其作为"行政刑法"而具有的"行政"特色。相比较刑法一般强调对于犯罪行为人的处罚而言,行政刑法则在此基础上还强调管理的目的。这一点在本罪中体现的非常明显,虽然目前尚不清楚法律、行政法规规定的信息网络安全管理义务具体是什么,但从所规定的危害后果至少可以判断,网络平台的违法行为,或者说义务违反并不是通常意义上的具有危害性的行为。行政法中设立的平台义务,更强调要求网络平台凭借自身的能力对网络进行管理,而非因为网络平台实施了具有危害性的行为而对其惩罚。正如有学者指出,行政法以及作为其保障的行政刑法正是在风险社会治理实

[①] 有学者认为:"在行政不法与刑事不法之间存在着一条界分两者的'河流','河流'的存在是对刑法发动的抑制,既是对刑法的尊重,也是对刑法提高对行政不法评价后果的必要缓冲,这条区分两种评价的'河流'即为'行刑鸿沟',鸿沟的左右岸分别代表着行政法与刑法的评价领域,左岸线是行政合法与不法的分界线,右岸线代表刑事不法,也是行政法所不能达到的极限。"参见魏昌东《行刑鸿沟:实然、根据与坚守——兼及我国行政犯理论争议及其解决路径》,《中国刑事法杂志》2018年第5期。

践和现代社会治理改革推进的背景中得到快速发展。① 因此，其根本性的出发点必然更为强调管理的目的。

第二，拒不履行信息网络安全管理义务罪在法益保护范围方面有所扩张，体现了刑法向功利主义和功能主义的转变。有学者指出："法定犯与行政犯的特殊之处，并不在于其侵犯的是'辅助'利益或者'派生'生活秩序，而在于它是以'间接'的方式侵犯'基本'法益，通过违反交通管理、食品安全或环境保护的规定危及公民的生命、健康或者财产"。② 从这个角度来看，将构成要件行为与法益之间较低的关联性作为行政犯实质特征的思路，③ 对于拒不履行信息网络安全管理义务罪的理解是具有启发性的。结合本罪，拒不履行信息网络安全管理义务罪所保护法益的方式与传统刑法规范有所不同。目前基本得到普遍认同的是，刑法的任务是保护法益。换言之，刑法只对侵犯法益的行为进行处罚。据此，原本刑法只能对传播违法信息内容、泄露用户信息以及毁灭刑事案件证据的行为进行处罚。而在本罪中，法益保护范围被扩张到了极致——不仅仅超越了对法益预先保护或者设立抽象化的法益作为保护目标，而是将未能避免法益受到损害也纳入惩罚的范围。在这种状况下，刑法成为强化网络安全秩序的工具。对于刑法在对待网络安全以及网络平台规制上的态度，此处只是进行客观描述和分析。正如劳东燕教授所言，"以风险社会为背景考查刑法体系，只意味尝试运用风险社会的理论来解读刑法体系在实然层面的变动，不意味着在应然层面对这种变动的支持或者肯定"④。而

---

① 参见田宏杰《知识转型与教义坚守：行政刑法几个基本问题研究》，《政法论坛》2018年第6期。
② 陈金林：《法定犯与行政犯的源流、体系地位与行刑分界》，《中国刑事法杂志》2018年第5期。
③ 参见陈金林《法定犯与行政犯的源流、体系地位与行刑分界》，《中国刑事法杂志》2018年第5期。
④ 劳东燕：《风险社会与变动中的刑法理论》，《中外法学》2014年第1期。

对此可以进行的努力是，如何在坚持刑法基本原则，或者说在尽可能最低程度冲击刑法基本原则的情形下对本罪进行解释，并实现设立本罪所欲实现的目标。

第三，拒不履行信息网络安全管理义务罪主要针对的对象是"单位"。虽然第286条第二款只是规定"单位"可以作为本罪的主体，但是第一款的表述已经表明本罪几乎不可能单独适用于自然人。首先拒不履行信息网络安全管理义务的主体是"网络服务提供者"（可以理解为网络平台的上位概念），而现实中开展网络平台或者其他服务的提供者通常都是具有一定规模的互联网企业。个人无论是在资金还是在技术能力方面都不具备开展网络服务的能力。其次，信息网络安全管理义务涉及违法信息内容的处置、用户数据保护以及网络活动记录的保存，而个人也无法承担这些义务。这种针对具有一定经济与技术能力、达到一定规模程度的互联网企业的设定，也在一定程度上反映了本罪的政策性色彩——通过具有一定影响力的互联网来实现维护网络安全的目的。

第四，拒不履行信息网络安全管理义务罪并不是典型的纯正不作为犯。通常而言，纯正不作为犯是指刑法明确规定了行为人的作为义务，而行为人没有实施法律所要求的行为的犯罪类型。例如我国刑法第261条遗弃罪就是典型的纯正不作为犯，对具有抚养义务而不履行且情节恶劣的行为进行处罚。拒不履行信息网络安全管理义务罪的不同之处在于，其在典型不纯正不作为犯的基础上还增加了惩罚的额外条件——"经监管部门责令采取改正措施而拒不改正"。对于这一额外增加的条件，有学者将其理解为行为人刑法。[①] 如果说单单惩罚拒不遵守责令的行为似乎有一种行为人刑法的意味，但是将这一条件和

---

① 参见车浩《刑事立法的法教义学反思——基于〈刑法修正案（九）〉的分析》《法学》2015年第10期。

信息网络安全管理义务以及特定的危害情形结合起来则很难将其与行为人刑法联系起来。也有学者将本罪的作为义务理解为监管部门的责令而非信息网络安全管理义务。①但实际上监管部门责令本质上也就是没有被履行的信息网络安全管理义务，两者的内容是相同的，只不过以监管部门责令的形式又一次被强调。所以说，本罪惩罚的重点并不是责令的拒不履行。那么应该如何理解这一额外的条件？对此可以结合刑法分则中的类型罪名进行分析。刑法中含有"拒不……"类型表述的规范可以分为两类：一是与拒不履行信息网络安全管理义务罪相似，存在"责令改正"要件，在改正后则可以避免刑事责任，如拒不支付劳动报酬罪；二是并不存在"责令改正"要求，没有实施法律要求的行为（存在程度的要求，例如情节严重）即需要承担刑事责任。可以发现存在"责令改正"要求的刑法规范都是近年来针对社会热点问题而设立的，具有很强的目的性。所以不妨可以尝试从这样一个角度来解读这类行为规范：其目的在于以潜在的刑事惩罚为威胁，促进社会问题的解决。此处"责令改正"的条件设置更像是一种妥协：一方面希望以更严厉的处罚手段来督促网络平台为维护网络安全做出贡献，另一方面又试图缓和这种做法在刑法理论上的不正当性——设立一个缓冲条件，既可以使网络平台有机会来避免刑事责任，又可以促进督促网络平台的立法目的。

综合考虑拒不履行信息网络安全管理义务罪这四方面的特征，我们主张从刑事合规的角度来解读这一刑事规范。可以肯定的是，刑事合规的思路可以实现国家和企业的双赢：国家通过立法来促使网络平台预防、处置以及协助国家追诉网络中的犯罪活动，而网络平台至少可以在合理的程度之内通过合法措施来规避刑事责任。而连接两者的

---

① 参见魏昌东《行刑鸿沟：实然、根据与坚守——兼及我国行政犯理论争议及其解决路径》，《中国刑事法杂志》2018年第5期。

桥梁就是网络平台的合规规则。刑事合规理念被认为是通过采取合法的措施来避免因企业相关行为而给企业员工带来刑事责任。① 具体而言，这种刑事责任主要源于与企业自身有关的经济犯罪。② 那么一般情况中公司内部的合规规则也主要意在通过制度设计避免其工作人员违反刑法的相关规定而实施相关犯罪活动。对此拒不履行信息网络安全管理义务罪的刑事合规存在不同之处。首先，本罪中网络平台的刑事合规并不是针对严格意义上平台工作人员实施的犯罪行为，而是通过内容和制度设计预防、处置网络中用户或者第三方的犯罪活动，以及配合刑事追诉机关的执法活动。其次，平台在内部制度——也就是所谓的合规规则——的设计上具有极为有限的自主性。通常由企业根据自身情况而设计的、意在避免刑事责任的合规规则在拒不履行信息网络安全管理义务罪中已经有所规定。这些合规规则本身也就是法律、行政法规中的信息网络安全管理义务。所以，拒不履行信息网络安全管理义务罪的切入点也就其所设定信息网络安全管理义务，只有在明确义务内容的基础上才能构建有效的合规规则。

目前尚不存在立法文件或者相关的司法解释来明确信息网络安全管理义务的具体内容。但根据本罪所规定的三种具体情节可以推断信息网络安全管理义务的主要内容至少包括三个方面：一是违法信息内容的处置（以下简称信息内容管理义务）；二是用户个人信息的保护（以下简称用户信息保护义务）；三是刑事案件证据的证据协助义务（以下简称刑事证据协助义务）。三者的侧重点并不相同，违法信息的处置是对已经存在的违法犯罪活动进行遏制，保护用户个人信息注重侵犯个人信息类犯罪的预防，而刑事案件证据的保全则强调网络平台

---

① 参见［德］托马斯·罗什《合规与刑法：问题、内涵与展望——对所谓刑事合规理论的介绍》，李本灿译，《刑法论丛》2016 年第 4 期。
② 参见［德］托马斯·罗什《合规与刑法：问题、内涵与展望——对所谓刑事合规理论的介绍》，李本灿译，《刑法论丛》2016 年第 4 期。

对侦查和追诉活动的支持。这三类义务的具体内容需要以法律、行政法规的基本规定为基础，并且在权衡涉及的其他利益的情况下，进一步明确义务的范围和界限。

另外需要说明的是，此处网络平台的作为义务与拒不履行信息网络安全管理义务罪中的信息网络安全管理义务并不是相同的概念。

首先，两种义务的产生根据不同。网络平台的不作为责任中的作为义务源于其保证人地位，是根据刑法的一般原理和具体案件情况推导而来。其产生于用户实施与发布违法信息相关的具体犯罪之中，义务的内容有明确的指向性——当网络平台对网络中某一可罚性信息内容存在明知时，便产生了删除了该可罚性信息的义务。而信息网络安全管理义务主要来源于法律、行政法规中的直接规定，并未与具体案件相联系。

其次，信息网络安全管理义务并非是严格意义上的刑法义务。根据不作为犯罪的一般原理，通常当网络平台因对某一可罚性信息内容存在积极认识而产生作为义务时，如果不履行义务的行为导致了符合构成要件的结果，例如淫秽信息被点击数达到5000以上，则成立相关犯罪的不作为犯。然而这种情况在拒不履行信息网络安全管理义务罪中并不成立，因为成立该罪还存在"经监管部门责令改正而拒不改正"的前提条件。

最后，两者的内容不尽相同，网络平台针对特定犯罪的不作为义务只涉及相关可罚性信息内容的删除，而信息网络安全管理义务则是要求网络平台建立一个处置违法信息内容的制度体系。两者所针对的违法性信息的性质不同。网络平台基于保证人地位而产生的删除义务主要指具有明显违法性的可罚性信息，通常是法院生效判决或者监管机关部门确定的可罚性信息。而信息网络安全管理义务所针对的违法信息并不一定具有如此明显的违法性，某些情况需要网络平台自行判断。此外，信息网络安全管理义务的内容还包括用户个人信息的保护以及刑事案件证据的协助。

第五章　网络平台提供者刑事责任的限制

在传统刑法理论对网络平台刑事责任评价不能的情况下，我国的刑事立法以及部分学术研究在网络平台刑事责任问题上存在反应过激的状况，这主要体现在刑事责任界限模糊化与认定标准的降低。虽然存在理论上控制与矫正，但是并不能从根本上解决问题。对此有必要明确网络平台提供者的刑事责任，同时在此基础上对其刑事责任进行合理的限制。

第一节　网络平台提供者刑事责任限制的必要性

目前，网络已经全方位地融入社会生活，网络经济是国家发展的重要战略。网络平台提供者不仅是网络经济发展的核心参与者与推动者，还处于开辟网络服务和技术创新的第一阵地。所以为网络平台提供者提供一个稳定而又明确的法律环境，保障网络平台免于受到不合理的法律干涉具有重要意义。但目前我国网络平台提供者的法律责任正处于一种模糊的状态，特别是还面临着承担刑事责任的法律风险。对此有必要从法律上明确网络平台提供者刑事责任的边界，面对网络平台提供者刑事责任扩张趋势的现状，有必要限制网络平台提供者的刑事责任。

一 网络平台提供者刑事责任限制的现实必要

与其他国家相似,我国在处理网络平台提供者刑事责任的问题时也采取了激进的立场。但不同的是,我国不但没有制定行之有效的保护规则,反而在激进的道路上越走越远。如同劳东燕教授所观察到的:"当代社会的风险性质使得刑法变成管理不安全性的控制工具,风险成为塑造刑法规范与理论的重要社会力量"[1]。这种趋势在网络服务提供者刑事责任的问题上体现得尤为明显,鉴于网络平台提供者业务及其技术行为所表现出来的风险特征,相关学术讨论、司法以及立法活动都更强调安全的价值取向。在缺乏保护规则的情况下,网络平台的刑事责任问题更倾向于惩罚而非保护,致使刑事责任的扩张超出了合理的界限。

除了对于网络平台定位的偏失以外,网络平台关于第三方犯罪活动刑事责任扩张的原因首先在于对技术性风险的错误感知。风险本来是一个中性的概念,是指一种不确定性。而网络平台的技术风险却被误解为危险,过于强调其消极的一面。例如有学者认为,"以网络平台服务者为例,单独正犯通过网络平台上传一部淫秽色情视频的行为往往危害有限,但网络平台提供者通过平台的连接与传播功能却能将此危害结果几何级放大。网络服务商的帮助行为无疑对法益形成了更为严重的侵害"[2]。笔者不否认网络平台在客观上促进了违法信息的传播,但是并不赞同在无法证实主观故意的情况下将所产生的法益危害主要归于服务提供者的业务行为。网络中违法信息爆发性传播的情况,应该至少归结为三个方面的因素:第一,部分网络用户非法使用

---

[1] 劳东燕:《公共政策与风险社会的刑法》,《中国社会科学》2007年第3期。
[2] 王霖:《网络犯罪参与行为刑事责任模式的教义学塑造——共犯归责模式的回归》,《政治与法律》2016年第9期。

网络服务；第二，网络大幅度提高了信息传播效率；第三，网络平台对服务滥用行为缺乏有效处置。所以，将危害结果普遍性地归于网络服务提供者的观点是片面的。

另外，对于网络平台的技术行为，特别是自动性程序行为的认识不足，进一步导致了责任的扩张。计算机程序的自动性决定了网络服务提供者无法知晓其运行的具体过程，因此也无法完全控制结果。例如用户在论坛中发布消息时，计算机只是按照设置好的程序自动执行，从接受用户的指令到执行完毕该指令的过程中服务提供者既不知情，也无法获知信息内容。一些学者仍然从纯自然人作为的角度出发，认为网络平台在程序运行的过程中能够获得对违法内容的明知，将其定位为片面的帮助犯或帮助信息网络犯罪活动罪的正犯。① 另外，自动性的程序虽然可能导致危害后果，但是并不能据此否定这种技术行为本身的合法性，因为在具体运行过程中用户作为服务的使用者主导了结果。有学者认为，当某种预设的自动性程序没有设置门槛来避免可能的危害结果时，行为所制造的法益风险就升高到值得刑法处罚的程度。② 如果遵循这一思路，任何技术行为都可能受到刑法的处罚，甚至连最基本的信息传输行为也不例外，因为通常信息传输并不会受到任何限制，用户可以传输包括违法信息在内的任何信息。

（一）司法实践中的责任扩张

从快播案判决书的判决理由部分可以发现，法院对快播案件中的责任根据进行了模糊处理，进而以实现归责的目的。海淀区人民法院一审认定快播公司成立传播淫秽物品牟利罪，主要逻辑如下：快播公司作为网络服务提供者负有网络安全管理义务，而快播公司及各被告

---

① 参见刘守芬、丁鹏《网络共同犯罪之我见》，《法律科学》（西北政法学院学报）2005年第5期；涂龙科《网络服务提供者刑事责任的辨析》，《政治与法律》2016年第4期。
② 参见周光权《犯罪支配还是义务违反——快播案定罪理由之探索》，《中外法学》2017年第1期。

人员在明知其系统内存在大量淫秽视频并且具有义务履行能力的情况下，出于牟利的目的故意放任淫秽视频的传播。① 这种以网络安全管理义务为出发点的论证思路得到了一些学者的支持。② 但是这一逻辑并没有遵循不纯正不作为犯认定的一般思路。快播案件中定义的网络安全管理义务与传播淫秽信息牟利罪具体情形中的不作为义务在内涵和外延上都不尽相同。判决书的第一部分将安全管理义务解释为"设置必要监管环节，及时处置违法或不良信息"，这是一种一般性的抽象义务。但是对于不纯正不作为犯而言，符合构成要件的不作为以一个需要进行干预的具体情况为条件，这种情况仅存在于实现构成要件结果的危险之中。③ 换言之，只有在具体的危险情况出现时，快播公司才产生为避免结果发生而采取保障措施的义务，而不是至始负有一种一般性的保障义务。而这种具体情况通常是指网络平台对于非法内容的明知。④ 而且根据德国的主流观点，这种明知应被限定为对于信息或者行为的直接故意形式下的积极明知，即对于个别、具体的信息或者行为的明知，因为只有如此才能期待服务提供者采取相关措施。⑤ 而对违法信息的检查、监控义务以及避免类似情况再次出现的义务，并不属于网络平台不纯正不作为义务的范畴，况且这些义务本身就存在争议。⑥

---

① 参见深圳市快播科技有限公司及王欣等传播淫秽物品牟利案（2015）海刑初字第512号。

② 参见张明楷《快播案定罪量刑的简要分析》，《人民法院报》2016年9月14日第3版；陈兴良《技术与法律之间：评快播一审判决》，《人民法院报》2016年9月14日第3版。

③ Vgl C. Roxin, Strafrecht Allgemeiner Teil, Band II, C. H. Beck 2003, S. 682f.

④ Vgl Sieber, in：Hoeren/Sieber（Hrsg.），Handbuch Multimedia-Recht, 1999, Allgemeine Probleme des Internetstrafrechts Teil 19.1 Rn49.

⑤ Vgl Sieber, in：Hoeren/Sieber（Hrsg.），Handbuch Multimedia-Recht, 1999, Allgemeine Grundsätze der Haftung Teil 18.1 Rn87-89.

⑥ 参见涂龙科《网络内容管理义务与网络服务提供者的刑事责任》，《法学评论》2016年第3期；刘艳红《无罪的快播与有罪的思维》，《政治与法律》2016年第12期。

其次，法院所依据的义务履行标准也较为模糊。法院认为快播公司拒不履行义务主要基于两个事实：一是"快播公司连行业内普遍能够实施的关键词屏蔽、截图审查等最基本的措施都没有认真落实"；二是"'110'不良信息管理平台在深圳网监验收合格之后，基本被搁置"。法院所认定的不作为，缺乏明确的标准。行业的基本保障措施具体包括哪些，标准是什么，以及"不良信息管理平台"的运作制度如何认定，都缺乏法律的明确规定。这些措施和制度一般都体现为公司的内部制度，具有个体之间的差异性，缺乏统一的标准。在义务履行标准不明确的情况下，义务履行的判断容易以危害结果作为标准，即以网络中是否存在非法信息为标准——只要网络中存在非法信息就认为没有履行义务，这导致责任的判断又重新回到早已被摒弃的客观归罪的道路。因此，有学者指出，网络安全管理义务牵引下的传播淫秽物品牟利罪的判断逻辑，实际上是为实现打击犯罪的目的而先对案件入罪定性再寻找合适罪名的思维。①

（二）司法解释与立法活动中的责任扩张

我国许多司法解释都针对网络服务提供者做出了专门性的规定，降低了入罪标准。例如《最高人民法院、最高人民检察院关于办理利用互联网、移动通讯终端、声讯台制作、复制、出版、贩卖、传播淫秽电子信息刑事案件具体应用法律若干问题解释（二）》［以下简称《淫秽信息解释（二）》］第6条，将网络服务提供者的主观罪过要素降格为明知，弱化了承担责任通常所要求的意志因素。《刑法修正案（九）》设立的帮助信息网络犯罪活动罪也涉及网络平台的刑事责任。帮助信息网络犯罪活动罪的构成要件虽没明确指向网络服务提供者，但是其关于构成行为的描述与服务提供者有着密切的联系，例如"为其犯罪提供互联网接入、服务器托管、网络储存、通讯传输等技术支

---

① 参见刘艳红《无罪的快播与有罪的思维》，《政治与法律》2016年第12期。

持"。因此，有学者认为帮助信息网络犯罪活动罪是针对网络服务提供者而设置的。① 然而，该罪名适用于网络平台可能会导致不恰当的处罚状况出现。正如张明楷教授指出："如果仅因为客观上对他人的信息网络犯罪起到了帮助作用，且行为人认识到自己的业务行为会对他人的信息网络犯罪（起到）帮助作用，就以犯罪论处，那么就过分限制了国民的自由，也不利于社会发展"②；还有观点认为该罪名的设立实际上肯定了本不应处罚的"明知非促进型"网络平台的中立帮助行为的可罚性。③ 可以说，帮助信息网络犯罪活动罪的设立，为追究网络平台的刑事责任提供了一种潜在的可能性，这种可能性给网络平台的业务活动带来了极大的刑事风险。

（三）网络平台保护规则的缺失

面对刑事责任的扩张趋势，我国缺少有效的保护规则来限制网络平台的刑事责任。在我国的各种法律、行政法规中，只有 2006 年公布的《信息网络传播权保护条例》涉及对网络平台的保护。其中第 22 条、第 23 条、第 24 条分别对网络服务提供者的信息传输、自动储存以及储存空间提供行为给予了保护。但《信息网络传播权保护条例》的保护范围过于狭窄，网络平台免责的信息内容仅限于侵犯著作权的作品、表演、录音录像作品。换言之，对于其服务中可能涉及的淫秽信息、诽谤信息、恐怖主义信息等其他犯罪性内容，网络平台仍然暴露在刑事责任的风险之中。在缺乏针对刑事责任保护规则的情况下，学者试图从理论上对网络平台提供者的刑事责任进行限制。陈洪兵教授最早将网络服务提供者的行为归为中立的帮助行为，并主张通过否定其一般的可罚性来限制处罚范围。④ 周光权教授也认为，应该

---

① 参见刘宪权《论信息网络技术滥用行为的刑事责任——〈刑法修正案（九）〉相关条款的解释与适用》，《政法论坛》2015 年第 6 期。
② 张明楷：《论帮助信息网络犯罪活动罪》，《政治与法律》2016 年第 2 期。
③ 参见刘艳红《网络犯罪帮助行为正犯化之批判》，《法商研究》2016 年第 3 期。
④ 参见陈洪兵《中立帮助行为论》，《中外法学》2008 年第 6 期。

通过客观归责理论来限制网络服务提供者的刑事责任，单纯提供网络技术的经营行为原则上就不应该处罚，因为这种行为并没有制造法所不允许的危险。① 毋庸置疑，通过客观归责理论来限制网络服务提供者刑事责任的范围具有一定的积极意义，但是这种限制并不能提供足够的保护。首先，客观归责理论对网络服务提供者刑事责任的限制是模糊的，原则上不处罚或者通常不应承担帮助犯责任的说法并不能明确地限制刑事责任。周光权教授主张通过客观归责理论排除单纯技术行为的可罚性，但却又依据客观归责理论认定了缓存技术行为的可罚性。② 其次，这种限制毕竟只是一种理论上的主张，在司法实践中是否会被采纳以及在何种程度上被采纳都难以预测。

二 网络平台提供者刑事责任限制的理论必要

如果网络平台提供者面对承担不合理性的刑事责任的风险，不仅可能会使作为互联网企业的网络平台提供者本身受到致命的打击，还会产生一系列更加广泛、深刻的负面影响。其中最有可能受到影响的是网络技术的创新及网络用户的言论自由。

（一）网络技术创新保护的必要性

从理论上来看，如果责任扩张的趋势无法被遏制，不仅会使网络服务提供者受到不公正的待遇，而且会遏制整个行业的进步。新技术往往伴随着风险，其发展一般会经历创新、商业化、混乱、秩序四个阶段。仅仅因为产生混乱就扼杀掉某种商业模式（正如对于快播案件的处罚），则会将技术创新扼杀在摇篮之中。当任何一项新的网络技术或者网络服务出现后，都可能产生服务提供者未曾料想的后果，例如被他人用来实施违法犯罪行为或者在某种程度上促进了犯罪行为。快播公司设

---

① 参见周光权《网络服务商的刑事责任范围》，《中国法律评论》2015年第2期。
② 参见周光权《网络服务商的刑事责任范围》，《中国法律评论》2015年第2期；周光权《犯罪支配还是义务违反——快播案定罪理由之探索》，《中外法学》2017年第1期。

置的缓存服务器受到了许多学者和实务人士的批判，认为其实质上选择并且向用户传播了淫秽视频。而实际上，所谓的缓存规则只是由计算机自动选择出用户播放次数最多的视频并进行储存，以便其他用户下次点播时保障播放的速度。而当由于采用这种中性的、具有创新性的技术受到法律的惩罚以后，首先其他互联网企业会避免采用这种技术，其次互联网企业在采取新的技术规则时也可能会担心新的技术会带来法律风险而放弃或者改变技术模式。因此，保护网络平台提供者的意义不只在于互联网企业本身，更是在保护国家的创新能力。①

国外的立法机关在制定关于网络平台提供者责任的法律时，就已经将这种对于网络创新和技术发展的保护考虑在内。例如美国议会在《通信规范法》的文件中表明，美国的政策在于"促进网络、其他计算机交互性服务以及其他交互性媒体服务的持续发展"②；"确保关于网络和其他交互性计算机服务的富有活力和竞争的自由市场免受州以及联邦法规的干涉"③；"鼓励使得用户能够最大化控制交互性计算机服务使用者接受的信息内容技术的发展"④。欧盟委员会在其《网络平台与单一数字市场——欧洲的机遇与挑战》中突出强调了网络平台对于数字经济的重要作用："网络平台的特征使其为数字经济与数字社会带来一系列的广泛重要利益。网络平台促进了效率的提高，为基于数据的创新提供了重要动力"。并进一步指出，要创建恰当的规制环境来吸引、保留、壮大新兴的网络平台创新者。

（二）网络与信息自由保护的必要性

网络平台提供者刑事责任的影响是多层次的，它不仅影响网络平台的行为，还会通过平台传递到用户的层面。⑤ 当网络平台受到刑事

---

① 参见周汉华《论互联网法》，《中国法学》2015 年第 3 期。
② 47 U.S.C. 230 § (b) (1).
③ 47 U.S.C. 230 § (b) (2).
④ 47 U.S.C. 230 § (b) (3).
⑤ See Morgot Kaminski, "Positive Proposals for Treatment of Online Intermediaries", 28 Am. U. Int'l L. Rev., 2012, pp. 203 – 205.

责任威胁时，用户的权益不可能成为其关注的主要事项。尤其是当网络平台难以判断某一信息是属于应受保护的信息还是法律禁止的信息时，其更倾向放弃避免错误的努力而有意识地采取预言性自我审查政策，删除任何可能招致责任的信息内容。①平台提供者草率删除用户内容的情形在我国并不少见，例如有学者就曾经对某社交网络屏蔽其转发的文章表示不满。②

随着网络的发展，网络与信息自由已经成为公民主要的基本权利。这种自由主要表现在两个方面，一是公民通过网络发布自己的合法言论的权利；二是公民通过网络获取信息内容的权利，而这主要是指获取他人发布的信息内容。从这个角度来看，网络与信息自由可以说是公民言论自由在网络时代的转化与扩展。尤其就后者而言，网络已经成为公众了解社会发展动态、知悉重要事项、进行复杂决断不可或缺的工具。如果网络平台提供者在刑事责任的压力下限制公民发布信息的权利，或者肆意删除网络中的违法内容，这不仅仅会对信息内容的发布者产生影响，而且还会在很大程度上损害其他公众接受信息的权利。所以说，合理限制网络平台提供者刑事责任，对于网络与信息自由的保障也具有重要意义。

第二节 网络平台刑事责任限制的具体措施

一 网络平台提供者刑事责任限制的法定化——设立网络平台提供者保护规则

网络技术的发展和应用给法律规制带来了一些难题，特别是网络

---

① See Seth F. Kreimer, "Censorship by Proxy: The First Amendment, Internet Intermediaries, and the Problem of the Weakest Link", 155 *U. Pa. L. Rev.*, 2006, pp. 11 - 28.

② 丘兴隆：《为关于快播案的不同解说被删而叫屈》，http://mp.weixin.qq.com/s?__biz = MjM5NjMyNDM5Nw = = &mid = 2653159639&idx = 2&sn = 191352fb21e93b86912f928eb91a2108&scene =21，2018年3月1日。

第五章 网络平台提供者刑事责任的限制

平台提供者对于他人滥用其服务传播非法内容或者实施非法行为而承担责任的问题，始终难以找到一个恰当的立场。从国外的立法和司法实践来看，网络平台提供者关于第三方内容责任的问题经历了一个从最初的反应过激到立法矫正的过程。起初，多数国家都试图在传统法律领域内解决服务提供者刑事责任的问题，例如德国的 CompuServe 案，德国分公司经理 Felix Somm 由于美国总公司服务器中储存的儿童色情内容而承担共犯的刑事责任。[1] 这一判决在国际上产生了巨大影响，致使许多服务提供者离开德国。德国学者 Sieber 在判决评论中指出，法院对于 Somm 行为的分析并不准确，法院认为 Somm 可归责的行为在于在子公司和母公司之间建立连接，但这种基础性连接的存在先于犯罪活动。[2] 而且即使是从不作为的角度来考虑，Somm 及德国分公司作为接入提供者并不具有保证人地位[3]；Hoeren 教授对此更是评价道，"判决理由的材料表明，笼统的先入为主有罪思维对司法来说有多么危险"[4]。这种情况在美国也同样存在，法院借用普通法中关于诽谤言论的责任模型来认定网络服务提供者的责任——Prodigy 公司由于利用技术和人力来删除其网络中的非法信息而被认定为对内容具有编辑性控制，因此对其网络中来自用户的诽谤内容承担责任。[5] 这一

---

[1] Vgl. AG München, Urt. v. 28.05.98, 8340 Ds 465 Js 173158/95. CompuServe Germany 是 CompuServe USA 的全资子公司，负责为德国的用户提供接入 CompuServe 的服务。调查机关在 CompuServe 的新闻组中发现了来自第三方的涉及儿童色情的新闻组，并将名单送达给 CompuServe Germany。由于德国分公司对于服务器中的内容并不具有控制能力，分公司经理 Somm 在接到相关通知后立即通知总公司要求屏蔽或者删除违法信息。美国总公司虽然屏蔽了调查机关名单上的主要新闻组，但在两个月后解除屏蔽。法院认为 CompuServe USA 具有屏蔽其服务器中儿童色情内容的能力和义务但却没有履行义务。且这种义务的不履行可以归于德国分公司的总经理 Somm，因为 Somm 曾经接到相关通知并知道网络中存在违法内容而仍然提供接入 CompuServe 的服务。

[2] Vgl. Sieber, Ammerkung zu dem CompuServ-Urteil des AG München, Zeitschrift Multimedia und Recht 1998, S. 31.

[3] Vgl. Sieber, Ammerkung zu dem CompuServ-Urteil des AG München, Zeitschrift Multimedia und Recht 1998, S. 32.

[4] Hoeren, Ist Felix Somm ein Krimmineller, Neue Juristische Wochenschrift 1998, S. 2792.

[5] See Stratton Oakmont, Inc. v. Prodigy Servs. Co., No. 31063/94, 1995 N. Y. Misc. LEXIS 229.

判决存在明显的缺陷，平台提供者主动处理网络中的非法内容会招致法律风险，而对违法内容采取不闻不问的态度却不需承担责任，判决结果迫使服务提供者采取不作为的态度放任网络中的违法内容。

由此可见，适用传统的法律规定判断网络平台的责任的确容易产生误差。在这种情况下，这些国家都针对网络平台提供者的责任问题制定了特殊规则。CompuServe 案二审法院援引《电信服务法》第 5 条第 3 款的规定——如果服务提供者仅仅提供使用他人的内容的通道，则对于这些内容不承担责任，否定了 Somm 的共犯责任。①鉴于 Prodigy 案判决所产生的负面影响，美国国会也于不久后通过了《通讯规范法》，原则上否定了网络平台提供者对于他人发布内容的责任。上述规则主要规定了网络平台提供者不承担责任的情形，换言之，这些在特定情形中给予平台提供者法律保护，以消除传统法律对此存在的模糊性和不确定性的规则，笔者称为网络平台提供者的保护规则。除上述两个保护规则之外，较为知名的平台提供者保护规则还包括美国 1998 年通过的《数字千年版权法》，欧盟 2000 年通过的《电子商务指令》，英国 2013 年修订的《诽谤法》（Defamation Act）等。这些保护规则一方面将传统法律所未考虑到的技术性因素融入规范设计中，使其对于网络平台提供者更具有针对性；另一方面又明确地限制了网络平台提供者的责任，遏制传统法律的模糊性而导致的责任扩张。因此，可以说网络平台提供者的保护规则对传统刑法规则以及理论进行了调整，潜在地影响了网络服务提供者刑事责任的认定方式。

二　网络平台提供者刑事责任限制的模式及比较

毫无疑问，设立网络平台保护规则的逻辑是正确的，但如何设

---

① Vgl. LG München I, Urt. v. 17. 11. 99, 20 Ns 465 Js 173158/95.

计保护规则仍然是一个有待解决的问题。德国学者 Sieber 在对不同法律体系针对计算机网络设立的专门性责任规则进行比较后发现，这些责任规则都主要涉及网络平台的责任特权化。但不同的是，相关的立法改革采用了不同的立法技术，主要表现为英美法系国家针对特定法律领域而制定的个别保护规则以及欧盟国家普遍所采用的适用于所有法律领域的总则性保护规则。[①] 笔者拟参照上述区分标准，以美国和德国的相关立法为对象分析网络平台保护规则的模式和内容。

（一）针对特定领域的个别性保护规则

美国主要根据不同的违法信息种类制定了相对分散的网络平台保护规则体系，主要包括针对诽谤性信息的《通讯规范法》以及针对侵犯知识产权信息的《数字千年版权法》。

1. 针对诽谤性信息的《通讯规范法》

《通讯规范法》第 230 条从角色定位的角度限制了网络平台的责任：任何交互性计算机服务的提供者都不得被视为其他信息内容提供者所提供信息的发布者。[②] 这一规定主要限制从普通法发展而来的诽谤言论责任规则对网络平台提供者的适用。根据普通法所确立的针对诽谤内容的责任规则，如果网络平台对用户的内容不具有编辑性控制，其只有在对相关信息存在明知或者有理由明知的情况下才作为传播者（distributor）承担责任；[③] 反之，网络平台则作为信息的发布者（publisher）承担责任。[④] 显然，发布者的责任标准明显低于传播者，因为只要认定网络平台的发布者地位，无须再判断

[①] Vgl. Sieber. Die Verantwortlichkeit von Internet-Providern im Rechtsvergleich. ZUM, 1999, 202.

[②] See 47 U.S.C. 230 § (c)(1).

[③] See Cubby, Inc. v. CompuServe Inc., 776 F. Supp. 135 (S.D.N.Y. 1991).

[④] See Stratton Oakmont, Inc. v. Prodigy Servs. Co., No. 31063/94, 1995 N.Y. Misc. LEXIS 229 at 10.

其对信息是否存在明知而直接将其等同为信息的原始发布者而承担责任。美国法院对网络平台发布者地位的认定并不合理，如果网络平台主动审查用户所发布的内容来判断是否存在非法信息，就会因为对用户信息内容具有编辑性控制而被认定为发布者并需要承担相应责任。① 这反而会使网络平台为了避免责任而不去审查网络中的违法内容。故《通讯规范法》将网络平台限定为他人信息内容的传播者，避免将他人发布的内容直接归于服务提供者，进而承担较为严格的违法信息发布者责任。在实践中，网络平台主张这一保护需要满足三个条件：（1）（网络平台）是交互性计算机服务的提供者；（2）提起的指控将被告视为信息内容的提供者；（3）涉案的信息由其他信息内容提供者提供。②

虽然《通讯规范法》在实践中多被用于限制网络平台的侵权责任，但是无疑也具有限制刑事责任的作用。该法在阐述对其他法律的影响时明确表明，"任何与本法规冲突的州或者当地法律都不可作为起诉的理由和追究责任的依据"。③ 从立法表述来看，《通讯规范法》的保护规则至少可以在州一级的刑法层面发挥刑事责任限制的作用。这种限制主要体现为：就网络中他人提供的信息而言，网络平台只能被认定为信息的传播者，在具备明知的情况下才能承担责任。而鉴于网络中庞大的信息流量网络平台难以对违法信息存在知情，因此网络平台几乎对第三方内容全部免责。司法实践也证实了其对于刑事责任的限制作用，在 Dort v. Craigslist 案中，警长 Dart 指控 Craigslist（信息平台）故意促进卖淫活动，违反了州和联邦的数项法律规定。法院仍然适用《通讯规范法》排除了网站的责任。④

---

① See Stratton Oakmont, Inc. v. Prodigy Servs. Co., No. 31063/94, 1995 N. Y. Misc. LEXIS 229 at 10.
② See Deldino v. Agilent Technologies, Inc. 145 Cal. App. 4th790, 804 – 805（2006）.
③ 47 U. S. C. 230 §（f）（2）.
④ See Dort v. Craigslist, Inc., 665 F. Supp. 2d 961（N. D. Ill. 2009）.

在《通讯规范法》适用的过程中，法院逐渐扩大了其对于网络平台的保护范围，尤其是否定了网络平台删除诽谤性言论的义务。Zeran v. Amercia Online 案的判决表明，即使是在接到通知之后，网络平台并不因为拒绝删除第三方发布的诽谤性言论而承担责任。因为该案法院认为这种删除义务会导致明显的寒蝉效应——由于网络平台无法审查所有的内容中可能出现的问题，所以面对其网络中的信息可能带来的潜在责任，网络平台很可能选择秘密地限制信息发布的数量和类型。① 这一立场也在后续许多判决中得到了肯定，例如佛罗里达州上诉法院认为强迫网站移除诽谤性内容是将网站视为信息的发布者，因此与《通讯规范法》相悖；② 德克萨斯州上诉法院表示《通讯规范法》并没有赋予要求网站移除第三方发布在网站的虚假或者诽谤性言论的权利；③ 美国第三巡回法院认为《通讯规范法》禁止追究服务提供者监控、审查、删除其网络中内容的责任——这些行为与发布者角色密切相关，因此网络平台不因没有撤回非法的诽谤言论而承担责任。④ 除此之外，美国法院还免除了诽谤言论发布者与网络平台存在雇佣合同关系时，网络平台对于该诽谤性言论的责任。⑤ 法院的扩张性解释使得网络平台在对内容的创立具有一定影响的情况下仍然享有保护。

2. 针对侵犯著作权信息的《数字千年版权法》

《数字千年版权法》的第二部分《网络著作权侵权责任限定法》（*OCILLA*），为网络平台设立了"安全港"规则，对满足特定条件的四种技术行为给予庇护——临时性数据网络通信、系统缓存、储存以

---

① See Zeran v. Amercia Online, 129 F. 3d 327, 331 (4th Cir. 1997).

② See Medytox Solutions Inc. v. investorshub. com 152 So. 3d 731 (D. Ct. of App. Fla., 3d DCA 2014).

③ See Godaddy. com v. Toups 429 S. W. 3d 752 (Tex. Ct. of App. 2014).

④ See Dennis Obado v. Ed Magedon, No. 14-3584 (3d Cir 2015).

⑤ See Blumenthl v. America Online., 992 F. Supp. 44 (D. D. C. 1998).

及信息定位工具的使用。① 这种保护主要体现在当用户通过网络平台的网络发布侵犯著作权信息或从事侵犯著作权的活动时，网络平台并不为此承担财产性救济以及禁令性救济的责任。这两种责任虽属于民法上的责任，但是根据美国较有影响力的《尼莫版权条约收录》中关于"没有引起民事上著作权损害的行为，必然不会构成刑事上的侵犯著作权犯罪"的论述，这一保护规则理论上也能够排除刑事责任。②

不同于《通讯规范法》，《数字千年版权法》中的保护存在多层次的前提条件。从一般性的前提条件来看，网络平台首先作为适格主体不得更改接收或者发送的材料内容。③ 其次，网络平台须进行相应的技术调整，对反复侵权者停止提供服务以及采取配合并且不干扰著作权所有者用来识别或保护著作权作品的标准技术措施。④ 在此基础上，网络平台的技术行为是否能够受到保护还应根据相应的具体条件进行判断。例如，对于网络通信而言，只有其满足下列条件才受到保护：（1）只有当传输并非由服务提供者发起而且这一过程是通过自动性技术程序而实现；（2）网络平台没有选择接收对象也没有改变传输的内容；（3）服务于传输的临时储存只有指定接收者可以访问且储存的时间不长于传输所需。⑤

《数字千年版权法》中最具有影响力的具体限制条件是"通知—移除"机制（Notice-Takedown），这一条件在系统缓存、信息储存以

---

① 临时性数据网络通信主要是指对其网络或者系统的材料进行传输、路由或提供连接以及在这一过程中的中介性临时储存；系统缓存是指为方便（信息提供者与传输对象之外的）其他用户再次访问相关信息的暂时性储存；储存是指服务提供者网络中由用户主导的信息储存；信息定位工具的作用在于指引或者链接用户到含有侵权内容（活动）的网络位置，具体方式包括目录、索引、引用、指针、超文本链接。See 17 U. S. C. § 512（a），512（b）(1)，5215（c）(1)，512（d）.

② 4 Melville B. Nimmer & David Nimmer, Nimmer on Copyright, § 15.01 [A][2] (2013).

③ See 17 U. S. C. § 512（k）(1)（A）.

④ See 17 U. S. C. § 512（k）(1)（B），512（i）(1)（A）（B）.

⑤ See 17 U. S. C. § 512（k）(1)（A）.

及信息定位工具等技术行为的保护中均有不同程度的体现。这一完整的保护条件本身又包括逐级递进的三个层面。第一，网络平台没有获得可以直接归因于侵权活动的经济性收益，并且其有权利和能力控制这些侵权活动。① 如果网络平台没有满足该条件，即使在接到通知后删除了相关信息也无法受到安全港原则的保护。这一规定在某种程度上给安全港的保护留了一个"后门"，使网络平台可能承担严格的替代责任。美国法院为了贯彻保护网络平台的立法目的，对该规定进行限制性解释，主要体现在对直接性收益与违法活动的因果关系的限制以及控制违法活动的能力和权利的认定。② 第二，网络平台对网络中的侵权行为不存在实际明知，或一旦收到符合条件的侵权主张，立即采取行动移除相关内容、断开连接。③ 第三，网络平台对网络中的侵权行为不具有实际明知，也没有认识到能够明显表明活动违法性质的事实或者情形，或者一旦认识到这种情形便立即采取行动移除内容或断开连接。④ 后两点都规定了网络平台应采取措施的情形，对于实际明知而言，主要是指网络平台接到相关权利人的侵权主张；而（在没有接到通知的情况下）如何判断网络平台是否认识到特定事实则规定得较为模糊。这一判断被立法记录描述为"红旗测试"，主要涉及两个方面的评估：主观上是否知道相关事实，客观上这一事实对于处于服务提供者位置的一般理性人来说是否是充分明显的。"一般而言，认识的程度必须达到对表现明显侵权事实的明确知道"。⑤

---

① See 17 U. S. C. § 512（c）（1）（B）.
② 法院认为向实施侵权行为的人收取一次性的设置费用以及周期性的服务费用并不构成"获得可以直接归功于侵权活动经济性收益"；服务提供者删除第三方内容的能力并不能满足"控制的权利与能力"的要求。See Perfect 10, Inc v. CCBill., 488 F. 3d 1102, 1117 - 18（9th Cir. 2007）; Hendircksonv. eBay, Inc., 165 F. Supp. 2d at 1093 - 4.（C. D. Cal. 2001）.
③ See 17 U. S. C. § 512（c）（1）（A）（i）,（c）（1）（C）.
④ See 17 U. S. C. § 512（c）（1）（A）（ii）,（iii）.
⑤ Edward Lee, *Decoding the DMCA Safe Harbors*, 32 Colum. J. L. & Art 233, 252（2008）.

(二) 具有普遍适用性的总则性保护规则

Sieber 教授所指的总则性保护规则的原型是德国 1997 年制定的《电信服务法》的第 5 条，其规定了服务提供者不同功能行为的责任。《电信服务法》第 5 条基于技术因素以及服务提供者经济成本的考虑，确立了四个原则：（1）服务提供者对自己的内容承担全部责任；（2）服务提供者对他人内容承担有条件的责任；（3）接入提供者原则上不承担责任（刑事责任的排除）；（4）接入提供者承担责任的例外情况（民事不作为以及行政命令不作为责任的保留）。该保护规则的总则性主要体现在两个方面：第一，关于责任限制的规定适用于当前刑法以及秩序违法中的整体法律状况；第二，从涉及的违法内容来看，责任限制条款适用于刑法和秩序违反法中全部的表达型违法行为以及电信服务范围内可以通过特定内容而实施的刑事构成要件行为。易言之，责任限制的作用不因违法内容的种类而受到影响。[1] 其背后的理念在于，不论涉及何种类型的违法信息，网络平台总是采取了相同的技术手段：传输、缓存或者储存第三方的内容。[2]

在美国《数字千年版权法》的影响下，2000 年欧盟制定了《电子商务指令》，为成员国确立了网络平台分级责任的标准，要求各成员国在特定条件下不追究网络平台传输、缓存、主机储存行为的责任，并免除网络平台的一般监督性义务。虽然《电子商务指令》的第 12 条至第 14 条只是非常笼统地要求各成员国不追究特定情况下网络平台的责任，但根据对字面含义的一般理解这种责任的不追究包括刑事责任的排除。英国 2002 年制定的《电子商务规则》（*Electronic Commerce Regulation*）基本上照搬了欧盟的《电子商务指令》，在其第 17 条至第 19 条转化了《电子商务指令》中关于网络平台的三个保护

---

[1] Vgl. BT-Drs. 13/7385 v. 9. 4. 1997, S. 20.
[2] See Miquel Peguera, "The DMCA Safe Harbor and Their European Counterparts: A Comparative Analysis of Some Common Problems", 32 *Colum. J. L. & Arts*, 2008, pp. 481–482.

规则。值得注意的是，英国的《电子商务规则》的第 17 条至第 19 条都明确地指出，网络平台不仅免于损害以及经济补偿的责任，同时也免于刑事处罚。[1] 这也从侧面表明，欧盟《电子商务指令》也包含了网络平台刑事责任的限制。

2001 年德国通过修正案在《电信服务法》中转化了这一指令，并于 2007 年将《电信服务法》与《州际媒体服务协定》整合为《电信媒体法》。《电信媒体法》全面保留了《电信服务法》中关于网络平台的保护规则，并作为"跨法律领域的截面规则"限制刑法、民法以及行政法中服务提供者的责任。由于《电信媒体法》受到《数字千年版权法》的间接性影响，其内容十分相似。例如，《电信媒体法》第 8 条至第 10 条同样免除了信息传输、信息缓存以及信息储存的责任，并且对信息缓存和储存行为适用了"通知—移除"的机制。

《电信媒体法》的独特之处在于其明确地排除了网络平台的一般性监管义务，即"服务提供者不具有监管其传输或储存信息，以及依据指示对违法行为的情形进行调查的义务"[2]。此处所排除的一般性监管义务是指一种"缺乏诱因的主动监控义务"，这种义务要求网络平台基于预防的目的从整体上对其传输和储存的信息所造成的损害进行控制。[3] 避免类似情况再次出现的要求——例如有关部门发现网络服务被滥用于传播淫秽视频而要求网络平台避免类似状况再次出现，本质上也是一种一般性的监管义务，在排除范围之内。排除这种一般性的监管义务是考虑到服务提供行为的纯技术性、自动性以及被动性等特征，网络平台既不能了解其传输和储存信息的具体情

---

[1] See "The official Home of UK Legislation", The Electronic Commerce (EC Directive) Regulation 2002, http://www.legislation.gov.uk/uksi/2002/2013/made/data.htm?wrap=true.
[2] § 7 Abs. 2 Telemediengesetz.
[3] Spindler/Schuster. Recht der elektronischen Medien, § TMD7. Rn 30.

况，也无法对所要传播和储存的信息进行控制。另外，《电信媒体法》设置了独具特色的丧失保护权利的情形。原则上，当网络平台背离其纯粹技术性、自动性、被动性的角色特性时，则不再享有责任特权。对于信息传输和缓存行为而言，当网络平台与用户存在共谋时不再受到特权规则的保护。① 这种限制也从侧面表明，仅仅是对违法信息的明知并不足以影响特权规则对信息传输以及缓存的保护，换言之，不应根据对于违法信息或者行为的明知追究服务提供者的刑事责任。而对于信息储存行为而言，当用户隶属于网络平台或者为其监督时，网络平台不再受到保护。② 此处的隶属近似于雇佣者与被雇佣者之间的关系，而监督是指行为上的监督而非信息内容的监督，正如学校对学生的监督。③ 保护特权的丧失是因为网络平台与用户之间存在的某种程度内容性影响的紧密关系，这种关系致使服务提供者偏离了纯粹的技术性角色。

  从整体上来看，《电信媒体法》中的责任规则从两个方面限制了网络平台的刑事责任，一是肯定了网络服务中的信息传输、缓存、储存等特定技术行为的社会相当性，二是限制了网络平台对于储存的违法信息的作为义务。而这种限制功能是在构成要件层面实现的，确切地说，"这些规则限制了命令规范与禁止规范并且因此可以解释为刑事行为规范的构成要件限制性组成部分"④。可以说，这些保护规则对于可能涉及的刑法规范来说，就如填充规范之于空白规范。那么，在根据刑法分则的具体罪名认定网络平台刑事责任之前，应该预先根据

---

① § 8 Abs. 1 Satz 2 Telemediengesetz；§ 9 Satz 2 Telemediengesetz.
② § 10 Abs. 2 Telemediengesetz.
③ Vgl Hoeren/Siber/Holznagel, Multimedia-RechtHandbuch, Rechtfragen des elektronischengeschaeftsverkehr, Verlage C. H. Beck München 2013, Allgemeine Grundsätze der Haftung Teil 18.1, Rn 92.
④ Vgl Hoeren/Siber/Holznagel, Multimedia-Recht Handbuch, Rechtfragen des elektronischengeschaeftsverkehr, Verlage C. H. Beck München 2013, Allgemeine Grundsätze der Haftung Teil 18.1, Rn 21.

这些"责任过滤"规则来判断相关行为是否是受到保护的技术服务行为，如果这些行为符合保护规则的构成要件则享有责任特权而不被追究刑事责任。反之，则需要依据具体罪名进一步判断是否符合相关构成要件且具有违法性和有责性。

（三）比较分析

美国和德国所采用的两种保护规则模式首先引出的问题是，究竟哪种保护模式更有优势？根根不同信息内容而设立的保护规则考虑了信息内容的特殊性更具有针对性，而一般性的平行保护规则具有普遍的保护效力，降低了网络平台的合规成本，两者都具有一定的合理性。其实两者并不是必然相互排斥的，在确立一般性保护规则的基础上，仍然可以根据某一类信息内容的特殊性进行个别领域的调整。从逻辑上看，一般性保护规则处于基础性地位，应该先确立一般性的保护规则然后再根据需要进行个别领域的调整。故美国学者指出，"（美国）拼凑的安全港是一个意外的结果，而不是有意的设计"[1]。相比较之下，缺乏标准化的一般保护规则确实会导致一些更为严重的问题。由各种的特殊性保护规则构成的体系难免存在保护的空白，可能导致网络平台在相同的情形中无法受到保护。正因如此，原本针对诽谤性言论的《通讯规范法》在实践中的适用被扩大到其他非法信息内容。再者，设立精细区分的保护规则是一个复杂的工程，需要漫长的过程和巨大立法资源的投入，不能及时给予网络平台以及时的保护。

从保护的程度来看，《通讯规范法》《电讯媒体法》《数字千年版权法》的保护力度依次减弱。《通讯规范法》几乎给予网络平台全面的免责，特别是免除了网络平台删除违法信息的义务。这一保护超出了合理范围，并且导致网络平台对于其网络中的违法甚至某些严重的

---

[1] Mark A. Lemley, *Rationalizing Internet Safe Harbors*, 6 J. On Telecomm. & High Tech. L. 101, 107 (2007).

犯罪性信息采取不作为态度。为此 2013 年 47 个州的检察长联名致信国会，要求删除《通讯规范法》中对于州刑法的限制；① 2017 年美国议员 Claire McCaskill 因为 Backpages 网站中的色情广告以及性交易等问题也呼吁对《通讯规范法》进行修正。② 同时，许多美国学者也认为这种保护过于宽泛而提出了调整方案，建议一是在《通讯规范法》中补充"通知—移除"的机制，③ 即当网络平台没有执行法院关于移除相关内容的命令时不再受到保护；④ 二是修改对州刑法的限制部分，以保证州刑法的可执行性。⑤ 相反，《电讯传媒法》以及《数字千年版权法》都保留了网络平台移除网络中违法信息的义务，此处义务的不履行并不意味着责任的承担而仅仅意味着保护特权的丧失。进一步来看，《数字千年版权法》保护的门槛更高，通知—移除机制并不能完全帮助网络平台排除责任，因为在此之前还需要满足一般性的总体要求（如对反复侵权者停止服务），以及其他具体前提性要求（如没有获得可以直接归因于侵权活动经济性收益）。而这些条件经常会将网络平台拒之门外，例如法院曾因为音乐分享软件没有执行对反复侵权者停止服务的政策而拒绝给予其保护。⑥ 另外，没有获得可以直接归功于侵权活动的经济性收益这一要求，其本身表述比较模糊，许多法院都在有意回避这一前提，而且美国学者出于其对保护规则不当限

---

① Chris Koster, Marty Jackley, https://www.eff.org/files/cda-ag-letter.pdf.

② https://informm.org/2017/01/20/united-states-congress-to-weaken-section-230-of-the-communications-decency-act-ed-klaris-alexia-bedat/.

③ See Corey Omer, "Intermediary Liability for Harmful Speech: Lessons From abroad". 28 *Harv. J. L. & Tech*, 2015, pp. 289 – 316; Amanda Bennis, "Realism about Remedies and the Need for a CDA Takedown: A Comparative Analysis of 230 of the CDA and the U. K. Defamation Act 2012", 27 *Fla. J. Int'l L.*, 2015, pp. 297 – 319.

④ See Andrew P. Bolson, "Flawed but Flixable: Section 230 of the Communication Decency Act at 20", 42 *Rugers Computer & Tech. L. J.*, 2016, pp. 1 – 16.

⑤ See Vanessa S. Browne-Barbour, "Losing Their License to Libel: Revisiting Sec. 230 Immunity", 30 *Berkeley Tech. L. J.*, 2015, pp. 1505 – 1553.

⑥ See David P. Miranda, "Safe Harbor Provisions of DMCA Denied in Napster Copyright Infringement Case", 18 *GPSolo*, 2001, pp 56 – 57.

制的考虑也主张删除该规定。① 相比较之下，《电讯传媒法》在简化限制性前提条件的情况下，保留了"通知—移除"免责机制的主要内容，更有利于保护规则功能的发挥。

从保护的行为类型来看，《数字千年版权法》与《电讯媒体法》都规定了具体的行为类型，包括信息传输、缓存、储存三种技术行为。除此之外，《数字千年版权法》还单独规定了对信息定位工具的保护，信息定位工具主要是指搜索引擎服务以及设置链接的行为。《通讯规范法》并没有规定所要保护的技术行为类型，而是采用一种较为宽泛的概括方式进行保护——禁止将网络平台视为他人内容的发布者。从司法实践来看，这并不影响其对于上述四类技术行为的保护，甚至还体现出更灵活的保护张性。但由于制定的时间较早，这些规则在新技术的保护上都存在局限性。以机器学习算法的应用为例，网络平台在收集用户信息（例如曾经的选择、对特定内容的评价等）的基础上，通过特定算法将符合用户偏好的内容、具有共同爱好的人或者群体、用户可能喜欢的商品等相关信息有针对性地推送给特定用户。机器学习算法并不像传统的计算机程序那样按照程序员预设的指令逐步执行，而是在吸收信息的基础上进行推理分类，基于程序员设定的更为长远的目标而运行，在执行过程中不断进行试错、自我学习直至达到目标。② 这种机器学习算法主导的技术活动已经明显超出了《电讯媒体法》和《数字千年版权法》中规定的信息传输、缓存、储存以及定位工具等被动性技术行为的范畴，因而无法受到保护。《通讯规范法》由于没有涉及具体的技术行为类型而保留了相对灵活的保护可能性，但这种保护是不确定的。不确定的保护仍然无法使网络平

---

① See Jonathan Gosnell, "Keeping the Internet Free: Why the DMCA's Safe Harbor Provision Should be expanded to Help Curb Over Regulation of Content by Removing the financial Benefit with Right and Ability to Control Exclusion", 84 *Supra*, 2015, pp. 233, 258 – 259.

② See Catherine Tremble, "Wild Westworld: Section 230 of CDA and Social Network's Use of Machine-learning Algorithms", 86 *Fordham L. Rev.*, 2017, pp. 825 – 837.

台处于安全状态。机器学习算法这种新技术的保护需求是明显的：自我学习的能力使得程序的运行脱离网络平台以及程序员控制，运行结果难以得到保证——这意味着程序运行的法律风险也难以预测。例如Facebook所采用的机器学习算法，致使恐怖主义组织能够向那些更容易受到信息影响的、更倾向于实施恐怖活动的人更有效地传播煽动信息，Facebook也因此而遭到起诉。[1] 由此可见，当前的保护规则有必要扩展其保护的行为类型，以适应新技术的保护需求。

通过对不同模式的网络平台保护规则进行比较，至少可以得出以下四点原则性结论：第一，有必要建立具有一般适用性的总则性保护规则；第二，保护规则要均衡网络平台的利益与用户和社会公众的利益，至少需要保留网络平台处置违法信息的义务；第三，对于网络平台的保护是有条件的，但是过于复杂的前提条件会影响保护功能的发挥；第四，为了适应网络技术快速发展的特征，网络平台的保护规则必须具有容纳新技术的能力。

三 我国网络平台提供者刑事责任限制的具体构想

网络平台的保护规则是互联网法律体系不可或缺的组成部分，因此我国立法上的空白亟须弥补。其他国家在立法上所采用的保护模式和方法为我国提供了一定程度的指导，例如借鉴其成熟的经验和模式，建立可以适用于各种违法信息的保护规则以及采用"通知—移除"的机制，避免其立法上的失误和不足，采取对网络平台的有条件免责制度，同时注意限定条件的设定等问题。更为重要的是，不论针对网络平台的保护规则在立法上设计得如何成功，其是否能融入我国本土法律环境才是关键。

---

[1] See Racheli Cohen v. Facebook, Inc., Nos. 16 - CV - 4453（NGG）（LB），16 - CV - 5188（NGG）（LB），2017WL 2192621, at（E. D. N. Y. May 18, 2017）.

（一）设立具有一般适用性的网络平台保护规则

从顶层设计来看，网络平台的保护规则要尽可能兼顾网络中各方参与者的利益。保护规则的首要目的在于避免由于技术特性与法律评价之间的冲突而导致网络平台处于不确定的法律状态，因此需要对其业务活动以及所采用的技术行为给予明确的法律保护。但另一方面，也不应忽视对用户权利的保护。应保留网络平台删除侵害用户权利信息的义务，这主要是考虑到网络平台基于对设备的控制而对信息具有排他的控制权。此时需要平衡两方面的冲突：一是国家要求网络平台尽可能多地处理网络中的违法信息与网络平台技术能力以及经济成本之间的冲突；二是网络平台对可能的违法信息的处理与用户言论自由、隐私等权利之间的矛盾。这些利益的平衡需要通过恰当的规则设计来实现。

基于网络平台保护和利益平衡，首先应免除其一般性监控义务。在这个问题上，《通讯规范法》《数字千年版权法》《电讯媒体法》基本保持了相同的态度，即禁止对网络平台施加一般性监控义务。[1] 这种一般性的监控义务主要是指要求网络平台主动去寻找网络中的违法信息。《数字千年版权法》以及《电讯媒体法》都从两个层面描述了这种监控义务，即对其传输、储存等业务活动中涉及的信息进行监控或者对于可能存在违法信息的情形进行调查。由于网络中传输的数据量过于庞大，信息的监控义务一方面会给网络平台带来巨大的经济成本，另一方面也难以判断义务的履行，因为网络平台无法发现所有的违法信息，而且每时每刻都会有新的违法信息出现。

其次，应该给予网络平台的正当技术行为以有条件的保护，建立

---

[1] See 17 U.S.C. § 512（m）(1)；§ 7 Abs. 2 TMD；《通讯规范法》虽然没有做出明确规定，但是存在判例否定了一般性监控义务。"§ 230 proscribes liability in situations where an interactive service provider makes decisions relating to the monitoring, screening, and deletion of content from its network-actions quintessentially related to publisher's role." See Dennis Obado v. Ed Magedon, No. 14 - 3584（3d Cir 2015）.

"一般性原则—具体行为类型—例外情形"的保护框架。德国和美国对网络平台技术行为进行保护的基本原则是该行为具有自动性、纯粹技术性以及被动性。但是随着网络技术的发展，尤其是人工智能技术的产生，被动性要求在许多情况下已明显不合理，故应该设立被动性要求的例外规定。例如，《数字千年版权法》和《电讯媒体法》中对信息传输行为的保护都以服务提供者没有主动发起传播、没有选择传输的材料、没有选择传输的对象为条件。但目前机器学习算法已经得到广泛的应用，针对个别用户主动推送内容已并不罕见。所以在原则上，虽然网络平台的技术行为不再具有被动性特征，但当这种主动性是在自动性和纯粹技术性程序基础上实现的，仍然应该受到保护。从保护的行为类型来看，目前主要包括信息传输、缓存、储存，以及信息定位工具的使用。但是考虑到网络技术发展的速率，应该对行为类型采取开放式的规定，增加"其他自动性、技术性、被动性的技术行为"的情形。就丧失保护的情形来说，限制条件应该简单明确。因此可以借鉴《电讯媒体法》中的规定，对于网络平台的积极业务行为，只有存在共谋时，才丧失受到保护的权利，对于违法信息或行为的明知并不是承担责任的充要条件；而对于储存或者缓存的信息，如果网络平台在知情后没有立即采取处置措施，也会丧失受到保护的权利。此处的知情需限定为对具体、个别违法内容的明知，并且足以给网络平台明确的指示来处置违法信息。

关于违法信息的移除还存在两个较为棘手的问题，一是网络平台知情的认定，设置较高的明知标准虽然有利于保护网络平台，但无法督促网络平台处置网络中的违法信息；二是对于用户表达自由的保护，网络平台在处理违法信息时可能会存在扩大处置范围的倾向。对此，笔者认为有必要借鉴德国不久前通过的《网络执行法》中的网络平台合规规则，作为与保护规则配套实施的制度。第一，限定违法信息的范围，将其与刑法中具体罪名的构成要件相联系，明确违法信息的类型;① 第二，设定网络平台的报告义务，要求其按照规定的时间期限（例如半年）在自己网站主页或者相关管理部门的网站公布对于非法内容的举报的处理情况，报告应包括报告期间接到的针对违法信息的投诉总数以及其中移除或禁止访问的信息的数量等内容;② 第三，要求网络服务提供者维持透明有效的违法信息处置机制，并且为用户提供直接简便的违法信息投诉通道以及移除用户信息的通知和申诉机制。③

（二）我国法律环境下网络平台保护规则的展开

根据互联网的层级性特点，互联网立法可以分为三个层面：第一层面是围绕互联网关键基础设施的立法，第二层面是关于构建在关键基础设施上的网络服务提供者的立法；第三层面是关于网络服务中涉及的用户和用户信息的立法。④ 网络平台的保护规则主要涉及网络服务提供者特殊权利，因此应归于第二个层面。我国这一层面的法律规范仅有2018年刚刚通过的《电子商务法》，但是《电子商务法》的第2条将电子商务限定为"通过互联网等信息网络进行商品交易或者服务交易的经营活动"，如果将网络平台的保护规则定位于《电子商务法》会限制其保护功能的效力范围。除此之外，《网络安全法》、《全国人民代表大会常务委员会关于加强网络信息保护的决定》（以下简称《关于加强网络信息保护的决定》）、《全国人民代表大会常务委员会关于维护互联网安全的决定》（以下简称《互联网安全决定》）虽然不是针对网络平台层面的立法，但是都涉及这一层面的规定。特别是《网络安全法》，依照关键基础设施、网络服务、用户信息的层级结构展开，较为全面且详细地规定了网络服务提供者的各种责任。

---

① § 1 Abs. 3 Netzwerkdurchsetzungsgesetz.
② § 2 Abs. 1 Netzwerkdurchsetzungsgesetz, Abs. 2 Nummer 3, 7 Netzwerkdurchsetzungsgesetz.
③ § 3 Abs. 1 Netzwerkdurchsetzungsgesetz.
④ 参见周汉华《互联网立法结构与基本规律之探讨》，http://www.iolaw.org.cn/showArticle.aspx?id=5074，2018年3月1日。

而且，考虑到《网络安全法》的效力层级以及一般适用性，可以将关于网络平台的保护规则补充到其中的第六章"法律责任"部分。这样既能保证体系上的协调，也可以最大限度地发挥保护规则的作用。

网络平台保护规则的立法补充会对我国法律规范体系性产生以下三点影响：第一，明确我国行政法中关于网络平台义务的规定。《网络安全法》第47条规定，"网络运营者应当加强对其用户发布的信息的管理，发现法律、行政法规禁止发布或传输的信息的，应当立即停止传输该信息，采取消除等处置措施，防止信息扩散，保存有关记录，并向有关主管部门报告"。除此之外，《关于加强网络信息保护的决定》第5条、《互联网安全决定》第7条、《互联网信息服务管理办法》第16条、《计算机信息网络国际联网安全保护管理办法》第10条第6项都存在类似的表述。此处的"发现"原本既可以解释为通过积极主动的寻找之后发现，也可以解释为消极被动性的发现，但如果确立了网络平台不具有一般性监控义务的基本原则，此处的"发现"只能解释为被动性地对违法信息的知情。进一步来看，《刑法》第286条之一中的信息网络安全管理义务的内涵也可以得以明确。从"致使违法信息大量传播的"的危害情形来看，法律、行政法规所规定的信息网络安全管理义务仅仅是指在被动性地了解到违法信息的存在而采取相关的处置措施。这样看来，快播案件中法院对于信息网络安全管理义务的解释并不准确，在认定快播拒不履行网络安全管理义务的判决书第四部分，法院认为"快播公司控制着每一台缓存服务器，能够轻易调取所存储的视频进行随机审查，可以轻易判断和批量删除缓存服务器内的淫秽视频，但快播公司并没有做这种后台审查工作"，而实际上这种主动审查并不属于信息网络安全管理义务的范畴。[①]

[①] 参见深圳市快播科技有限公司及王欣等传播淫秽物品牟利案（2015）海刑初字第512号。

第二，限制个别刑法罪名的适用范围。《刑法》第287条之二规定，"明知他人利用信息网络实施犯罪，为其提供互联网接入、服务器托管、网络储存等技术支持，或者提供广告推广、支付结算等帮助，情节严重的，处三年以下有期徒刑或者拘役……"但如果网络服务提供者的技术行为符合保护规则所要求的相关条件，仅仅对于犯罪活动或者信息的明知并不能使其丧失受到保护的权利，在这种情况下排除《刑法》第287条之二对于网络服务提供者的适用性。同理，这种排除情形还包括第264条诽谤罪、第266条诈骗罪、第303条开设赌场罪、第363条传播淫秽物品牟利罪、第364条传播淫秽物品牟利罪。因为在相关司法解释中都存在着"明知＋帮助"的入罪解释，要么将此类行为认定为该种犯罪行为的共同，要么直接认定为犯罪的实行行为。在上述情形中，如果网络服务提供者的行为符合保护责任的要求，即属于保护规则中描述的技术行为，则可以直接否定该行为的构成要件符合性。

除此之外，网络平台的保护规则也会对网络平台在刑事诉讼中的权利产生影响，相关保护规则可以作为网络平台抗辩事由。例如英国《电子商务规则》在规定了关于网络平台的保护规则后，又进一步就刑事诉讼中的辩护和证明负担（Burden of Proof）问题进行了规定。首先其第21条第1款规定了其适用范围——网络平台就针对其信息传输、缓存、储存而提出的刑事指控而应用该规定；第2款在此基础上规定："当举出足够的证据来提出涉及辩护的事项，法院或者陪审团应该认为辩护已经满足条件，除非检察官能够排除合理怀疑来证明辩护并不成立"。这一规定实际上包含了两点重要信息，一是关于网络平台信息传输、缓存以及储存行为的规则所确立的保护可以作为法定的辩护抗辩事由，以排除行为的违法性；二是在抗辩事由的证明负担分配方面，网络平台主要承担举证责任，而检察机关被赋予更多的证明责任，换言之，网络平台只需提出关于保护规则涉及积极抗辩并且在一定程度上进行证明，而检察机关对于抗辩事由的反驳以及相关证明必须达到排除合理怀疑的标准。如果说在我国的立法中补充了网络平台的保护规定，那么不论是否存在证明负担方面的规定，理论上这些规则的影响也应该顺延到刑事诉讼的领域。

第六章　网络平台提供者刑事责任认定存在的问题及完善

通过立法来限制网络平台提供者的刑事责任,不仅可以进一步明确网络平台提供者的刑事责任,也否定了在某些情况下追究网络平台提供者刑事责任的可能。这主要表现在否定网络平台提供者因传输、缓存、储存以及其他基于合法业务需要而设置的自动处理信息的行为而承担积极作为的刑事责任,而在作为义务方面排除网络平台提供者承担一般的监控义务。在对网络平台提供者的刑事责任进行限制后,网络平台提供者承担作为刑事责任的可能性极低。所以网络平台提供者承担刑事责任的情形主要集中于不作为刑事责任。而在网络平台提供者不作为刑事责任认定方面,责任认定的标准仍不明确。立法上对网络平台提供者刑事责任的限制只是回答了其在什么情况下不承担刑事责任的问题,责任认定的标准需进一步明确。

第一节　网络平台提供者刑事责任认定存在的问题

如果说网络平台提供者的刑事责任主要集中于不作为的情形中,那么下一个需要解决的问题是网络平台提供者不作为责任认定标准。虽然前文根据传统刑法不作为理论分析了网络平台提供者的刑事责任,随着拒不履行信息网络安全管理义务罪的出台,网络平台提供者不作为刑事责任的认定变得更为复杂。一方面是由于新法出台时间短且尚不存在判例和司法解释,其适用条件仍较为模糊,从而无法为认定网络平台提供者刑事责任提供有效指导;另一方面是由于存在近似的情形,即网络平台提供者不作为责任既包括不纯正不作为犯,也包括不履行信息网络安全管理义务罪,而对于这两种情况如何取舍和区分,目前尚无定论。

一 拒不履行信息网络安全管理义务罪的适用困境

从形式上看,拒不履行信息网络安全管理义务罪借鉴了最早的网络服务提供者的特殊责任规则——美国《数字千年版权法》中的"通知—取缔"规则。不同的是,其并没有全部移植"通知—取缔"规则的实质内容,例如关于违法信息种类、通知与反告知程序、涉事内容的处理流程等方面的规定。简言之,我国关于网络服务提供者的刑事立法借鉴了经典的责任规则框架,但在具体规定方面存在空白。

可以说,拒不履行信息网络安全管理义务罪虽然提供了一个明确的归责思路,但却使责任认定陷入另一种不明确之中。特别是拒不履行信息网络安全管理义务罪还采用空白罪状的描述方式——本身并未说明何为信息网络安全管理义务,而是需要参照法律、行政法规的相关规定,这使责任规则的具体内容更为模糊。而且,作为我国网络基本法的《网络安全法》以及其他涉及互联网的相关法律、行政法规都没有对信息网络安全管理义务进行明文规定。在这种情况下,信息网络安全管理义务的内容尚有待明确。

根据该罪所规定的三种情形,信息网络安全管理义务可能包含三个子义务。从侵犯信息权犯罪的角度来看,"致使违法信息大量传播的"是分析信息网络安全管理义务的重要出发点。可是作为义务基础

第六章 网络平台提供者刑事责任认定存在的问题及完善

的"违法信息"的外延并不明确。而且显然不可能将所有的违法信息纳入网络服务提供者的处理范围之内。从用户信息保护的角度来看，哪些用户信息值得网络平台提供者进行保护以及如何进行保护都不尚不清楚。从网络平台提供者参与刑事案件证据协助的角度来看，网络平台提供者需要收集哪些数据材料以作为可能的刑事案件证据，网络平台提供者应该如何保护收集储存的数据材料以及网络平台提供者在何种情况下必须将相关材料提供给侦查机关，相关法律、行政法规并未说明。所以，信息网络安全管理义务的范围也是不清晰的。

即使根据关于信息网络安全管理义务的立法措辞以及该罪所规定的情节，可以大致地推测该义务的主要内容是涉及违法信息的删除、保护用户个人以及协助侦查机关收集刑事案件证据，但我国的法律、行政法规中的相关规定较为笼统、宽泛，无法为刑法中的相关规定提供有力的支撑。以《网络安全法》为例，其第47条规定："网络运营者应当加强对其用户发布的信息的管理，发现法律、行政法规禁止发布或者传输的信息的，应当立即停止传输该信息，采取消除等处置措施，防止信息扩散，保存有关记录，并向有关主管部门报告。"此处所没有说明的是，网络服务提供者应如何判断用户信息的违法性，以及如何从程序上保障用户的信息自由。更为重要的是，信息网络安全管理义务是否仅包括停止传输或者删除所发现的违法信息，还是也包括避免该违法信息进一步扩散。除此之外，并不是所有的与违法信息传播结果具有因果关系的义务都应该上升为刑法上的义务，此时还应该考虑网络服务提供者是否具有履行义务的实际能力。

那么，由于信息网络安全管理义务本身并不明确，监管部门也难以认定网络服务提供者是否履行了义务。认定标准不明确，则意味着监管部门具有更大程度的自由裁量权，这可能会同时导致两种极端情况的出现：如果对于认定标准的把握过于宽松，会无法促使服务提供

147

者进行有效的自我管理；不清晰的义务标准也可能成为监管部门压迫服务提供者的工具，严重干涉其业务自由。在这种情况下，监管部门责令改正的内容相应地也缺乏明确性。虽有学者从责令主体、监管权限、改正期限、通知内容等程序方面的要求对"责令改正"进行解释，但是并没有具体论及责令改正所涉及的改正行为及其限度问题。①

总的来看，借鉴"通知—取缔"特殊责任规则来处理网络服务提供者责任的思路是正确的。拒不履行信息网络安全管理义务罪依靠法律、行政法规来明确其构成要件的做法也无可厚非，但是由于相关规定本身并不明确，而且两者之间的衔接也不紧密（法律、行政法规并没有明确界定"信息网络安全管理义务"），故拒不履行信息网络安全管理义务罪尚处于模糊之中，从而影响了其在司法实践中的适用性。对此，已有一些学者指出，目前拒不履行信息网络安全管理义务罪一直保持"零判决"的状态，对此亟须对拒不履行信息网络安全管理义务罪的构成要件进行解释。② 立法者原本希望通过拒不履行信息网络安全管理义务罪建立治理网络犯罪的合作模式，"意在通过监督管理责任的引入，促进网络服务提供者切实履行安全管理义务，保障网络安全和网络服务业的健康有序发展"③。而正是由于安全管理义务内容的不明确性，立法上所希望贯彻的刑事合规理念难以得到贯彻。因此，当务之急是在相关法律、行政法规的基础上构建具体化的网络服务提供者合规规则体系，并使之与拒不履行信息网络安全管理义务罪顺畅衔接，以弥补该罪罪状在明确性方面的不足。

---

① 参见赖早兴《论拒不履行信息网络安全管理义务罪中的"经监管部门责令改正"》，《法学杂志》2017年第10期。
② 参见李世阳《拒不履行信息网络安全管理义务罪的适用困境及解释出路》，《东方法学》2018年第5期；陈洪兵《论拒不履行信息网络安全管理义务罪的适用空间》，《政治与法律》2017年第12期。
③ 李本灿：《拒不履行信息网络安全管理义务罪的两面性解读》，《法学论坛》2017年第5期。

二 网络平台提供者刑事责任认定的冲突与混淆

网络平台提供者刑事责任认定的问题主要存在于不作为领域。具体而言,网络平台提供者的不作为刑事责任存在两种认定路径:一是根据刑法分则的具体规定以及刑法不作为的基本理论,追究网络平台提供者不纯正不作为的刑事责任;二是根据拒不履行信息网络安全管理义务罪追究网络平台提供者不履行信息网络安全管理义务的刑事责任。这两种不作为主要存在侵犯信息权类犯罪中,即涉及网络信息传播的犯罪。而对于拒不履行信息网络安全管理义务罪的"用户信息保护"以及"提供刑事案件证据协助"两种情况,则不存在冲突与混淆的情况。

首先,根据不同的罪名可能存在罪与非罪的冲突。例如根据传统的不作为理论网络平台提供者可能会承担刑事责任,而根据拒不履行信息网络安全管理义务罪而无须承担刑事责任。以在网络平台中传播淫秽信息为例,如果某一用户在网络平台中发布淫秽图片,网络平台提供者在接受到其他用户的举报以后未及时删除并且该图片的访问量达到5000次以上,根据《淫秽信息解释(二)》网络平台提供者可能以不作为的形式成立传播淫秽物品罪。而根据拒不履行信息网络安全管理义务罪,网络平台提供者没有履行信息网络安全管理义务——如没有删除淫秽信息或者没有采取其他可能的处置行为,并不一定会承担刑事责任。这种刑事责任的认定在实践中可能不会存在冲突,即可以直接以具体的罪名认定网络平台提供者的刑事责任即可。但是这两种责任认定方式却表明了截然不同的态度:拒不履行信息网络安全管理义务所设置的"经监管部门责令采取改正措施"的前置程序,为网络平台提供者避免承担刑事责任提供了一个相对合理的"缓冲带"。一方面体现了刑法的谦抑性,抑制对网络平台提供者发动刑事处罚;另一方面又可以发挥刑罚的威慑效应,促使网络平台提供者及时处理网络中的违法信息。而根据传统不作为理论追究网络平台提供者刑事责任时，这种缓冲则不复存在。这样一来，新设定的刑事立法虽然在认定网络平台提供者刑事责任方面更具有针对性，但是却在很多情况中无法帮助网络平台提供者实现出罪。

其次，在认定网络平台提供者不作为刑事责任的过程中存在将两种认定路径混淆的情况。这主要表现为将信息网络安全管理义务罪的构成要件作为与其他犯罪的不纯正不作为构成要件相混淆。例如在快播案一审判决书的说理过程中，法院以快播公司负有信息网络安全管理义务为出发点，而最后论证的结论却是快播公司及其主要负责人成立传播淫秽物品牟利罪。显然，法院是将信息网络安全管理义务等同于不作为情形中网络平台提供者阻止他人传播淫秽物品的义务。除了快播判决书以外，许多学者在讨论快播案件不作为刑事责任时也是以不履行信息网络安全管理义务为切入点，而最后却论证快播公司不纯正不作为犯的刑事责任。[①] 但是这两种义务并不一样，信息网络安全管理义务是法律、行政法规中所规定的义务，并不能直接上升为刑法义务；而阻止他人传播淫秽物品牟利的作为义务产生于具体的案件情况并且以网络平台的保证人地位为基础。

第二节　拒不履行信息网络安全管理义务罪的解释思路

对于信息网络安全管理义务罪的解释不应仅仅局限于字面含义，而应该结合时代背景和立法目的。从宏观的时代背景以及法律环境来看，有学者将拒不履行信息网络安全管理义务罪以及其他新刑事立法

[①] 参见范君《快播案犯罪构成及相关审判问题——从技术判断行为的进路》，《中外法学》2017年第1期；陈兴良《快播案一审判决的刑法教义学评判》，《中外法学》2017年第1期。

第六章 网络平台提供者刑事责任认定存在的问题及完善

的设立描述为积极刑法立法观的确立。具体而言,"新技术的发展、运用和传统监管手段的有限性之间的矛盾日益突出,仅仅运用监管措施无法有效遏制某些严重危害行为。因此,增设大量利用信息网络的犯罪在所难免"[①]。这也表明刑法已经逐渐开始参与社会治理。而这种刑法的积极介入同时也被描述为"功能主义刑法的立法观"[②]。这种功能主义刑法立法观的另一个重要内容就是"注重灵活回应的立法导向"。具言之,"灵活回应的立法导向,要求放松刑法的明确性要求,以应对变化无常的纷扰。由是之故,立法者会倾向于采取弹性化的概念与条款,或者所引入的构成要件围绕具有足够解释空间的抽象的集体法益而展开"[③]。具体到拒不履行信息网络安全管理义务罪的立法目的,刑法的介入在于解决网络平台的监管问题。随着网络经济的发展,网络平台以及其他类型服务提供者的影响力逐渐增强,其在获取利益的同时也被赋予了相应的企业责任,例如处理网络中的违法信息、保护用户个人信息、协助侦查机关获得刑事案件的证据。然而多数网络平台提供者怠于履行自己的社会责任,且行政法领域的监管手段并不能充分发挥作用。正是在这种背景之下,刑法介入了原本由行政法规所规制的行为。此时刑法的功能不再定位于惩罚,而是转化为规制。

从这个角度来看,拒不履行信息网络安全管理义务罪设立的本意并不在于对网络平台提供者以及其他网络服务提供者进行惩罚,其目的在于规制。规制的方式是通过刑法背后的威慑力量促使网络平台提供者履行自己的社会责任。因此,有学者认为,拒不履行信息网络犯罪活动罪确立了合作治理的模式,即"意在通过管理监督责任的引入,促进网络平台提供者切实履行信息安全管理义务,保障网络安全

[①] 参见周光权《积极刑法立法观在中国的确立》,《法学研究》2016 年第 4 期。
[②] 参见劳东燕《风险社会与功能主义的刑法立法观》,《法学评论》2017 年第 6 期。
[③] 劳东燕:《风险社会与功能主义的刑法立法观》,《法学评论》2017 年第 6 期。

和网络服务业的健康、有序发展"①。从更深层次来看，拒不履行信息网络安全管理义务罪的设立不单单意在促进网络平台提供者履行义务，而是希望借此督促网络平台提供者进行自我管理，构成长效的规制机制。对拒不履行信息网络安全管理义务罪的解释应该以此为出发点。

到目前为止，已有一些学者开始关注拒不履行信息网络安全管理义务罪。有学者将研究的重点置于其中的"监管部门责令改正"这一程序性过程，试图明确责令的主体，法定监管权限，责令的内容、形式、合理的通知方式等问题。② 也有学者围绕信息网络安全管理义务展开研究，其中一些学者将网络服务提供者进行分类，然后在此基础上分别讨论其涉及的信息网络安全管理义务，主要将信息网络安全管理义务理解为一种事后管理义务③，或者通知—移除义务④。有学者试图在理论上解读信息网络安全管理义务（配合义务，具体包括配合风险审查与配合信息内容管理）⑤，也有学者试图从相关法律、行政法规中探索义务的具体内容⑥。但拒不履行信息网络安全管理义务的内容仍然有待进一步明确化、具体化。对于拒不履行信息网络安全管理义务罪而言，研究的重点和关键在于明确信息网络安全管理义务的具体内容。因为只有在义务内容明确的情况下，所谓的积极立法才能实

---

① 李本灿：《拒不履行信息网络安全管理义务罪的两面性解读》，《法学论坛》2017年第3期。
② 参见王文华《拒不履行信息网络安全管理义务罪适用分析》，《人民检察》2016年第6期；赖早兴《论拒不履行信息网络安全管理义务罪中的"经监管部门责令改正"》，《法学杂志》2017年第10期。
③ 参见李世阳《拒不履行信息网络安全管理义务罪的适用困境与解释出炉》，《当代法学》2018年第5期。
④ 参见陈洪兵《论拒不履行信息网络安全管理义务罪的适用空间》，《政治与法律》2017年第12期。
⑤ 参见敬力嘉《信息网络安全管理义务的刑法教义学展开》，《东方法学》2017年第5期。
⑥ 参见王文华《论拒不履行信息网络安全管理义务罪的司法认定》，《网络信息法学研究》2017年第1期。

现其回应现实问题的预期。相应地，拒不履行信息网络安全管理义务罪也才能发挥应有的作用，倒逼网络平台提供者进行自我治理。

一　拒不履行信息网络安全管理义务的具体内容

从拒不履行信息网络安全管理义务罪中规定的三种情形来看，信息网络安全管理义务与违法信息内容的处理、用户个人信息保护以及刑事案件证据的保护三方面内容相互呼应。因此可以初步将信息网络安全管理义务划分为三个不同的子义务：信息内容管理义务、用户信息保护义务以及刑事案件证据协助义务。相比较而言，其中信息内容管理义务讨论得较多，而且在相关法律、行政法规中存在一定的规范基础，而后两者则少有提及。尽管如此，信息内容管理义务涉及的内容更多，也更为复杂，因为其涉及违法信息的处理，特别是网络平台提供者对于信息内容违法性的判断。

（一）信息内容管理义务

从表面上来看，网络平台提供者的信息内容管理义务似乎可以简单地理解为网络平台提供者删除其网络中的违法信息内容。然而其中涉及很多容易被忽视、非常棘手的问题。例如违法信息内容包括哪些、如何认定违法信息内容以及由谁来认定、网络平台提供者删除违法信息内容需要遵循怎样的程序以及是否存在相应的救济程序等。这些问题既没有在法律、行政法规中有所规定，也很少得到讨论。

1. 可借鉴的解决思路：德国《网络执行法》中的合规规则

就网络平台责任规则而言，德国早前处于与我国相似的情形之中。在美国制定《数字千年版权法》之后，欧盟仿照该法案制定了《电子商务指令》，而德国作为成员国将其转化为国内法——《电信服务法》。《电信服务法》虽然经过一次修正并与《国家媒体服务协议》合并（合并后称为《传媒服务法》），其仍然保留了类似《数字千年版权法》的主要责任框架。

德国同样没有完全借鉴"通知—移除"规则的具体内容,只是笼统地规定网络平台在获悉违法信息后应立刻采取措施移除或者屏蔽违法信息。① 近年来,德国立法者认为"现有的机制以及社交网络的自律无法充分发挥作用,并且在执行相应法律方面存在重大问题",故于 2017 年 9 月 1 日颁布了《改进社交网络中法律执行的法案》,简称《网络执行法》。② 《网络执行法》针对立法借鉴上存在的空白而提出的解决方案是在德国现有法律体系内嵌入网络平台的合规规则,以实现对于违法信息的快速有效处理。德国学者指出,《网络执行法》并没有规定一个新的删除义务,而是要求网络平台自己监督"通知—移除"机制的履行状况,将该机制进行有效的具体化并且对执行的状况进行报告。③ 可以说,德国《网络执行法》所采取的措施正是我国行政法中关于网络平台信息管理义务规定的有待完善之处。

新的立法将德国所借鉴的网络平台责任规则引向了另一个方向——《数字千年版权法》在多数情况中只是简单地要求服务平台机械性地根据权利人的通知来暂时删除或者屏蔽相关内容,而《网络执行法》更多要求网络平台对相关信息的违法性进行判断并在此基础上采取相应的处置活动。德国联邦部长 Zypries 将这种倾向描述为"执法的私人化"。德国学者也认为:"《网络执行法》所采取的措施是全新的,其并未与国外其他的既存措施相联系。相反,德国政府希望通过《网络执行法》建立一个创新性的合规系统。"④ 《网络执行法》的

---

① Vgl. TMD §10.
② BT-Drs. 18/12356, S. 11.
③ Vgl. Bernd Holznagel, Phänomen Fake News-Was zu tun? Ausmaß und Durchschlagskraft von Desinformationskampagnen, Multimedia und Recht 2018, 18, 21.
④ Bernd Holznagel, Das Compliance-System des Entwurfs des Netzwerkdurchsetzungsgesetzes—Eine Kritische Bestandsaufnahme aus internationaler Sicht, Zeitschrift für Urheber-und Medienrecht 2017, 615, 615.

核心内容主要包括三个方面：界定违法性内容的主要范围（第1条第3款）、在特定期限内删除违法内容的投诉处理机制（第3条）、关于处理特定投诉内容的法定报告义务（第2条）。

（1）违法内容的范围

"违法内容"是《网络执行法》中的基础概念，该法所设立的广泛的合规义务都是以违法内容为主要对象。《网络执行法》第1条第3款对"违法内容"做出如下界定："违法内容是指第1款意义上，充足刑法典第86、86a、89a、91、100a、111、126、129—129b、130、131、140、166、184b及与此相对的184d、185—187、201a、241以及第269条构成要件且不具有违法阻却性的内容"。①《网络执行法》通过列举刑法分则的构成要件来明确哪些内容是合规义务的对象，以便网络平台能够更准确地定位并进行处理。借用刑法分则的构成要件来界定违法内容是一个极具创新性的思路，通过刑法中较为精细的描述来定义具有危害性的内容，既节省了立法资源，又可以保证法律规则之间的连贯性。

其不足之处在于，《网络执行法》并没有处理好其所界定的"违法内容"与刑法构成要件之间的关系。"违法内容"这一全新术语是《网络执行法》与刑法的连接点，此处的"违法"并非我国法律语境下的"违法"，而是指德国刑法中构成要件符合性、违法性以及有责性三阶层体系中的"违法"。然而，"违法内容"这一新创

---

① Netzwerkdurchsetzungsgesetz §1 abs. 3. 上述构成要件所依次对应的德国刑法罪名是，86（散布违宪组织之宣传物品）、86a（使用违宪组织之标示）、89a（预备犯严重危害国家之暴力犯罪）、91（指导违犯严重危害国家之暴力犯罪）、100a（叛国之伪造罪）、111（公开煽动犯罪）、126（恐吓犯罪破坏公共安全）、129—129b（建立犯罪组织、建立恐怖性犯罪组织、境外之犯罪与恐怖组织）、130（煽动民族罪）、131（描绘暴力行为之罪）、140（酬谢与赞同犯罪行为之罪）、166（辱骂信仰、宗教团体与世界观团体罪）、184b（散布儿童色情刊物）及与此相对的184d（借由电信媒体开放儿童及青少年色情内容）、185—187（侮辱罪、诽谤罪、诋毁罪）、201a（以录像侵害最私密之生活领域）、241（恐吓罪）以及269（伪造有证明重要性之电子资料罪）。

造的术语与德国刑法教义学及其措辞是相背离的,因为内容本身并不可以是违法的或者具有违法阻却性,罪责以及违法性的法律基础是指人的行为,而非与此相对的行为客体,如文本或者媒体性展示。① 此外,在草案的理由说明中,其解释也与立法原文存在出入:"此处所包含的仅仅是充足一个或者多个第3款中提及的刑法构成要件且违法的行为,但这些行为并不是必须是以有责的方式实施的"(立法原文的表述是"充足构成要件且不具有违法阻却性的内容")。② 正是由于立法原文与理由说明之间的冲突,"违法内容"这一新提出的术语所表达的含义并不清晰。对此,德国学者存在两种理解:一是认为《网络执行法》规定了与刑法不同的自成体系的违法性概念,内容的违法性仅仅需要参照所提及的犯罪行为的记叙性行为客体要素。对此,客观的可罚性的检查就已经足够。换言之,只需要考虑所列举的犯罪行为的客观构成要件。这并没有完全切断违法性与刑法的联系,因为决定内容违法性的仍然是与行为有关的刑法规范的构成要件符合性;③ 二是认为违法性内容只能以符合构成要件行为的存在为基础,这意味着所列举的犯罪行为的主观和客观构成要件都必须被满足。④

相比较而言,第一种理解更为合理。因为关于"违法内容"条款的立法理由表明,"(《网络执行法》)草案的目的并不在于对社交网络中违反现行法律的内容条目进行国家层面的反应"。⑤ 也就是说,该法并不意在追究违法内容发布者的责任。其之所以创制"违

---

① Vgl. Liesching, Was sind rechtwidrige Inhalte im Sinne des Netzwerkdurchsetzungsgesetzes? Zeitschrift für Urheber-und Medienrecht 2017, 809, 810.

② BT-Dr. 18 – 12356, S. 19f.

③ Vgl. Höld, Das Vorabentscheidungsverfahren nach dem neuen NetzDG, Multimedia und Recht 2017, 791, 792.

④ Vgl. Guggenberger, Das Netzwerkdurchsetzungsgesetz in der Anwendung, Neue Juristische Wochenschrift 2017, 2577, 2578.

⑤ BT-Drs. 18/12356, S. 19.

法内容"这一新概念并围绕其列举相关的刑事构成要件,是希望规范网络平台打击仇恨言论以及虚假信息的行为,为其提供明确的指导,最终目的在于消除网络中的违法内容。所以,是否存在用户的传播、发布等行为以及故意等主观构成要件并不重要。反之,如果以上述要素作为认定违法内容的条件则会导致不合理的情况出现。例如,某用户在未浏览视频内容的情况下只是根据标题认为内容合法并且转发,但实际上视频内容与标题无关且属于儿童色情。根据德国刑法184b散布儿童色情刊物的规定,其主观构成要件至少具备间接故意,而且文本的内容必须被包含在故意之内。[①] 如果因为无法认定故意传播的行为而不将儿童色情视频认定为《网络执行法》意义上的违法性内容,会致使网络平台没有权限处置这种具有严重危害性的内容。

所以,可以认为《网络执行法》中的违法内容及其违法性与德国刑法教义学中的违法性并不相同。但这并不意味着两者是完全相互冲突的。《网络执行法》中的违法性判断是刑法基础上的缩减,其判断的对象只涉及行为客体要素。

（2）关于违法内容的投诉管理机制

违法内容投诉的管理机制是《网络执行法》的核心内容,其不仅细化了网络平台处理违法内容的流程,而且还建立一个较为复杂、意在保障违法内容能够有效得到处理的辅助性义务体系,即一个合规的义务系统。正如立法理由所述:"在第3条中所规定的规则仅仅在于保证,删除或者屏蔽违法内容的法定义务能够被快速且全面地执行"[②]。管理机制的意义纯粹在于细化、诠释网络平台的删除义务,并为其执行提供保障条件。从整体来看,管理机制主要包

[①] Vgl. FischerStGB, §184b, 63. Auflage, 2016, Rn. 40.
[②] BT-Dr. 18-12356, S. 22f.

括三部分，即关于违法内容投诉的获取、相关内容的处理以及处置的组织性保障。

首先，为了保障用户的投诉渠道，《网络执行法》要求网络平台必须设立用户友好的投诉提交机制。具言之，"网络平台必须向用户提供容易识别、可直接访问且持续有效的关于违法内容投诉的提交程序"①。在此基础上，该程序必须保证网络平台能够迅速地了解投诉的情况，以便对投诉所涉及的内容进行检查，并决定是否需要删除或者屏蔽相关内容。②

其次，就关于违法内容的投诉而言，《网络执行法》并不仅仅细化了相关的处置流程，而是以违法内容的处理为核心，设立了一系列具有高度关联性的义务。第一，明确了违法内容删除的期限以及特殊情况，网络平台通常应该在接收到投诉之日起7日之内删除相关违法内容，而对于"明显的违法内容"则应该在24小时之内删除。③第二，为保障对可罚内容发布者的刑事追诉而设立了储存义务，④网络平台应在删除违法内容的情况下对相关内容进行为期10周的储存。⑤第三，为保障用户有机会维护自己正当表达的权利而设定了通知义务，网络平台应立即通知用户以及投诉者其处理决定，并对承受不利结果的一方说明理由。⑥第四，为了强化对网络平台的监督而规定了记录义务，要求其对每一个投诉及所采取的矫正措施进行记录。⑦

最后，为了保障网络平台具备处置违法内容的组织能力并且能够

---

① Netzwerkdurchsetzungsgesetz § 3 abs. 1. S. 2.
② Vgl. Netzwerkdurchsetzungsgesetz § 3 abs. 2. Nr. 1.
③ Vgl. Netzwerkdurchsetzungsgesetz § 3 abs. 2. Nr. 2，Nr3.
④ Vgl. BT-Dr. 18－12356，S. 24f.
⑤ Vgl. Netzwerkdurchsetzungsgesetz § 3 abs. 2. Nr4.
⑥ Vgl. Netzwerkdurchsetzungsgesetz § 3 abs. 2. Nr5.
⑦ Vgl. Netzwerkdurchsetzungsgesetz § 3 abs. 3.

正常运作,《网络执行法》对于网络平台的内部事务做出了具体规定:(1) 网络平台的领导小组必须按月对投诉的处理情况进行检查;(2) 处理投诉过程中存在的组织性缺陷必须及时被消除;(3) 授权处理投诉的工作人员必须至少每半年进行培训。①

从整体来看,《网络执行法》将违法内容的处理机制扩展为一个义务系统而不再是简单的违法信息的删除,任何一个相关义务的不履行都可能触发处罚。相应地,违法信息的删除情况也不再是考察义务履行状况的唯一标准。立法材料表明,对于违法内容删除义务的一次性违反通常并没有满足构成要件,因为一次性的义务违反并不意味着网络平台没有提供有效的处理机制。② 所以,惩罚所针对的并不是存在缺陷的个案性判断,而是超越个案层面的系统性缺陷。③

对于这一合规系统,德国学者主要提出了以下几方面质疑:(1) 立即了解投诉并且进行检查的义务超越了欧盟《电子商务指令》第14条以及德国《电讯传媒法》第10条所确立的标准,后者只是要求网络平台在(对违法内容)知情后必须立即采取行动。而对没有足够迅速知悉投诉的情形进行处罚意味着确立了"必须知道"的义务。④ (2) 24小时以及7天的刚性时间期限与《电子商务指令》为了有利于信息自由而没有规定时间期限的做法相冲突。⑤ (3) "投诉管理机制所欲建立的激励制度之中存在一种固有的删除

---

① Vgl. Netzwerkdurchsetzungsgesetz §3 abs. 4.
② Vgl. BT-Drs. 18/12356, S. 24.
③ Vgl. Höld, Das Vorabentscheidungsverfahren nach dem neuen NetzDG, Multimedia und Recht 2017, 791, 792.
④ Vgl. Liesching, Die Durchsetzung von Verfassungs-und europarecht gegen das NetzDG, Multimedia und Recht 2018, 26, 29.
⑤ Vgl. Liesching, Die Durchsetzung von Verfassungs-und europarecht gegen das NetzDG, Multimedia und Recht 2018, 26, 29.

的系统性倾向，该机制会导致'寒蝉效应'"。① 也有学者将这种倾向描述为"存疑情形中的删除"。② 具体而言，"网络平台处于一种困难的境地——其在所有情况中都会选择删除或者屏蔽内容，因为在有保留违法内容的错误决定中会面临高达500万欧元的罚款；而在删除用户内容的错误决定中仅仅需要面对合同性的请求，这种情形中所造成的损害从表面上是极其难以估量的。因此，当网络平台被迫处于准法官的角色时，激励的方向设定是删除而非检查"③。（4）网络平台缺乏判断内容违法性的条件。"就法律评价而言，实践所表明的是：大部分受到投诉的内容既不是明显违法也不是明显合法的，而是处于灰色地带。对此需要一个在法治国家中通常只有法院才有资格进行的深入且全面的法律检查（在侦查程序、法庭调查以及听取被告人供述之后）。"④ 尽管如此，网络平台却必须在缺乏知情可能性以及缺乏法院可以利用的前置性侦查程序以及法庭调查等资源的情况下，做出类似法院的判断。⑤（5）就部分内容违法性的判断而言，有必要在具体情况中进行同等级法益之间的衡量，而投诉管理机制对此并没有予以程序法上的保障，因为投诉管理机制并没有强制规定，网络平台在做出判断之前必须征求发布相关内容的用户的意见。⑥ 根据德国联邦宪法法院的判例所衍生出的原则，

---

① Guggenberger, Das Netzwerkdurchsetzungsgesetz—schön gedacht, schlecht gemacht, Zeitschrift für Rechtspolitik 2017, 98, 100; *Heckmann/Wimmers*, Stellungnahme der DGRI zum Entwurf eines NetzDG, Computer und Recht, 2017, 310, 314.

② Vgl. Liesching, §1 NetzDG, Rn25.

③ Spindler/Gerald, Der Regierungsentwurf zum Netzwerkdurchsetzungsgesetz-europarechtwidrig? Zeitschrift für Urheber-und Medienrecht 2017, 472, 481.

④ Nolte, Georg, Hate Speech, Fake News, das Netzwekdurchsetzungsgesetz und Vielfaltsicherung durch Suchmaschinen, Zeitschrift für Urheber-und Medienrecht 2017, 552, 556.

⑤ Vgl. Nolte, Georg, Hate Speech, Fake News, das Netzwekdurchsetzungsgesetz und Vielfaltsicherung durch Suchmaschinen, Zeitschrift für Urheber-und Medienrecht 2017, 552, 558.

⑥ Vgl. Kalscheuer, Hornung, Das Netzwerkdurchsetzungsgesetz-Ein Verfassungswidriger Schnellschuss, NVwZ 2017, 1721, 1724.

既不存在有利于言论自由的单方面优先权,也不存在有利于名誉保护或者公共安宁的单方面优先权,而是需要在具体情况中对不同的抽象法益进行比较。① 那么,在对冲突的法益进行比较时,代表冲突法益的双方——违法内容投诉者以及发布者,都有权利表达自己的意见并应作为网络平台做出判断的重要参考。

(3) 报告义务

立法者基于透明性要求在《网络执行法》中设立了网络平台的报告义务,其目的在于使公众能够了解网络平台处理违法内容的情况。此外,常规性的报告义务对于法律效果评估也是必要的,特别是对违法内容投诉处理状况的评估。②

报告义务要求网络平台根据特定的标准,制作关于其处理违法内容的德语报告,并且每半年在联邦司法公报及自己的主页进行公开。③ 就具体要求而言,主要包括投诉数量以及处理情况的统计学说明,例如报告期间的投诉总量、(关于内容违法性判断) 外部咨询的数量、实际删除或屏蔽的数量、删除或者屏蔽所用时间;④ 也包括负责处理投诉的团队的情况说明,例如投诉处理部门的体制、人员配备、专业和语言资质以及人员培训和监管状况、提交投诉的机制以及所采用的内容删除或者屏蔽的判断标准、向投诉者以及相关用户通知处理决定的措施;⑤ 除此之外,网络平台还需要进行一般性的说明,其为阻止其平台上的可罚性行为采取了哪些努力。⑥

相对《网络执行法》的其他内容而言,报告义务较少受到德国

---

① Vgl. Kalscheuer, Hornung, Das Netzwerkdurchsetzungsgesetz-Ein Verfassungswidriger Schnellschuss, NVwZ 2017, 1721, 1723.
② BT-Drs. 18/12356, S. 20.
③ Vgl. Netzwerkdurchsetzungsgesetz § 2 abs. 1.
④ Vgl. Netzwerkdurchsetzungsgesetz § 2 abs. 2. Nr. 3, Nr. 6, Nr. 7, Nr. 8.
⑤ Vgl. Netzwerkdurchsetzungsgesetz § 2 abs. 2. Nr. 2, Nr. 4, Nr. 9.
⑥ Vgl. Netzwerkdurchsetzungsgesetz § 2 abs. 2. Nr. 1

学者的关注，但这并不意味着报告义务本身毫无特点。首先，这一透明性义务将网络平台的自我治理推上了新的高度。从表面上看，周期为半年的报告似乎并没有任何重大影响，实际上网络平台处于更为严格的监管环境之中。通过报告文件，网络平台处理违法内容的情况更详细地暴露在公众以及监管部门的视野之下，监管部门可以据此来判断网络平台履行义务情况，而不必再到企业进行实地调查、评估。更重要的是，长期以来影响网络平台责任认定的"明知"问题也得到了一定程度的解决。由于网络平台需要报告其所接收的全部关于违法内容的投诉，也就从侧面体现了网络平台对于违法内容的知情范围。

其次，从更深层次来看，报告义务有助于促进违法内容删除机制的合理化发展。正如前文所述，网络平台可能处于一种偏激的激励结构中："如果其过于抑制对网络中违法内容的反应，则会承受放纵仇恨言论以及侵犯个人权利内容所带来的谴责；如果进行过于广泛的删除，则会因不当地限制言论自由而受谴责。但很明显，网络平台更倾向于忍受因压制处于合法边缘地带言论而受到的谴责，而不是承受放纵违法内容的罪责。"① 在这种状况下，网络平台判断违法内容的标准会偏于严格，以致信息自由受到损害。而报告义务使得公众能够对网络平台对违法内容的处理标准进行观察、讨论以及矫正：一方面，超越个案层面的广泛讨论所带来的批判性反思会中和服务提供者所承受的来自监管部门和法律责任的压力，使得激励结构趋于平衡；另一方面，来自民主社会、新闻行业以及学术领域的评论，对服务提供者实践标准的规范性导向具有重要促进意义。②

---

① Eifert, Rechenschaftspflichten für Soziale Netzwerke und Suchmaschinen, Neue Juristische Wochenschrift 2017, 1450, 1452.

② Vgl. Eifert, Rechenschaftspflichten für Soziale Netzwerke und Suchmaschinen, Neue Juristische Wochenschrift 2017, 1450, 1452.

（4）整体评价

德国通过《网络执行法》确立了一种全新的合作规制模式：一方面通过罚金形式的负向激励促使网络平台针对网络中的违法内容进行自我规制；另一方面又明确赋予网络平台判断、处置其控制领域内容的权力。最值得注意的是，其以违法内容的删除为核心构建了一个相互联系、相互影响的义务系统。

尽管如此，《网络执行法》几乎受德国学者"一边倒"的负面评价。如前文所述，批判主要集中在两个领域，一是与欧盟法的有关规定相冲突；二是侵犯言论自由与信息自由。然而，一些批判的合理性是存在疑问的。首先，与欧盟相关层面规定的冲突并不能从根本上说明《网络执行法》本身是存在缺陷的。欧盟《电子商务指令》中的网络平台责任规则制定至今已有近20年，而为了适应快速发展的网络状况其必然存在变革的必要性。例如，要求网络平台提供投诉渠道并对相关内容投诉进行检查的义务，在2018年3月欧盟委员会出台的《关于有效治理在线违法内容措施的建议》（Commission Recommendation on measures to effectively tackle illegal content online）中也得到了一定程度的肯定。[①] 另外，《网络执行法》对于时间的具体规定，实际并未与《电子商务指令》中"立即采取行动"的要求相冲突。欧盟指令的特点在于只规定目标而不限制成员国实现该目标的形式与手段，那么成员国具有具体解释"立即采取行为"的自由立法空间。而且，从法的安定性、明确性角度来看，模糊的要求并不必然优于具体的时间规定。

其次，就言论自由与信息自由而言，多数德国学者似乎陷入一种经验性的思维定式，即网络平台必然会在责任的威胁下扩大内容删除

[①] Commission Recommendation on measures to effectively tackle illegal content online, https://ec.europa.eu/digital-single-market/en/news/commission-recommendation-measures-effectively-tackle-illegal-content-online.

的范围,进而造成对言论以及信息自由的压制。这种思维上的惯性使其忽视了《网络执行法》为了平衡偏激的激励结构而进行的制度设计。从整体上看,《网络执行法》确立一种系统性的运行机制。对于违法内容的投诉,重要的是网络平台是否进行了处理。而处理的方式不仅包括删除(在认为内容违法的情况下),还包括保留(在认为内容合法的情况下)。准确地说,网络平台并不会仅仅因为没有删除违法内容而受到处罚,而是会因为没有按照规定对相关投诉做出反应而受到惩罚。在基于错误判断而保留违法内容的情形中,只要网络平台完全按照规定行事,原则上不应受到处罚。除此之外,网络平台的报告义务也会对服务提供者不加考虑而删除内容的倾向存在一定的抑制作用。从细节上来看,《网络执行法》通过从三个方面的设计将其对言论自由以及信息自由的影响控制在宪法允许的范围之内:(1)《网络执行法》对于违法内容的删除期限进行了灵活性处理,在规定一般性的期限(7天)的情况下保留了变通的可能性;(2)存疑情况中不存在时间期限,即当内容违法与否取决于某一事实判断或者其他事实情形,且相关事实尚不清楚的情况下关于删除时间期限的规定不再适用;(3)内容违法性判断的转移,网络平台可以选择将投诉所涉及的违法性判断工作转交给"受到认可的自我治理机构",而网络平台根据该机构做出的关于违法性的判断再做出是否删除的决定,在这种情况中网络平台也不受一般删除时间期限的限制,同时还无须承担违法性判断错误的法律风险。[1] 实际上,在这些"对冲设计"的作用下,学者所担心的"固有的删除倾向"以及"存疑情形中的删除"在很大程度上受到了抑制。

诚然,《网络执行法》并不是完美的,其在基本概念(违法内

---

[1] Vgl. Schwartsmann, Verantwortlickkeit Sozialer Netzwerke nach dem Netzwerkdurchsetzungsgesetz, GRUR-Prax 2017, 317, 318.

容）界定上的疏忽、用户言论自由保护方面的不足以及网络服务提供者判断能力的欠缺都是无法否认的。不过整体而言，《网络执行法》所采取的思路和方法是值得肯定的。其通过刑法构成要件对违法内容进行界定的方式以及强调网络平台违法内容处理透明性的报告义务都体现了极强的创新性。更重要的是，《网络执行法》从违法内容处理前的投诉程序、作为处理能力保障的组织条件以及处理的具体流程等方面进行了全方位、立体性的细化。总而言之，《网络执行法》建立了一个前所未有的网络平台的合规系统，为督促网络平台清除网络中的违法内容提供了一种新的解决思路。

2. 借鉴可能性——现有法律资源背景下信息内容管理义务的构建

我国刑法通过援引法律、行政法规中的规定来定义信息内容管理义务，这种做法虽然导致义务内容不明确，但另一方面却提供了很大的解释空间。这就使得我们能够依据拒不履行信息网络安全管理义务罪所规定的基本框架，寻找、整合并且利用法律、行政法规中的相关规定来构建一个符合我国情况的网络平台提供者信息内容管理义务。

（1）"执法私人化"的取舍

《网络执行法》所设计的违法内容处理方案在经典的"通知—取缔"规则之外提供了一种新的可能性，由此而带来的问题是是否应该要求网络平台对网络中内容的违法性进行判断，或者说网络平台是否应该具有这样的权力——"执法私人化"是否是有必要的。目前，对于"执法私人化"的必要性存在这样一种质疑："在从国家层面考虑对网络中刑法所禁止的内容采取的措施时，问题的关键并不在于缺少与网络平台的合作，而是在于刑事追诉机关不充分的配置与培训。通过屏蔽或者删除无法持久地阻止他人发布刑法所禁止的违法信息，而需要通过使信息发布者意识到实施犯罪行为会受到相应的惩罚。刑法必须通过刑事追诉机关以及法院得到执行，只有如此其威慑效应才能发挥作用。"① 这种质疑实际上混淆了国家层面与网络平台层面对网络违法内容做出反应所追求的不同目的。国家侦查、检察以及司法机关的一系列活动重在追究违法内容发布者的责任，从而实现对行为人的惩罚。而网络平台审查并处理相关内容的目的在于消除违法内容所产生的不良社会影响，相关行为是否受到惩罚对其并不重要。单纯就消除网络中的违法内容而言，对违法内容发布者的刑事追诉无法完全取代网络平台的处置活动。"因为处于中间的平台用户免于直接性的国家控制，甚至一个或然的刑事追诉并不必然会产生强制删除违法内容的效果，所以强化针对平台用户的刑事威胁或者刑事追诉并不是（与网络平台的处置）同样有效的。"②

其实，对于第三方执法的问题，美国学者在很早以前就提出了一个系统的分析框架。其指出，一个成功的"守门"（Gatekeeping）可能要求："（1）现行的惩罚无法威慑严重的失范行为；（2）缺乏或者不充足的私人守门激励；（3）守门人能够并且将会可信赖地阻止失范行为，而并不考虑失范行为人的偏好以及市场替代；（4）法律规则能够以合理的成本指引守门人调查失范行为"。③ 根据这一分析框架，不仅网络平台作为"守门人"来处理网络中违法内容是必要的，而且相关制度构建的也极有可能会是成功的。首先，网络在降低犯罪成本的同时，还增加了侦查与追诉的难度。在当前有限的司法资源不足以应对网络犯罪高发态势的状况下，刑法的直接威慑效果是十分微弱的，至少在内容性犯罪方面存在这种情况。其次，网络平台通常并不会从

---

① Nolte, Georg, Hate Speech, Fake News, das Netzwekdurchsetzungsgesetz und Vielfaltsicherung durch Suchmachinen, Zeitschrift für Urheber-und Medienrecht 2017, 552, 555.

② Buchheim, Anfängerhausarbeit-Öffentliches Recht: Grundrechte-Zensor wider Willen? JuristischeSchulung 2018, 548, 554.

③ Reinier H. Kraakman, "The Anatomy of Third Party Enforcement Strategy", *Journey of Law*, *Economy & Organization*, Vol. 2, No. 1, 1986, pp. 53–61.

违法内容的删除中获得利益。相反，正是那些处于灰色地带甚至是违法的内容会为网络平台带来巨大的网络流量和利益。这意味着在没有责任威慑的作用下，网络平台很可能不会主动去处理违法内容。再次，在大多数情况中，网络平台凭借对技术设施的控制可以轻易地删除其网络中存在的违法内容。而且，这种处置并不会导致相应的用户向其他网络平台转移。最后，虽然要求网络平台主动调查违法内容的做法被普遍禁止，但对此仍存在一些变通措施。例如要求网络平台为用户提供举报的途径，从而解决违法内容来源的问题。这种变通性实际上降低了网络平台"守门"的难度。所以，网络平台层面的私人执法与国家层面的执法并没有相互重复或冲突，两者实际是一种相互补充的关系。那么，在网络平台有能力的前提下有必要以法律责任形式激励其处理违法内容。

此外，我国学者也进一步从方法论角度指出了执法私人化可能存在的缺陷：一是网络平台判断内容违法性的能力；二是私人执法所带来的社会成本，即其对正常网络活动的影响，特别是用户合法表达的权利。[①] 不可否认，关于违法内容的执法私人化的确在上述两个方面存在不足。就某些内容的违法性判断而言，即使是掌握更多资源的法院也难以在短时间内就内容是否违法做出准确的判断。而且不论如何努力，网络平台都不可能避免错误删除合法言论表达的情形。但这都不足以否定执法私人化的解决思路。因为，任何制度都不可能是完美的，但我们并不会因此而放弃——就如我们不会因为刑讯逼供、冤假错案的存在而否定整个司法体制。相反，我们会在现有体制的基础上不断完善细节性的制度设计，以最大限度地保障正义的实现。同理，执法私人化所存在的缺陷也可以通过具体的制度设计来弥补或者弱化其不利影响。具体而言，对于网络平台判断能力不足的问题，一方面

---

① 参见赵鹏《私人审查的界限》，《清华法学》2016 年第 6 期。

可以像《网络执行法》那样通过强化网络平台的组织建设来提高其团队的法律素质,另一方面还可以通过限制其处理的违法内容范围来降低工作的难度;而对于言论自由的保护则可以通过程序制约以及救济机制来实现。所以,执法私人化已不再是一个"应不应该"的问题,而是一个"如何实现"的问题。

(2) "违法内容(信息)"及其范围

如果说要赋予网络平台判断其网络中内容的违法性以及据此进行处置的权力,那么首先需要明确的是网络平台需要进行判断的违法内容的性质及范围。值得注意的是,拒不履行信息网络安全管理义务罪并没有采用"违法内容"这一术语,而是使用了"违法信息"。这两种表述虽然在形式上不尽相同,但本质上是同一事物的两个侧面。信息这一表述更多体现了网络与数据化的时代背景,是内容的技术性形式;而内容则更强调信息所表达的社会意义。故两者可以在同一意义上进行使用。

就违法信息的本质而言,其所指的是法律所不允许的信息内容类型,而非传播违法信息的不法行为。也就是说,网络平台关注的重点应该是信息内容本身是否被禁止,而非传播的行为是否违法。那么应该如何确定信息网络安全管理义务中"违法信息",从而使网络平台至少对自己任务有一个基本的了解?从法律条文来看,该罪罪状只明确了义务的法律来源,却没有指出认定违法信息的法律依据。对此有学者建议,"应当以现行法律、法规的明确规定来认定传播的信息是否违法。所谓'现行法律、法规'至少应当与《刑法》第96条所解释的'国家规定'含义相一致,即违法的'法'应该是指全国人民代表大会及其常务委员会制定的法律和决定;国务院制定的行政法规、规定的行政措施、发布的命令和决定"[①]。这一建议试图通过将认定违法信息的法律依据限制为效力层级较高的规范来提高认定标准,

---

[①] 谢望原:《论拒不履行信息网络安全管理义务罪》,《中国法学》2017年第2期。

但其并没有触及违法信息所涉及的实质问题——违法信息的范围以及具体认定标准,对此有必要进一步讨论和明确。

表6-1 我国法律法规对各类网络中的禁止性信息内容的规制状况

	《网络安全法》	《信息保护决定》	《互联网安全决定》	《信息服务办法》	《联网安全办法》
煽动颠覆国家政权	√		√	√	√
煽动分裂国家	√		√		√
宣扬恐怖主义、极端主义	√		√	√	√
煽动或宣扬民族仇恨、民族歧视	√		√	√	√
暴力、淫秽	√		√	√	
虚假信息/谣言	√			√	√
教唆犯罪				√	
宣扬邪教和封建迷信			√	√	√
虚假宣传			√		
侵害他人隐私	√	√			
侮辱或诽谤			√	√	√
损害他人名誉	√				
损害国家机关信誉					√
损害他人商品或商业信誉			√		

我国关于互联网的法律、行政法规已经对网络中的禁止性信息内容做出了一般性的规定,这可以作为网络平台所处理违法信息范围的基本框架和依据。以《网络安全法》为核心,包括《全国人民代表大会常务委员会关于加强网络信息保护的决定》(以下简称《信息关

于加强网络信息保护的决定》)、《全国人民代表大会常务委员会关于维护互联网安全的决定》(以下简称《互联网安全决定》)、《互联网信息服务管理办法》(以下简称《信息服务办法》)、《计算机信息网络国际联网安全保护管理办法》(以下简称《联网安全保护管理办法》)在内的互联网法律体系主要规定了以下14类违法信息内容:(1)煽动颠覆国家政权信息;(2)煽动分裂国家信息;(3)损害国家机关信誉信息;(4)宣扬恐怖主义、极端主义信息;(5)煽动或宣扬民族仇恨、民族歧视信息;(6)暴力、淫秽信息;(7)虚假信息/谣言;(8)虚假宣传;(9)教唆犯罪信息;(10)宣扬邪教和封建迷信信息;(11)侮辱或诽谤信息;(12)损害他人名誉;(13)侵害他人隐私信息;(14)侵害他人商品或商业信誉。① 这些违法信息大致分布于国家安全、公共秩序以及个人权利三个领域。

这些违法信息类型并不适合全部纳入网络平台的处理范围,对此还需要从两个方面进行限缩:一是网络平台的判断能力;二是对于用户言论自由的保护。② 那么,涉及真假判断的违法内容[例如虚假信息(谣言)、诽谤、虚假宣传、损害他人名誉、损害他人商品或商业信誉、损害国家机关信誉],不宜由网络平台来判断。因为当涉及这类内容的违法性判断时,对于内容真实性的反复的事实调查是必要的,这一复杂过程不仅是网络平台所无法承担的,也使违法内容的快速删除无法实现。③ 以诽谤性内容为例,其至少要求捏造的事实存在为前提,如果某一内容虽对他人造成不利影响但并不存在捏造事实

---

① 参见《网络安全法》第12条,《全国人民代表大会常务委员会关于加强网络信息保护的决定》第8条,《全国人民代表大会常务委员会关于维护互联网安全的决定》第1条、第2条、第3条,《互联网信息服务管理办法》第15条,《计算机信息网络国际联网安全保护管理办法》第5条。

② 参见陈洪兵《论拒不履行信息网络安全管理义务罪的适用空间》,《政治与法律》2017年第12期。

③ Vgl. Karl-Nikolos Peifer, Fake News und Providerhaftung—Warum das NetzDG zur Abwehr von Fake News Falschen Instrumente liefert, Computer und Recht 809, 813.

第六章 网络平台提供者刑事责任认定存在的问题及完善

的情况，也不得认定其为诽谤性内容。此时问题的核心是特定表达的真与假，而网络平台并没有能力也不应该被要求对此进行调查。而且，在某一信息内容的真假无法判断时，出于保护言论自由的目的也不能对此进行删除。

为了进一步细化违法内容的类型以及提供更为明确的判断标准，可以参照德国《网络执行法》的做法将违法信息内容的类型与刑法分则规定中的具体构成要件相联系。相比较其他部门法而言，刑法更为精确、细致，以相关罪名的构成要件为判断标准可以增加判断的准确性和科学性。以淫秽信息为例，只有在刑法分则以及相应的司法解释中才存在关于淫秽信息较为详细的定义，这是其他法律都无法做到的。① 此外，将违法信息类型与刑法分则构成要件相联系的另一个好处是可以限制违法信息的种类，只有刑法所关注的、具有一定严重性的违法信息类型才会成为网络平台的处理对象。所以，根据互联网相关的法律、行政法规所规定的违法信息范围，可以将以下刑法分则规定作为违法信息内容的依据：第 103 条第 2 款（煽动分裂国家罪）、第 105 条第 2 款（煽动颠覆国家政权罪）、第 120 条之三（宣扬恐怖主义、极端主义、煽动实施恐怖主义活动罪）、第 120 条之四（利用极端主义破坏法律实施罪）、第 120 条之六（非法持有宣扬恐怖主义、极端主义物品罪）、第 246 条（仅限侮辱罪）、第 249 条（煽动民族仇恨、民族歧视罪）、第 253 条之一（侵犯公民个人信息罪）、第 295 条（传授犯罪方法罪）、第 300 条（组织、利用会道门、邪教组织、利用迷信破坏法律实施罪）、第 359 条（限介绍卖淫罪）、第 363 条

---

① 见《刑法》第 367 条第 1 款，"本法所称淫秽物品，是指具体描绘性行为或者露骨宣扬色情的诲淫性的书刊、影片、录像带、录音带以及其他淫秽物品"；见《关于办理利用互联网、移动通讯终端、声讯台制作、复制、出版、贩卖、传播淫秽电子信息刑事案件具体应用法律若干问题的解释（一）》，"刑法第 367 条第 1 款规定的'其他淫秽物品'，包括具体描绘性行为或者露骨宣扬色情的诲淫性的视频文件、音频文件、电子刊物、图片、文章、短信息等互联网、移动通讯终端电子信息和声讯台语音信息"。

171

（制作、复制、出版、贩卖、传播淫秽物品牟利罪）。

除此之外，我们认为还需要进行两点补充，第一是关于教唆犯罪的违法信息，由于刑法分则只涉及特定类型的教唆犯，所以这类违法信息的认定还需要参照刑法总则的规定；第二是一些较新的刑事立法并未及时补充到网络相关的法律、行政法规中，如《刑法修正案（九）》所设立的非法利用信息网络罪以及《刑法修正案（十）》设立的侮辱国旗、国徽、国歌罪。其中非法利用信息网络罪所涉及的违法信息应该限制为"制作或者销售毒品、枪支、淫秽物品等违禁物品、管制物品或者其他违法信息"，而为实施诈骗活动所发布的信息不应该包括在内，因为其同样涉及真假判断的问题。

表6-2　　各类违法信息内容与其相对应的具体罪名

违法信息内容类型	相对应的刑法分则具体罪名
煽动颠覆国家政权	煽动颠覆国家政权罪
煽动分裂国家	煽动分裂国家罪
宣扬恐怖主义、极端主义	宣扬恐怖主义、极端主义、煽动实施恐怖主义活动罪，非法持有宣扬恐怖主义、极端主义物品罪，利用极端主义破坏法律实施罪
煽动或宣扬民族仇恨、民族歧视	煽动民族仇恨、民族歧视罪
淫秽	介绍卖淫罪，制作、复制、出版、贩卖、传播淫秽物品牟利罪，传播淫秽物品罪
教唆犯罪	传授犯罪方法罪以及刑法总则关于教唆犯的规定
宣扬邪教和封建迷信	组织、利用会道门、邪教组织、利用迷信破坏法律实施罪
侵害他人隐私	侵犯公民个人信息罪
侮辱	侮辱罪
补充	侮辱国旗、国徽、国歌罪，非法利用信息网络罪（仅限于制作或者销售毒品、枪支、淫秽物品等违禁物品、管制物品或者其他违法信息）

需要注意的是，将刑法分则的构成要件作为判断违法信息的主要依据并不是要求网络平台判断是否存在发布的行为、行为的构成要件符合性以及行为人是否存在主观故意，而是仅仅从纯客观层面判断相关内容是否符合构成要件中行为客体要素。另外，这些违法信息内容类型以及对应构成要件的限制作用仅存在于网络服务提供者根据用户投诉处理违法内容或者自发审查网络内容的情况，而对于法院做出的生效判决以及监管部门的责令则不受上述范围的限制。

（3）信息内容管理义务的展开

对于信息内容管理义务的具体内容而言，目前只存在非常宽泛的解读，而缺乏深入的研究。有学者将信息管理义务理解为禁止性规范（例如不得传播淫秽信息）和命令性规范（例如发现法律、法规禁止发布的信息，应立即停止传输）共同为网络服务提供者设定的义务。① 也有论者认为信息网络安全管理义务只是一种作为义务，包括主动审查义务与配合义务。② 至少可以明确的是，信息管理义务只应是基于命令性规范的作为义务。如果将禁止性规范设定的义务也包含在内则会产生对于同一种行为的矛盾的刑法评价，例如网络平台传播淫秽信息的行为（针对"不得传播淫秽信息"的禁止性规范所设立的义务的违反）可能直接构成传播淫秽物品罪或传播淫秽物品牟利罪，但是根据拒不履行信息网络安全管理义务罪的规定在监管部门责令改正后却不构成犯罪。那么，如果说信息管理义务是基于命令规范作为义务，应如何将其具体化？

①信息内管理义务的内涵

正确的思路是以刑法的具体规定——"致使违法信息大量传播"——为限制，以法律和行政法规规定的义务为来源，根据因果关

---

① 参见谢望原《论拒不履行信息网络安全管理义务罪》，《中国法学》2017年第2期。
② 参见敬力嘉《论拒不履行网络安全管理义务罪——以网络中介服务提供者的刑事责任为中心展开》，《政治与法律》2017年第1期。

系来确定这一义务的具体内容。① 根据这一思路有两种义务可能成为信息管理义务的主要内容,即用户信息管理义务(《网络安全法》第47条)和针对恐怖主义、极端主义内容信息的监督义务(《反恐怖主义法》第19条)。但《反恐怖主义法》所要求的对于内容进行审查、搜索、过滤的主动审查义务已经超过了服务提供者能力范围而应该被排除。②

关于网络平台对于用户发布信息的管理义务,除了《网络安全法》第47条以外,《信息保护决定》第5条、《互联网安全决定》第7条、《信息管理办法》第16条以及《联网管理办法》第10条都存在类似的规定。综合上述规定,这一义务可以概括为一种情形下的四个举措:所谓一种情形是指网络平台发现法律、行政法规禁止发布或者传输的信息,四个举措分别是指(1)停止传输;(2)进行处置,防止扩散;(3)保存记录;(4)向有关主管部门报告。首先,发现法律、行政法规禁止的违法信息的情形是网络平台义务的触发条件。前文已经确定了禁止信息的范围,那么需要讨论的如何理解网络平台的"发现"。国外立法规定以及国内外学者基本对网络平台主动寻找违法信息的义务一致持反对态度,所以此处的"发现"至少不应该解释为"主动寻找"。③ 另外,以推定的方式认定网络平台发现(明知)违法信息的存在也是存在风险的,可能导致网络平台因为实际不知情的违法信息而承担责任。较为科学的方法是设计一种帮助"发现"的制度,对此《网络执行法》提供了一个很好的参考,即要求网络平台

---

① 参见皮勇《论网络服务提供者的管理义务及刑事责任》,《法商研究》2017年第5期。
② 参见皮勇《论网络服务提供者的管理义务及刑事责任》,《法商研究》2017年第5期。
③ 参见赵鹏《私人审查的界限》,《清华法学》2016年第6期;涂龙科《网络内容管理义务与网络服务提供者的刑事责任》,《法学评论》2016年第3期;皮勇《论网络服务提供者的管理义务及刑事责任》,《法商研究》2017年第5期。禁止一般监控义务的相关国外立法包括欧盟《电子商务指令》第15条、德国《电讯传媒法》第7条第2款、美国《千年数字版权法》第(m)条第2款。

为用户提供投诉违法信息的渠道并且及时对投诉进行检查和处理。为了能够提供一个判断是否"发现"的标准，有必要建立辅助性的投诉管理义务。而且，这一义务也可以纳入信息网络安全管理义务之中：建立并运作及举报机制是法律规定的网络平台义务——我国《网络安全法》的第49条规定，"网络运营者应当建立网络信息安全投诉、举报制度，公布举报、投诉方式，及时受理有关网络信息安全的投诉和举报"；缺乏违法信息的举报机制或者举报没有及时得到处理，与网络违法信息的大量传播存在较近的因果关系。所以，信息管理义务不仅包括通常理解的处置发现的违法信息，还应包括建立并运行一个用户投诉与检查机制。

②网络平台对信息内容违法性的错误判断

在网络平台收到用户的投诉，采取相应的措施之前，还涉及对于投诉涉及信息的违法性的判断。对此非常重要的是，如何评价网络平台对信息违法性错误判断的情形，尤其是错将违法信息判定为合法信息的情形。有学者将其归结为违法性认识错误（禁止错误）的问题，并认为网络平台在咨询专业人士后即使发生错误判断也可以排除故意。① 这种观点虽然极力在错误判断的情形中给予网络平台以保护，但其定性并不准确。违法性认识错误通常存在于这样的情形中：行为人认识所有的构成要件情状，而在此基础上仍然认为自己的行为是被允许的（也就是说不具有违法性）。② 此处网络平台判断的对象并不是自己的行为是否违法，而是用户发布的信息内容是否违反相关法律法规——网络平台并没有认识到所有的构成要件情状。所以说，网络平台对于投诉内容的错误判断不是违法性认识错误的问题。这种错误的定性会导致所谓的畸形的激励结构出现——网络平台为了避免错误

---

① 参见谢望原《论拒不履行信息网络安全管理义务罪》，《中国法学》2017年第2期。
② Vgl. Roxin, Strafrecht Allgemeiner Teil, Band I, Verlag C. H. Beck, München, 2006, S. 484.

判断所招致的处罚而倾向于删除难以准确判断的信息内容，因为违法性认识错误在通常情况下并不能排除网络平台的故意，即网络平台需要对因错误判断而没有删除的违法信息承担责任。然而，实际上作为判断对象的"违法信息"属于规范性构成要件之情状，对于规范性构成要件情状的错误理解通常可能导致两种极易混淆的情形——构成要件认识错误或涵摄错误。德国学者罗克辛对这两种情形进行了理论上的区分，"这关键取决于：当行为情状的社会意义是可以理解并且已经被理解的时候，即使没有认识到用以标示其的法律概念，错误的法律解释（涵摄错误）也不会因此影响故意。相反，一个错误的理解使得行为人无法准确认识其行为的社会意义（他相信所拿走的是属于自己而非他人的物品，因此自己是无罪而非有罪的），这种类型的错误就排除了相关规范性行为情状方面的故意。"① 就违法信息的错误判断而言，并不存在对用以标示其法律概念的错误理解（即涵摄错误，例如行为人无法精准地将给他人汽车车胎放气的行为归结为刑法规定中的"破坏财物"，但这不影响其对放气行为的社会意义及危害性的认识）。而当网络平台错误地认为某一信息内容并没有为法律所禁止时，其对自己行为的社会意义也发生了错误的认识，其认为自己是在依法保护信息自由和言论自由，而非为违法内容发布者提供支持。所以网络平台关于信息内容违法性的判断错误属于构成要件错误。只要网络平台对投诉的信息内容进行判断并给出理由，即使对信息内容的违法性发生错误判断，也应该排除故意而不进行处罚。

③网络平台对违法内容的处置

如果网络平台认定某一用户投诉的信息内容是违法的，则应采取相应的措施。法律、行政法规中规定的四个举措并不都与违法信息大量传播的后果存在因果关系。根据这一限制可以将"保存记录"与

---

① Roxin, Strafrecht Allgemeiner Teil, Band I, Verlag C. H. Beck, München, 2006, S. 489.

"向有关主管部门报告"排除在信息网络安全管理义务之外。① 对于另外两种相关措施而言,"停止传输"相对容易理解。例如网络直播平台收到关于个别主播进行淫秽表演的投诉,则应该及时采取措施停止传输。而对于已经确定的违法内容采取处置措施,避免进一步扩散的做法可能存在两种理解:一是删除基于用户请求或者其他技术目的而自动储存的违法信息;二是除了前述处置以外,还需要寻找已经传播的相同违法信息并删除。以用户 A 在网络平台中发布违法内容为例,根据第一种理解只要求网络平台删除其储存的 A 发布的内容;而根据第二种理解,网络平台不仅需要删除 A 所发布的违法内容,还需要调查其他用户是否转发了 A 发布的违法内容并进行删除处理。第二种理解实际上变相地赋予网络平台一般性的调查义务,要求网络平台主动审查网络中的违法内容。这种要求超出了网络平台的能力范围而且也不具有可行性,因此应该被排除。德国《网络执行法(草案)》也存在类似的规定,其第 3 条第 2 款第 6 项要求网络平台删除存在于其网络中的所有违法内容的复制件。这一规定由于涉及内容的监控义务而受到学者的反对,因此最后出台的《网络执行法》取消了这一条款。故应该限制性地去理解"处置违法内容,防止扩散"的要求,仅以投诉所涉及的特定违法内容为处理对象,而并不要求网络平台去调查他人转载或者复制文件并删除。

(二)网络平台提供者的用户信息保护义务

拒不履行信息网络安全管理义务罪所涉及的第二种危害情形是"致使用户信息泄露,造成严重后果的",由此而引出了网络平台的用户信息保护义务。用户信息泄露不同于网络中的违法信息内容,网络中的违法信息内容主要来自平台用户或者第三方,而数据泄露的风险

---

① 保存记录的义务可能涉及拒不履行信息网络安全管理义务罪中的第三种情形"致使刑事案件证据灭失",但本书只在致使违法信息大量传播的狭义角度定义信息网络安全管理义务。

既包括内部风险,也包括外部风险。

所谓内部风险主要是指平台内部工作人员利用职务上的便利,通过出售平台所掌握的用户信息非法牟利。对于这种非法行为《刑法》第253条之一已经有了相关规定,"违反国家规定,将在履行职责或者提供服务过程中获得的公民个人信息,出售或者提供给他人的,依照前款的规定从重处罚"。而拒不履行信息网络安全管理义务罪对此又进行规定并不导致立法上的重复。因为两者的着重点不同,侵犯公民个人信息罪强调对于内部人员非法泄露用户行为的处罚,而拒不履行信息网络安全管理义务罪则强调督促网络平台建立内部制度,防范其工作人员利用职务上的便利,出于牟利或者其他目的泄露公民个人信息。其实,要求网络平台通过内部的制度设计来避免其工作人员实施与平台业务活动有关的犯罪,更贴近刑事合规的理念。

而所谓的外部风险是指黑客或者其他人员通过技术手段获取网络平台所储存的用户信息。其实在这种情形中,网络平台也属于受害者之一。但网络平台利用用户的信息开展业务活动并且受益,就有义务对用户的信息进行保护。而这种保护必须在一定的限度之内,因为网络平台不可能完全阻止他人窃取用户数据的行为。所以原则上只要网络平台采取了法律要求的保护用户信息的基本措施,即使出现用户信息泄露的情况,也不应该将责任归咎于网络平台。

此外,不论是针对信息泄露的内部风险还是外部风险,判断网络平台用户信息保护义务的出发点都是用户信息的范围。在用户信息概念不清楚的情况下,就无法判断某一具体情形是否属于用户信息泄露,而网络平台是否履行了用户信息保护义务更无从谈起。所以综上所述,对于网络平台的用户信息保护义务的研究,应该以用户信息的基本概念为起点,以用户信息泄露的内部风险和外部风险为方向展开。

1. 用户信息的概念

拒不履行信息网络安全管理义务罪中"用户信息"应该指的是用户的个人信息。对于用户的个人信息而言，不同类型的法律规范已经存在相关规定。

2012 年出台的《全国人民代表大会常务委员会关于加强网络信息保护的决定》虽然没有直接定义公民的个人信息，但是指出了个人信息的两个核心特征，即"能够识别公民身份和涉及公民隐私"。[①] 2012 年底发布的《信息安全技术公用及商用服务信息系统个人信息保护指南》（以下简称《个人信息保护指南》）更侧重从个人身份识别的角度对个人信息做出了界定，"个人信息可为信息系统处理、与特定自然人相关、能够单独或通过与其他信息结合识别该自然人的计算机信息数据"[②]。值得注意的是，《个人信息保护指南》将用户个人信息划分为"个人敏感信息"和"个人一般信息"。其中个人敏感信息主要是指泄露或修改会对信息主体造成重大影响的个人信息，其列举的类型包括：身份证号码、手机号码、种族、政治观点、宗教信仰、基因、指纹等。[③] 2013 年出台的《电信和互联网用户个人信息保护规定》（以下简称《个人信息保护规定》）进一步具体化了用户个人信息的具体类型。根据其规定，用户个人信息"是指电信业务经营者和互联网信息服务提供者在提供服务过程中收集的用户姓名、出生日期、身份证号码、住址、电话号码、账号、密码等能够与其他信息结合识别用户的信息以及用户使用服务的时间、地点等信息"[④]。2017 年制定的《网络安全法》也对个人信息进行了说明，仍将个人信息限定为与身份识别有关的信息。2017 年底发布的《个人信息安

[①] 参见《全国人民代表大会常务委员会关于加强网络信息保护的决定》第 1 条。
[②] 参见《信息安全技术公用及商用服务信息系统个人信息保护指南》第 3 条。
[③] 参见《信息安全技术公用及商用服务信息系统个人信息保护指南》第 3 条。
[④] 参见《电信和互联网用户个人信息保护规定》第 4 条。

全规范》在定义方式上重新回归了《关于加强网络信息保护的决定》中所设定的两个特征，但是将"涉及公民隐私"的表述转化为"反映自然人活动情况"。这种核心特征变化实际上导致了对应公民个人信息范围的扩张。因为从概念上来看，活动状况可以既包括个人隐私，也包括非隐私的部分。此外，《个人信息安全规范》还在《个人信息保护指南》的基础上补充了多种个人信息具体类型。① 相比较之下，2017 年 45 位全国人大代表提交的《中华人民共和国个人信息保护法（草案）》[以下简称《个人信息保护法（草案）》] 仍然将用户信息的核心特征定位于用户个人身份的识别。②

就上述法律规范对于公民个人信息的规定而言，可以发现个人信息主要包括两方面的问题：一是公民个人信息的本质特征；二是公民个人信息的类型和范围。简言之，也就是内涵和外延的基本问题。就前者而言，多数规范从两个方面来定义个人信息，这主要包括两种情况，一是将自然人身份识别和隐私权作为核心特征；二是将自然人身份识别以及个人活动状况作为核心特征。这两种定义方式十分相似，但是后者所对应的外延大于前者。至于公民个人信息的类型，除了存在关于个人敏感信息和个人一般信息的分类以外，不同的法律规范所列举的类型都不尽相同。从刑法的层面来看，《关于办理侵犯公民个人信息刑事案件适用法律若干问题的解释》（以下简称《侵犯公民个人信息解释》）对于侵犯公民信息罪中的"个人信息"进行了解释。《侵犯公民个人信息解释》选择同时承认公民个人信息的两个特征——"单独或者与其他信息结合识别特定自然人身份"或者"反映特定自然人活动情况"。对此可以认为即使不涉及隐私的公民个人信息也可能成为刑法所保护信息类型。③ 而对于具体类型而言，《侵犯公民个人信息解

---

① 参见《个人信息安全规范》第 3 条。
② 参见《中华人民共和国个人信息保护法（草案）》第 3 条。
③ 参见喻海松《侵犯公民个人信息罪的司法适用态势与争议焦点探析》，《法律适用》2018 年第 7 期。

释》只是以开放性的方式列举了其中的信息类型：姓名、身份证号码、通信联系方式、住址、账号密码、财产状况、行踪轨迹。由此可见，《侵犯公民个人信息解释》解决了用户个人信息的定性问题，但是至于如何展开具体的信息类型以及如何进行限制还有待进一步明确。

有学者指出，个人信息保护存在权利保护法和行政管理法之间的矛盾，[1]那么在不同的法律领域其侧重点就不尽相同。同理，对于用户信息的范围，从不同的角度可能得出不同的结论。如果从民事权利的角度来考虑，则会尽可能地扩大公民权利的范围，这也就意味着更多类型的个人信息会被纳入保护范围；而从行公权介入的角度来看，并不是所有类型的公民个人信息受到侵害时都可能引起行政法或者刑事法上的责任。那么，就拒不履行信息网络安全管理义务罪中的用户信息类型而言，需要结合其立法目的来对用户信息类型进行限制。从刑法的角度来看，其对公民个人信息的保护主要可以分为两类：一类是公民个人身份的认定信息；一类是可能涉及公民人身、财产的其他信息。[2]那么如果从法益的角度来看，公民个人信息权的法律内核则是包含人身属性、财产属性以及其他关联属性的多元体系。[3]而信息网络安全管理义务罪中涉及的用户个人信息，更强调其财产属性或者其他关联属性而非人身属性。这是因为这些用户个人信息本身并不能对信息对象产生影响，但是这些信息可能被利用来实施其他犯罪活动进而侵犯信息对象的权益。[4]较为常见的情况包括黑客入侵网络平台

---

[1] 参见张新宝《我国个人信息保护法立法矛盾研讨》，《吉林大学社会科学学报》2018年第5期。

[2] 参见于志刚《"公民个人信息"的权利属性与刑法保护思路》，《浙江社会科学》2017年第10期。

[3] 参见于冲《侵犯公民个人信息罪中"公民个人信息"的法益属性与入罪边界》，《政治与法律》2018年第4期。

[4] 参见庄绪龙《侵犯公民个人信息罪的基本问题——以"两高"最新颁布的司法解释为视角展开》，《法律适用》2018年第7期。

的数据库,将获取的用户信息出售他人实施诈骗。从这个角度来看,拒不履行信息网络安全管理义务罪中的用户个人信息类型应该在《侵犯公民个人信息解释》的基础上,着重考虑可以被下游犯罪所利用的可能性。

表6-3 个人敏感信息举例

个人财产信息	银行账号、鉴别信息(口令)、存款信息(包括资金数量、支付收款记录等)、房产信息、信贷记录、征信信息、交易和消费记录、流水记录等,以及虚拟货币、虚拟交易、游戏类兑换码等虚拟财产信息
个人健康生理信息	个人因病医治等产生的相关记录,如病症、住院志、医嘱单、检验报告、手术,及麻醉记录、护理记录、用药记录、药物食物过敏信息、生育信息、以往病史、诊治情况、家族病史、现病史、传染病史等,以及与个人身体健康状况产生的相关信息等
个人生物识别信息	个人基因、指纹、声纹、掌纹、耳廓、虹膜、面部识别特征等
个人身份信息	身份证、军官证、护照、驾驶证、工作证、社保卡、居住证等
网络身份标识信息	系统账号、邮箱地址及与前述有关的密码、口令、口令保护答案、用户个人数字证书等
其他信息	个人电话号码、性取向、婚史、宗教信仰、未公开的违法犯罪记录、通信记录和内容、行踪轨迹、网页浏览记录、住宿信息、精准定位信息等

此外,还可以通过《个人信息安全规范》对个人敏感信息的规定来同时起到概念限制和类型扩展的作用。首先,《个人信息安全规范》将个人信息区分为个人一般信息和个人敏感信息。后者具体是指"一旦泄露、非法提供或滥用可能危害人身和财产安全,极易导致个人名誉、身心健康受到损害或者歧视性待遇的个人信息"[①]。不难看出,《个人信息安全规范》中对于"个人敏感信息"的定义比《侵犯公民个人信息解释》对于"公民个人信息"定义更为贴近

---

① 参见《个人信息安全规范》第3条。

拒不履行信息网络安全管理义务设立信息安全义务的目的，而且在对核心特征的描述和概括上也更为具体、准确。所以可以考虑适用个人敏感信息来对《侵犯公民个人信息解释》中的定义进行该概念上的限制。其次，《个人信息安全规范》在附录 B 部分对于个人敏感信息的具体类型进行了详细的列举，并将个人敏感信息大体分为六大类：个人财产信息、个人健康生理信息、个人生物识别信息、个人身份信息、网络身份识别信息、其他信息。[①] 可以说，《侵犯公民个人信息解释》中所列举的信息类型是远远不足以支撑实践中的判断的。所以十分有必要通过《个人信息安全规范》中所列举的个人敏感信息的具体类型来进行扩张。

2. 用户信息泄露的内部风险

网络平台的工作人员由于工作关系而对用户信息有着优于他人的接触机会和控制可能性，而且在现实中平台工作人员出于非法牟利目的而泄露用户信息的情况并不在少数。从这个角度来看，平台内部工作人员的非法行为完全可能导致拒不履行信息网络安全管理义务罪中的第二种情形，即"致使用户信息泄露，造成严重后果的"。那么从理论上讲，网络平台对于内部相关工作人员的规制或者相关的防范制度的设计，应该是其用户信息保护义务的一部分。

根据拒不履行信息网络安全管理义务罪的规定，对于内部工作人员的管理以及制度设计是否属于用户信息保护义务的内容，还必须要以法律、行政法规的规定为依据。不过关于公民个人信息的主要法律规范几乎都没有涉及平台对于其内部工作人员泄露用户信息的制度防范与控制，对此《网络安全法》《个人信息保护法（草案）》《关于加强网络信息保护的决定》《个人信息保护指南》都没有相关规定。只有《个人信息安全规范》《个人信息保护规定》从

---

① 参见《个人信息安全规范》附录 B。

访问控制措施的角度对于平台内部工作人员进行了限制。据其规定，网络平台应该对于内部人员进行以下六个方面限制：（1）最小授权原则，当内部工作人员需要访问用户信息时，应该按照完成职责为必要来控制其访问数据的范围；（2）重要操作的审批制度，当内部人员需要对用户信息进行拷贝或者下载等敏感操作时，需要遵循严格的内部审批程序；（3）职责分离制度，对安全管理人员、数据操作人员、审计人员的角色进行分离设计，以实现对于数据访问的内部风险控制；（4）超权限访问的特殊审批，如果因为工作需要内部工作人员不得不超出权限访问数据时，必然经信息保护责任人或者责任机构的审批；（5）敏感信息的事实触发点限制，当需要访问用户个人敏感信息时，即使是通常情况下具有一般用户信息访问权限的工作人员也应该在具有实际需求的情况下才被授权访问；（6）访问记录，对于访问用户个人信息的工作人员、时间、地点以及事项进行记录。[①]

据此，网络平台应当至少根据规定设置内部的控制制度，严格限制工作人员对于用户个人信息的访问。而相关监管部门则有必要对网络平台的内部控制制度进行检查，指出可能存在的不足并责令网络平台进行改正。

3. 用户信息泄露的外部风险

拒不履行信息网络安全管理义务罪对网络平台设立用户信息保护义务的主要目的在于要求网络平台强化对于用户信息的保护，从而避免因为外部的技术攻击致使用户信息泄露以及基于用户信息的其他犯罪行为的发生。但是针对外部风险的用户信息保护义务不应该仅仅局限在为储存的用户信息提供保护，凡是涉及用户信息泄露风险提升且与信息泄露结果具有一定程度因果关系的义务都可能成

[①] 参见《个人信息安全规范》第7条、《个人信息保护规定》第20条。

第六章　网络平台提供者刑事责任认定存在的问题及完善

为用户信息保护义务的内容。通过对《网络安全法》《个人信息保护法（草案）》《关于加强网络信息保护的决定》《个人信息保护指南》《个人信息保护规定》《个人信息安全规范》的整理，认为应该从信息收集、使用、保管以及其他特殊情况等角度分别讨论平台的保护义务。

首先，就网络平台的信息收集活动而言，上述规范中存在两项原则。第一，告知与授权原则，网络平台在收集用户信息时必须告知用户其收集、使用信息的目的、方式以及范围，并且只有在获取用户同意的情况下才能收集用户信息。① 第二，最小化原则或目的原则，网络平台在收集用户信息时，应该在提供服务所需要的范围之内收集信息，而不得超过所需要的实际范围，或者说信息收集应该具有明确而特定的目标，并且不应偏离这种目标。② 而这一原则延伸到信息利用过程中，则转变限制利用原则，即个人信息的处理和利用，必须与收集的目的一致，不得超出收集的目的。③ 第三，合法原则，不得以欺骗、强迫等方式获取个人信息；不得非法获取个人信息；不得收集法律禁止的信息。④ 这些规定看似并不涉及用户信息保护问题，但是实际上也会对信息泄露产生一定程度的影响。例如平台在用户不知情或者未经允许的情况下收集个人信息、收集超出提供服务所需要个人信息、没有在告知用户的范围内使用个人信息，在这些情形中平台的行为进一步提升了用户信息泄露的风险。

其次，对于外部风险的防控主要体现在用户信息的保管方面。而在用户信息保管方面，对平台存在以下要求：（1）妥善保管储存载体，采取相应安全储存措施；（2）对于储存用户信息的系统采取防入

---

① 参见《个人信息保护规定》第9条。
② 参见《个人信息保护规定》第5条、《个人信息保护法（草案）》第6条。
③ 参见《个人信息保护法（草案）》第7条。
④ 参见《个人信息安全规范》第5条第3款。

侵、病毒等措施①；（3）采取保存时间最小化；②（4）在收集用户信息后去标示化处理；③（5）对属于敏感信息的用户信息进行加密处理。④

再次，对于用户信息泄露的情况，平台应该立即采取补救措施；对于可能造成严重后果的情况，立即向有关管理部门报告；⑤采取可能的方式通知受影响的信息的主体。⑥即使在用户信息已经泄露的情况中，平台不履行义务的行为仍然可能导致信息泄露情况进一步恶化，实质上等同于不履行义务而导致用户信息泄露的情况。另外，在存在用户信息泄露风险的情况下——例如安全漏洞、系统缺陷等，网络平台也应该及时采取措施进行弥补。如果因为没有及时采取措施而导致用户信息泄露的，也可以因此归责于网络平台。

最后，用户中止使用服务后或者用户依法要求网络平台删除其信息时，网络平台应该删除相应的用户信息。⑦如果平台并没有履行相关的删除义务，并且此后又发生了用户个人信息泄露的情况，则也可以认为没有及时处理用户信息的行为与信息处理的结果存在因果关系。

（三）网络平台提供者的刑事证据协助义务

拒不履行信息网络安全管理义务罪规定的第三种危害后果——"致使刑事案件证据灭失"，会使人将网络平台的刑事证据协助义务与证据保存联系起来。实际上网络平台的刑事证据协助在理论上包括三个环节，即证据收集、保存以及提供。

首先，需要网络平台收集的、可能作为刑事证据的信息来源于四

---

① 参见《个人信息保护规定》第13条第4、5项。
② 参见《个人信息安全规范》第6条第1款。
③ 参见《个人信息安全规范》第6条第2款。
④ 参见《个人信息安全规范》第6条第3款。
⑤ 参见《个人信息保护规定》第14条。
⑥ 参见《个人信息安全规定》第9条第2款。
⑦ 参见《个人信息安全规范》第7条第6款。

个方面。第一是法律规定要求网络平台收集储存的相关信息。对此我国涉互联网的法律以及行政法规主要要求网络平台执行关于两类信息的记录义务：一是关于网络以及用户一般状态的信息；二是涉及用户违法活动的信息。有学者将这两种信息类型对应的收集义务分别称为"一般（信息）收集储存义务"和"特殊（信息）收集储存义务"。[①]第二是虽然不存在相关法律规定，但平台出于开展业务活动的需要而收集的信息。主要是指在网络平台运行过程中平台收集的关于网络运行状态以及用户活动规定的相关信息，这类信息在用户个人信息保护义务中已经有所提及。第三是虽然不存在相关法律规定，但是侦查机关在具体的侦查活动中可以要求网络平台收集储存与案件有关的相关信息，这种义务可以被称为具体案件中的信息收集储存义务。网络平台因开展业务活动而自行收集储存信息属于其应有权利而非义务，但其收集的信息类型应该受到限制，这主要是出于用户个人信息保护的考虑。而另外三种信息收集储存的情况，都属于网络平台的法定义务。

其次，来源于这四种收集储存情形的信息都可能作为刑事案件的证据，相关规范只是在此基础上规定了保存相关记录的时间，但却没有具体规定以何种方式来储存相关信息，例如是否需要备份、储存的地点等。对此还有必要在相关法律、行政法规中进行补充完善。

最后，关于证据的提供——网络平台的信息披露，对此《网络安全法》等互联网法律、行政法规都没有进行具体的规定。《网络安全法》只是笼统地指出网络运营者应该提供技术支持和协助。至于具体的程序问题仍然需要参照刑事诉讼的一般原则和具体规则。

在上述三个环节之中，与刑事案件证据灭失存在直接联系的通常只

[①] 参见裴炜《针对用户个人信息的网络服务提供者协助执法义务边界》，《网络信息法学研究》2018年第1期。

是信息收集和保存阶段。例如网络平台没有及时收集法律法规要求其收集的信息内容而导致相关信息在后期无法收集，或者因保管不当而致使已经收集的信息数据损害。但是由于相关法律、行政法规中缺乏对于信息保管的相关规定，而难以从这一环节来判断网络平台的义务。故此处仅从信息收集的角度来讨论网络平台的刑事证据协助义务。

1. 网络平台提供者的一般信息收集储存义务

相关法律、行政法规关于网络以及用户的一般信息收集储存义务主要可以分为三种：第一，对于所有类型的网络平台而言，需要记录网络运行状态以及安全事件，并且留存相关日志不得少于六个月；[①] 第二，针对网络交易平台而言，其需要储存网络中发布的商品和服务信息、交易信息，并保存至少三年以上；[②] 第三，涉及为用户发布信息的网络平台，应记录用户真实身份、发布的信息内容、时间、互联网地址或域名，记录备份应当保存60日以上。[③] 就上述三种收集储存义务而言，第一种收集储存义务缺乏明确性，《网络安全法》要求网络平台记录"网络平台状态"以及"安全事件"，但又未对这两个较为抽象的概念进行定义。所以在概念的含义没有得到明确之前，不宜将其作为网络平台的记录义务。而对于用户的身份信息而言，相关法律并不存在明确要求。例如《网络安全法》第24条只是要求网络平台在提供信息发布以及即时通信时要求用户提供真实身份信息。但《国际联网安全保护管理办法》第10条第4项规定网络平台应对委托发布信息的个人和单位进行"登记"。那么将这两条规定联系在一起进行理解，则可以认为网络平台需要记录信息发布者的真实身份。

有学者更为全面地对法律规范中网络服务提供者的一般性储存义

[①] 参见《网络安全法》第21条第3款。
[②] 参见《电子商务法》第31条。
[③] 参见《网络安全法》第24条、《互联网信息管理办法》第14条、《关于加强网络信息保护的决定》第6条、《国际联网安全保护管理办法》第10条第4款。

第六章 网络平台提供者刑事责任认定存在的问题及完善

务进行了整理，并总结出以下表格。①

表6-4 部分法律法规中网络服务提供者信息一般收集存储义务

规范性法律文件	义务主体	存储类型				存储时间
		注册信息	服务信息	内容信息	其他	
《互联网信息服务管理办法》	信息服务提供者	—	信息发布时间、互联网地址、域名	信息内容	—	60日
	接入服务提供者	用户账号	上网时间、互联网地址、域名	—	—	60日
《互联网群组信息服务管理规定》	群组信息服务提供者	—	网络日志	—	—	不少于6个月
《移动互联网应用程序信息服务管理规定》	移动互联网应用程序提供者	—	用户日志信息	—	—	60日
《网络出版服务管理规定》	网络出版服务单位	—	时间、网址、域名	作品内容	—	60日
《网络借贷信息中介机构业务活动管理暂行办法》	网络借贷信息中介	—	上网日志信息、信息交互内容等	—	—	信贷合同到期起5年
		用户身份信息	—	交易记录	—	—
《互联网直播服务管理规定》	直播服务提供者	—	日志信息	发布内容	—	60日
《互联网视听节目服务管理规定》	视听节目服务单位、网络运营单位	—	—	视听节目	—	至少60日

---

① 参见裴炜《针对用户个人信息的网络服务提供者协助执法义务边界》，《网络信息法学研究》2018年第1期。

189

以上表格虽然更为全面、详细地总结网络服务提供者的记录义务，但其中存在两点需要注意的地方。第一，拒不履行信息网络安全管理义务罪明确限制了网络平台义务的来源，即法律、行政法规中规定的相关义务。如果将义务来源的范围扩展到法律、行政法规以外的法律规范，必将会扩大网络平台刑事责任的范围，有违罪刑法定的基本原则。第二，要求网络平台储存的信息类型应当非常明确、具体。而表格中所列出的"日志信息""网络日志""用户日志信息"都是非常模糊的概念。因为在计算机领域，日志可以分为许多类型，而网络平台在创建自身系统时可以根据需求来记录不同的日志信息。

故综上所述，根据法律、行政法规以及明确性要求的限制，目前可以确定的基本适用于所有网络平台的信息储存义务包括用户的真实身份、发布的信息内容、时间、互联网地址或域名信息。虽然这一规定将储存义务限制在用户通过网络平台发布信息的情况中，但基本所有的平台活动都是以此为基础的。此外，对于交易型网络平台，其还需要储存其服务中发布的商品和服务信息、交易信息。简而言之，网络平台所需要储存的一般性信息就是哪些用户在服务中实施了哪些与信息发布有关的活动。

2. 网络平台的特殊信息储存义务

所谓特殊信息储存义务是指要求网络平台记录其发现的网络中的违法信息内容。对于这一义务有学者早已提出质疑，认为拒不履行信息网络安全管理义务罪第三项（"致使刑事证据灭失，情节严重的"）与第一项（"致使违法信息大量传播的"）存在矛盾，网络平台一方面需要删除违法信息，另一方面又要保障刑事证据的收集，但是删除信息行为事后可能导致刑事犯罪证据灭失。[①] 这种担心并非是多余的，因为即使网络平台对相关违法信息内容进行了记录，但是删除行为必

---

① 参见周光权《网络服务商的刑事责任范围》，《中国法律评论》2015年第2期。

然导致原始证据的消失。网络平台的记录与原始证据之间必然存在着证明效力上的差异。那么在技术上是否存在既保留原始的用户违法信息内容，但同时无法被其他用户访问以避免进一步传播的方法，是决定网络平台储存此类信息方式的关键。网络平台的特殊信息储存义务主要产生于两种情况中：一是相关监管部门发现违法信息内容后要求网络平台在处置的同时进行记录；二是网络平台自己在提供服务过程中发现违法信息内容，进行处置并记录相关情况。[①] 对于第二种情况而言，网络平台是否履行了相关义务是难以判断的。对此，同样需要网络平台建立用户投诉机制作为辅助制度，用以判断网络平台是否储存了已经处置的违法信息内容。

法律以及行政法规并没有较为具体地规定特殊信息储存义务的内容，只是规定了网络平台需要记录的违法信息或者违法活动类型。一些法律规范只是笼统地规定网络平台需要记录其所处置的违法信息内容，例如《网络安全法》第47条、《关于加强网络信息保护的决定》第5条都只是规定，"发现法律、法规禁止发布或传输的信息的，应保存有关记录……"而也有一些法律规范既规定了储存记录的义务，也规定了具体的违法信息（违法活动）类型，如《信息服务办法》第16条（违法信息类型规定于第15条）、《国际联网安全保护管理办法》第10条（违法活动及违法信息类型见第4至第7条）、《电信条例》第61条（违法信息类型见第56条）。其中较为特殊的是《国际联网安全保护管理办法》还要求网络平台记录其发现的违法活动的情况，例如未经许可进入计算机网络或使用计算机信息网络资源等危害计算机信息网络安全的行为。将这些违法活动的状况纳入网络平台的储存义务并非没有意义，但是在现实中网络平台本身难以发现这些行

[①] 参见裴炜《针对用户个人信息的网络服务提供者协助执法义务边界》，《网络信息法学研究》2018年第1期。

为，而且即使没有进行相关状况的记录也无从考证。所以应该将网络平台的特殊信息储存义务限制在有关违法信息内容的记录上。

另外，网络平台对此所记录的并不应该仅仅是相关的违法内容，除此之外还应该包括发布违法内容的用户账号或者用户名、发布违法内容的网址或者域名、发布时间以及其他必要的情况信息。

3. 网络平台在具体案件中的信息收集存储义务

除了上述信息的收集储存义务外，法律、行政法规还规定了网络平台的侦查协助义务。例如《网络安全法》第28条规定，"网络运营者应当为公安机关、国家安全机关依法维护国家安全和侦查犯罪的活动提供技术支持和协助"。这一义务虽然没有明文提及信息收集储存的问题，但是理论上侦查部门在收集证据的时候，也可以要求网络平台进行协助。这也就意味着在侦查协助的情形中，也涉及网络平台证据收集的问题。

对此存在的问题是，没有其他法律规范进一步说明网络平台需要协助侦查机关搜集哪些信息作为证据，此时的信息收集储存义务的内容则可能完全由侦查机关来确定。有学者指出，"在各国立法中，协助执法义务通常包括通信监控、合法拦截和协助解密的具体要求"[①]。由此来看，"通信监控""合法拦截"以及"协助解密"都可能属于《网络安全法》第28条中"技术支持与协助"的范围。据此，侦查机关可以要求网络平台监控、拦截特定用户的通信内容、个人加密信息，并且搜集这些信息作为可能的刑事证据。这种由侦查机关通过网络平台实现的调查和证据搜查活动与由侦查机关自身实施的技术侦查活动非常相似，或者说网络平台所实施技术支持与协助可以被视为侦查机关实施的技术侦查活动的拓展。而且，我国《刑事诉讼法》第

---

① 霍永库、冯潇洒：《社会角色理论的网络运营者安全保障义务分析》，《西安交通大学学报》（社会科学版）2016年第1期。

154条表明,通过技术侦查手段收集的材料在刑事诉讼过程中可以作为证据使用。这就从理论上说明,侦查机关可以要求网络平台协助、配合其实施技术侦查措施,收集相关信息。

但是,这种由网络平台代为实施的技术措施存在侵犯个人权利的风险,即国家公权力和公民隐私权的冲突。仅仅是侦查机关本身的技术侦查措施就已经对隐私权产生了极大的威胁。而当这种技术侦查活动由网络平台代为实施时,其原本作为技术侦查活动的性质就会被削弱,相应的限制也十分容易被忽视。所以,侦查机关在实施技术侦查时所应该受到的限制,应该同样延伸到其要求网络平台实施的协助与配合活动中。通常来看,对于侦查机关的技术措施主要应从以下三方面进行程序法上的限制,那么网络平台在具体案件中配合侦查机关收集储存证据的义务也应该受到相应的限制。

第一是适用技术侦查措施的案件范围。有学者主张将网络平台的协助限制为重大犯罪案件,例如危害国家安全犯罪、恐怖活动犯罪等可能判处十年以上有期徒刑的犯罪。[①] 这主要是依据《刑事诉讼法》第150条的规定,技术侦查措施通常用于较为严重的犯罪。而除了《刑事诉讼法》之外,《公安机关办理刑事案件程序规定》(以下简称《程序规定》)也对适用于技术措施的案件进行了细致的说明,特别是增加了"利用电信、计算机网络、邮寄渠道等实施的重大犯罪案件,以及针对计算机网络实施的重大犯罪案件"的类型,并且相比较《刑事诉讼法》将案件的严重程度降为"可能判处七年以上有期徒刑"。实际上两个规定是从不同角度来确定适用的案件类型的,《刑事诉讼法》只是以犯罪的严重性程度作为判断的依据,而《程序规定》在此基础上还考虑了实际的案件情况。对于部分在网络中发生的犯罪

---

① 参见崔聪聪、李欲晓、韩松《〈网络安全法〉(草案二次审议稿)第27条修改建议——以网络服务提供者协助解密义务为中心》,《中国工程科学》2016年第6期。

案件以及以网络为对象的犯罪案件而言,其案件性质本身就决定了如果不采用网络监控等技术手段,则难以进行调查并收集证据。① 所以,从这个角度来看,有必要在《刑事诉讼法》所列举案件范围的基础上进行扩张,至少将网络犯罪的类型包括在内。

第二就是技术侦查措施的审核。目前《程序规定》虽然规定了技术侦查措施实施的主体,但却没有规定审查的部门,所以在实践中侦查机关通常将"实施"机关与"审核"机关视为一者。而西方国家对于侵犯公民通信内容信息的侦查行为,基本都遵守司法审查的原则。可以说,司法审查是控制技术侦查措施的底线。② 我国学者也建议,考虑我国目前法律制度以及诉讼模式,应参照德国的做法——对于侦查机关监控网络内容数据的措施原则上应该由法官审核决定是否签署令状,而在"延误就有危险"的紧急情况中也可以由检察官批准。③

第三是技术侦查措施的适用对象。我国《刑事诉讼法》并没有明文规定技术侦查措施的适用范围,而《程序规定》将其限定为"犯罪嫌疑人、被告人以及与犯罪活动有直接关联的人员"。④ 对此有学者结合网络活动的监控措施,将这一适用范围解释为三类人员:(1)"任何使用涉嫌犯罪账号的人";(2)"任何与犯罪嫌疑人的账号发生通讯联系的相对方";(3)"代收或转送信息者、线路供应者"。⑤

根据技术侦查措施所应受到的上述限制,网络平台在具体案件中

---

① 参见刘梅湘《侦查机关实施网络监控措施的程序法规制——以域外法的相关规定为参照》,《法商研究》2017年第1期。
② 参见陈永生《计算机网络犯罪对刑事诉讼的挑战与制度应对》,《法律科学》(西北政法大学学报)2014年第3期。
③ 参见刘梅湘《侦查机关实施网络监控措施的程序法规制——以域外法的相关规定为参照》,《法商研究》2017年第1期。
④ 参见《公安机关办理刑事案件程序规定》第255条第2款。
⑤ 参见刘梅湘《侦查机关实施网络监控措施的程序法规制——以域外法的相关规定为参照》,《法商研究》2017年第1期。

协助和配合侦查机关进行网络监控、收集证据时也应该受到同样的限制。而这种限制就在一定程度上划定了网络平台刑事证据协助义务的范围。然而，由于许多限制都仅仅是应然层面的理论构想，而缺乏实然层面的具体规定。所以这种限制或者说网络平台的刑事证据协助义务仍然是不够清晰的。而且，这一义务的具体内容主要体现为侦查机关在具体案件中提出的特定协助要求，义务内容可能在不同案件中的不同要求有不同的体现。这也就意味着侦查机关的协助要求缺乏稳定性。再者，由于缺乏相关的审核程序，协助要求在程序上的正当性本身就是值得质疑的。因此，很难判断网络平台是否在具体案件中履行刑事证据协助义务。

二 不履行信息网络安全管理义务的判断

信息网络安全管理义务的具体内容而言，任何一个义务不是一个简单的行为命令，而是复杂且持续性的运作机制。所以，对于网络平台提供者是否履行了信息网络安全管理义务，需要从体系性、系统性的视角出发考察网络平台是否建立并且恰当地维持了法律、行政法规所要求的机制。

（一）不履行信息内容管理义务的判断

根据前文的论述，信息管理义务是包括提供用户投诉渠道、分析判断用户投诉以及根据相关判断进行处置在内的义务体系。所以对于网络平台是否履行义务的判断，应从系统性、机制性的角度去考察。易言之，义务履行的关键在于网络平台是否建立了投诉的接收、审查、处理的流程和机制以及该机制是否得到充分的运作，而个别的违法性信息是否因为错误而没有删除并不是十分重要。那么，监管部门责令改正的内容也应该是针对违法信息内容举报与管理机制的系统性缺陷，例如网络平台没有提供举报的途径、没有及时处理投诉等。

为了保证对于不履行信息管理义务认定的准确性以及有据可依，

有必要进一步细化法律、行政法规中规定的投诉、举报制度以及信息内容管理制度。《网络安全法》第49条只是简单地提及了投诉、举报制度，而对于投诉机制的基本要求、实现方式、网络平台对投诉进行查看的频率都未涉及。另外，《网络安全法》第47条以及其他相关法规关于违法信息内容管理制度的规定也不够详尽，如缺乏关于删除违法信息的一般性时间期限、特殊情况中时间期限的延长等情况的具体规定。

在监管部门认定网络平台没有履行信息网络安全管理义务后，其责令改正的内容应针对投诉机制以及违法信息管理机制的系统性缺陷，而不必着眼于极为具体的个别情形。因此，针对网络平台的行政监管不应该是耗费大量行政资源的"贴身盯防"。① 另外，有论者认为"经责令而拒不改正"要件限制了处罚范围而应该删除，这一思路实际上忽略了对于立法目的的考虑。② 如果说拒不履行信息网络安全管理义务罪本质上是刑事合规规则，那么其目的更倾向于督促网络平台建立一种处理违法内容的常态化机制，而不是强化网络平台因第三方违法内容而承担的刑事责任。所以，监管部门具有指导性的责令是具有必要性的——其既可以帮助网络平台构建法律规定的合规系统，也能够为网络平台避免刑事责任提供一个缓冲的机会。

（二）不履行用户信息保护义务的判断

从不同法律规范的相关规定中可以发现，网络平台关于用户个人信息的保护义务跨越了信息收集、保管、使用、特定情况的处置多个层面，存在很多非常具体、琐碎的规定。而且其与信息内容管理义务不同的是，信息内容管理义务只是体现为命令性规范，而用户个人信

---

① 参见李本灿《拒不履行信息网络安全管理义务罪的两面性解读》，《法学论坛》2017年第3期。
② 参见李本灿《拒不履行信息网络安全管理义务罪的两面性解读》，《法学论坛》2017年第3期。

息保护义务既包含命令性规范,也包含禁止性规定,对此需要从不同的角度去理解。

然而这种来自不同侧面、繁杂的义务几乎使得监管部门的责令改正成为一种不可能。比如说网络平台在用户注销账号之后没有删除用户信息的情形,监管部门不可能贴身盯防发现平台每一次非常具体的未履行义务的情况。如果将责令监管的内容限定为极为具体的义务违反,不仅会给监管部门带来巨大的行政负担,也会使本罪中"经监管部门责令采取改正措施而拒不改正"的要件成为虚设。所以对于这种情况,应主张从整体上来理解网络平台的用户信息保护义务,同样将其理解为一个一般性、持续运作的义务系统。那么,对于网络平台是否履行了用户信息保护义务,也需要从整体上去考察。这就意味着监管部门在对平台进行检查时,如果其认定网络平台没有完全履行其用户信息的保护义务,那么网络平台则面临着巨大的刑事风险。但是这种刑事责任风险并没有超过必要的限度,因为只有平台在监管部门认定平台在用户信息保护方面存在系统缺陷,平台未根据责令进行改正或者在未来业务开展过程中没有修正这种缺陷,并且正是因为这种缺陷而导致用户信息泄露的,网络平台才可能承担刑事责任。

(三) 不履行刑事案件证据协助义务的判断

网络平台提供者的刑事证据协助义务主要体现在网络平台收集、保存并向侦查机关提供其收集的、可能作为刑事案件证据的信息。这些信息共分为四类,第一类是网络平台按照法律规定的要求收集的与刑事犯罪案件并无直接联系的基本信息,如网络平台中的交易信息、交易记录以及涉及信息发布的平台中的发布信息的用户的用户名、发布的信息内容以及时间等信息。这些信息多属于往来数据,其中较为特殊的用户发布的信息内容。这些信息属于内容数据,但是是用户发布在公开网络空间的,并不涉及个人隐私。第二类是法律、行政法规要求网络平台收集涉及发布信息内容的相关信息,这类信息与刑事案

197

件的联系更为紧密。对于信息的具体种类并没有明确规定，但参照相关法规要求网络平台收集的第一类信息，可以大致推定平台收集的信息包括涉嫌发布违法信息的用户的账号、具体信息内容、发布的网址。第三类是在具体的刑事案件中，侦查机关基于法律规定的协助与配合义务而要求网络平台收集的信息。第四类是网络平台提供者基于正常业务活动的需要而收集的信息。

对于上述义务而言，其中第三类义务是以侦查机关的具体要求作为义务内容的基础，从本质上与刑法稳定性的要求冲突。故从这一方面考虑，不宜将其纳入刑事证据协助义务。此外，对于网络平台的刑事证据协助义务也同样应该从制度性、系统性的角度来理解。判断网络平台是否履行了刑事证据协助义务，应考察网络平台是否建立了相关制度，来收集法律、行政法规明确规定的信息收集义务。另外，刑事证据协助义务更注重相关信息的收集，而非信息的提供。特别是侦查机关的协助要求本来也应该受到正当程序的限制，尤其是当侦查机关的信息收集要求与公民的隐私权相冲突时，不得以信息网络安全管理义务为依据要求网络平台突破对于公民隐私权的基本保护，更不得因为网络平台出于保护用户隐私而拒不提供协助的情况而追究其刑事责任。

第三节　网络平台提供者刑事责任认定路径的比较与选择

虽然从理论上讲网络平台可能以作为的方式承担刑事责任，例如成立他人犯罪的帮助犯或者由于服务规则上的特殊设置直接成立正犯。但在现实中这种情形很少存在，而且需要较为苛刻的条件。特别是在通过立法来限制网络平台提供者刑事责任，对其特定业务和技术行为进行保护的情况下，从作为的角度追究网络平台提供者刑事责任变得更加不可能。因此，网络平台提供者的刑事责任主要存在于不作为的情形之中。而就网络平台提供者不作为刑事责任的认定而言，存在两种思路：一是将网络平台提供者视为不纯正不作为犯；二是将网络平台提供者视为拒不履行信息网络安全管理义务罪的纯正不作为犯。这两种刑事责任认定路径比较相似，但是在认定条件以及法律后果方面都有所不同。特别是存在两种路径在罪与非罪认定方面的差异，对此有必要明确两种责任认定路径的适用空间。

一 网络平台提供者刑事责任认定路径的比较

首先，拒不履行信息网络安全管理义务罪提供的刑事责任认定路径更多考虑信息社会活动的规律与网络平台提供者行为的特点，更具合理性。传统的不纯正不作为犯中的作为义务可以说是一种结果避免义务，即要求具有保证人地位的网络平台提供者避免特定法益遭受损害的不利后果。但是当网络平台提供者不具有防止危害结果发生的能力时，这种作为义务则失去了意义。例如当孩子落水时，具有保证人地位的父亲如果不懂水性，则无法再要求父亲进行营救。那么当类似的情况转移到网络空间时——网络平台提供者难以判断某一信息内容的性质或者由于网络平台信息传播速度过快而不能及时阻止违法信息内容的扩散，网络平台提供者则不会因此承担责任，并且也不会因此被要求采取行动。而根据前文的论述，信息网络安全管理义务中的信息内容管理义务是一种行为义务，即要求网络平台只是按照法律的规定采取特定措施，至于特定的危害结果能否被阻止则不是唯一重点考察的事项。例如网络平台提供者对于特定的信息内容进行判断后，可以根据自身的判断采取相应的措施，保留或者移除相应的内容。又或者当网络平台提供者接到关于某一违法信息内容的通知后，在合理的时间期限内对该内容采取了移除措施，那么即使在这期间该违法信息内容已经在网络中被大量传播，那么也应认为网络平台提供者已经履行信息内容安全管理义务。相比较而言，拒不履行信息网络安全管理义务罪的认定路径无论是从追责的角度还是从激励网络平台提供者采取措施的角度，都更具合理性和可操作性。

其次，拒不履行信息网络安全管理义务罪所确立的刑事责任认定路径在认定刑事责任时更多考虑了对网络平台提供者的保护。两种责任认定路径的一个明显结构性差异是在根据拒不履行信息网络安全管理义务罪认定网络平台提供者刑事责任时，存在"监管部门责令改正"的前提条件。可以说，这一要件的设置使得责任认定的标准更为严格。具言之，在缺乏监管部门责令改正的情况下，即使网络平台提供者因未履行义务而致使法定的危害情形出现，也不应该承担刑事责任。这种限制也在一定程度上给予网络平台以保护，提供了出罪的机制。因此有学者指出，"'经责令改正而拒不改正'要件的设立决定了该罪并非处罚中立的帮助行为"。[1] 除了对于刑事责任的限制以外，"责令采取改正措施"还存在以下三个方面的重要意义：（1）通过监管部门进一步明确和强调信息网络安全管理义务的内容；（2）进一步为惩罚网络平台提供者提供依据，从侧面体现网络平台提供者的违法性程度；（3）促使监管部门参与到网络平台安全的维护中，调动监管部门履行职能的积极性。[2]

二 网络平台提供者刑事责任认定路径的选择

拒不履行信息网络安全管理义务罪是立法者在信息时代专门针对网络平台提供者而设置的刑事责任规则，相比较传统刑法理论在认定网络平台提供者刑事责任方面具有明显的优势。在某种程度上可以

---

[1] 周光权：《拒不履行信息网络安全管理义务罪的司法适用》，《人民检察》2018年第9期。

[2] 参见李世阳《拒不履行信息网络安全管理义务罪的适用困境与解释出路》，《东方法学》2018年第5期。

说，设立拒不履行信息网络安全管理义务罪的目的在于避免采用传统刑法理论追究网络平台提供者刑事责任时存在的不足，两者应属于替代关系。但如果在存在信息网络安全管理义务罪的情况下仍然依照传统理论来认定网络平台提供者的刑事责任，则可能会影响其存在的意义。对此，在认定网络平台提供者刑事责任问题上，应该尽可能地以拒不履行信息网络安全管理义务罪作为主要的判断标准。

那么，首先应当承认拒不履行信息网络安全管理义务罪的出罪功能。由于拒不履行信息网络安全管理义务罪在认定网络平台提供者刑事责任时设定了特殊的限制要件，即"经监管部门责令改正而拒不改正"，那么这就意味着在监管部门没有按照法定要求对网络平台进行责令或者平台提供者在受到责令后采取了改正措施则不应该承担刑事责任。但如果此时依照传统不作为理论或者其他并非针对网络平台提供者的刑法规定而需要承担刑事责任的，应该以拒不履行信息网络安全管理义务罪为主要判断依据，否定网络平台提供者的刑事责任。这种情况主要出现在传播违法信息内容方面，例如传播淫秽信息、诽谤性言论、虚假言论等。

其次，如果网络平台提供者同时构成拒不履行信息网络安全管理义务罪和涉及传播有害信息犯罪的不作为犯，则应该依照拒不履行信息网络安全管理义务罪处罚。虽然从表面上看，这种情况似乎属于想象竞合，从一重罪处罚。但实际上网络平台在以不作为的方式实施的传播有害信息类犯罪与拒不履行信息网络安全管理义务罪存在一种隐含的包含关系，通常网络平台提供者拒不履行信息内容管理义务导致违法信息内容大量传播会构成相应不作为犯罪，而成立不作为犯罪则不一定会成立拒不履行信息网络安全管理义务罪（例如在缺乏监管部门责令的情况下）。在这种情况中，拒不履行信息网络安全管理义务罪属于特别法条，而传播有害信息类犯罪的刑法规范（例如传播淫秽物品罪、故意传播虚假信息罪）属于普通法条。此外，拒不履行信息网络安全管理义务罪的法定刑为三年以下有期徒刑，相比较其他刑法规定的法定刑较轻。"在法条竞合的特别关系中，当减轻法条属于特别法条时，根据特别法条优于普通法条的原则，不能从一重罪论处，必须适用减轻法条"。① 所以，当网络平台提供者同时构成拒不履行信息网络安全管理义务罪和传播有害信息类犯罪的不作为犯时，应该适用前者。

另外，值得注意的是，拒不履行信息网络安全管理义务罪第 3 款规定，"有前两款行为，同时构成其他犯罪的，按照处罚较重的规定定罪处罚"。这一规定可能在一定程度上影响拒不履行信息网络安全管理义务罪的适用。特别是在网络平台提供者以不作为方式同时构成传播有害信息类犯罪时，极有可能会导致该罪无法被适用。所以如果不对这一款规定进行限制性解释，可能导致拒不履行信息网络安全管理义务罪的适用空间被大大压缩，以致形同虚设。

---

① 张明楷：《刑法学》，法律出版社 2016 年版，第 485 页。

第七章 结论

随着互联网技术的发展，网络平台催生了新的经济模式和商业模式。在网络平台为经济发展与社会生活带来便利的同时，也带来了包括传播违法信息内容在内的各种网络犯罪活动的风险。这种风险非常直观，因为其使得相关网络犯罪活动的实施成本降低、执法难度增加，进而使得网络犯罪的数量暴增，故整体上体现出较大的"社会危害性"。而也正是这种直观的风险导致对网络平台适用较为严厉的刑事责任规则。面对这种状况，网络平台的刑法规制成为一个重要的话题。我国刑法最早通过司法解释试图以共同犯罪理论来评价网络平台的刑事责任，将其定位为帮助犯。而在司法实践中，法院更倾向于将网络平台定位为不作为犯。2015年颁布的《刑法修正案（九）》针对网络平台增设了拒不履行信息网络安全管理义务罪以及可能涉及平台责任的帮助信息网络犯罪活动罪。从整体来看，针对网络平台存在着各种各样的刑事规范，网络平台的刑事责任认定处于一种混乱的状况。对此有必要对网络平台的刑事责任进行梳理，明确不同刑法规范之间的关系、界限，保障网络平台刑事责任的明确性。同时对于网络平台刑事责任问题的研究已经不能仅着眼于刑法规范本身，应从更高的层面、结合多个角度去诠释网络平台的刑事责任。

首先，有必要对网络平台的刑事规范进行梳理。增设的帮助信息网络犯罪活动罪与拒不履行信息网络安全管理义务罪在本质上并不同于网络平台的共犯责任和不作为责任。帮助信息网络犯罪活动罪所针对的是具有类型化特征的网络犯罪帮助行为，故原则上应该排除其对网络平台的适用。

第二，传统刑法理论难以对网络平台的行为进行有效的评价，多数情况下难以认定平台的责任。特别是在对网络平台技术行为缺乏了解的情况下，非常容易对网络平台的技术行为做出过激的判断，进而不当地施加刑事责任，而这种情况也为欧美国家早期的司法实践所证明。对此进行理论上和建议性的限制，作用是极为有限的，有必要根据实际情况从立法上对刑事责任进行限制。事实上，设立网络平台的保护规则已经是国际上的主流做法。许多国家都制定了针对网络平台的保护规定，主要体现为对信息储存、缓存等基本的技术行为的保护，以限制包括刑事责任在内的责任范围。对此可以借鉴的是美国、欧盟及其成员国所制定的网络平台保护规则制度。

第三，网络平台刑事责任的重点以及未来的发展方向在于如何通过刑法积极调动网络平台实现自我规制。立法者通过设立拒不履行信息网络安全管理义务罪督促网络平台承担信息网络安全管理的职责，这虽然已经与刑法责任主义的基本原则相冲突，但也是在信息与风险社会中刑法本身所做出的适应性妥协。而且，拒不履行信息网络安全管理义务罪对于追究网络平台的刑事责任进行了四个层次的限制：其一，必须以特定危害后果的出现作为追究网络平台刑事责任的事实基础，即本罪所规定三种特定情形；其二，以网络平台拒不履行信息网络安全管理义务作为追究网络平台责任的根本前提，所谓信息网络安全管理义务，至少包括违法信息内容的处置义务、用户个人信息的保护义务以及刑事案件证据的协助义务；其三，必须存在监管部门对于网络平台没有履行相关义务的提示，即责令采取改正措施而拒不改正；其四，相关危害结果的出现必须与网络平台没有履行义务存在直接的因果关系。从这四个层面的限制来看，认定网络平台刑事责任的条件也是较为苛刻的。从实践来看，作为互联网企业的网络平台具有足够的经济理性以认识到其所面临的刑事风险并采取规避措施。这也可以在一定程度上解释目前这一罪名"零适用"的现状。但这并不代表拒不履行信息网络安全管理义务罪没有存在的意义，仅仅是形式立法。本罪的重要意义在于通过潜在的刑事责任督促网络平台针对其法定义务建立一个合规系统，而监管部门的任务并非在于考察网络平台是否履行了个别、具体的义务，而在于其是否建立了相关制度并且维持合规系统的运行。

  第四，为了保证拒不履行信息网络安全管理义务罪能够充分发挥作用，有必要进一步完善相关法律、行政法规的内容。目前信息网络安全管理义务的具体内容并不明确，只能根据本罪所规定的危害后果在法律、行政法规中寻找对应的义务，在某些细节方面缺乏相关规定的支持。例如我们主张系统性地去理解网络平台的违法信息内容处置义务，即将信息内容管理义务理解为要求网络平台去构建一个日常性的违法信息内容的处置机制，具体包括提供举报违法信息内容的途径、关于违法信息内容举报和投诉的处理、制作并发布关于违法信息内容投诉与处理状况的报告。就此而言，《网络安全法》只是笼统地要求网络平台提供"建立网络信息安全投诉制度、举报制度，公布投诉、举报等信息"，而对于细节性内容则缺乏规定，如，网络平台应该以何种方式提供投诉渠道、对于投诉进行查看的时间间隔以及公布的报告的具体内容。对此有必要对于具体问题进行补充。同样，关于网络平台用户个人信息保护义务以及刑事证据协助义务的规定在法律、行政法规中更为分散，相关规定欠缺的情况也更为严重，因此急需将相关规定进行具体化。例如应明确规定网络平台对于保护用户数据所采取的措施需要达到何种程度，而不是仅仅提出网络平台需要采取保护措施。

参考文献

中文著作

陈洪兵：《中立的帮助行为》，法律出版社 2010 年版。

冯军：《刑事责任论（修订版）》，社会科学文献出版社 2017 年版。

高铭暄、马克昌主编：《刑法学》（第六版），北京大学出版社、高等教育出版社 2014 年版。

郝英兵：《刑事责任论》，法律出版社 2016 年版。

李玉萍主编：《网络司法典型案例（刑事卷）》，人民法院出版社 2020 年版。

江溯主编：《中国网络犯罪综合报告》，北京大学出版社 2021 年版。

赖早兴：《刑法力度问题研究》，法律出版社 2014 年版。

劳东燕：《风险社会中的刑法》，北京大学出版社 2015 年版。

刘军：《网络犯罪治理刑事政策研究》，知识产权出版社 2017 年版。

刘仁文主编：《网络时代的刑法面孔》，社会科学文献出版社 2017 年版。

马虎民主编：《网络安全法律遵从》，电子工业出版社 2018 年版。

马虎民主编：《网络安全法适用指南》，中国民主法制出版社 2018 年版。

王爱立主编：《中华人民共和国刑法——条文说明、立法理由及相关规定》，北京大学出版社 2021 年版。

谢望原：《刑事政策与刑法专论》，中国人民大学出版社 2017 年版。

徐汉明主编：《网络安全立法研究》，法律出版社 2016 年版。

徐然、赵国玲：《网络犯罪刑事责任的取舍与重构》，中国检察出版社 2017 年版。

于志刚：《传统犯罪的网络异化》，中国检察出版社 2010 年版。

于志刚：《虚拟空间中的刑法理论》，社会科学文献出版社 2018 年版。

于志刚、郭旨龙：《网络刑法的逻辑与经验》，中国法制出版社 2015 年版。

于志刚主编：《共同犯罪的网络异化研究》，方正出版社 2010 年版。

于志强：《中国网络法律规则的完善思路：行政法卷》，中国法制出版社 2016 年版。

喻海松：《网络犯罪二十讲》，法律出版社 2017 年版。

杨新绿：《论网络服务提供者的刑事责任》，法律出版社 2022 年版。

臧铁伟、李寿伟：《中华人民共和国〈刑法修正案（九）〉条文说明、立法理由及相关规定》，北京大学出版社 2016 年版。

张明楷：《刑法学》，法律出版社 2016 年版。

周雪峰、李平主编：《网络平台治理与法律责任》，中国法制出版社 2018 年版。

中文论文

车浩：《刑事立法的法教义学反思——基于〈刑法修正案（九）〉的分析》《法学》2015 年第 10 期。

陈洪兵：《论拒不履行信息网络安全管理义务罪的适用空间》，《政治与法律》2017 年第 2 期。

陈洪兵：《论中立帮助行为的处罚边界》，《中国法学》2017 年第

1期。

陈洪兵：《中立的帮助行为论》，《中外法学》2008年第6期。

陈金林：《法定犯与行政犯的源流、体系地位与行刑分界》，《中国刑事法杂志》2018年第5期。

陈兴良：《快播案一审判决的刑法教义学评判》，《中外法学》2017年第1期。

陈永生：《计算机网络犯罪对刑事诉讼的挑战与制度应对》，《法律科学》（西北政法大学学报）2014年第3期。

崔聪聪、李欲晓、韩松：《〈网络安全法〉（草案二次审议稿）第27条修改建议——以网络服务提供者协助解密义务为中心》，《中国工程科学》2016年第6期。

范君：《快播案犯罪构成及相关审判问题——从技术判断行为的进路》，《中外法学》2017年第1期。

高铭暄、孙道萃：《预防性刑法观及其教义学思考》，《中国法学》2018年第1期。

葛立刚：《网络服务商不作为刑事责任的边界》，《西南政法大学学报》2016年第6期。

郭旨龙：《论信息时代犯罪主观罪过的认定——兼论网络共犯的"同谋"与"明知"》，《西部法学》2015年第1期。

何荣功：《预防刑法的扩张及其限度》，《法学研究》2017年第4期。

霍永库、冯潇洒：《社会角色理论的网络运营者安全保障义务分析》，《西安交通大学学报》（社会科学版）2016年第1期。

姜瀛：《"以网管网"背景下网络平台的刑法境遇》，《国家检察官学院学报》2017年第5期。

敬力嘉：《拒不履行信息网络安全管理义务罪：以网络服务提供者的刑事责任为中展开》，《政治与法律》2017年第1期。

赖早兴：《论拒不履行信息网络安全管理义务罪中的"经监管部门责

令改正"》,《法学杂志》2017 年第 10 期。

劳东燕:《风险社会与变动中的刑法理论》,《中外法学》2014 年第 1 期。

劳东燕:《公共政策与风险社会的刑法》,《公共政策与风险社会的刑法》2007 年第 3 期。

李本灿:《拒不履行信息网络安全管理义务罪的两面性解读》,《法学论坛》2017 年第 5 期。

李世阳:《拒不履行信息网络安全管理义务罪的适用困境与解释出路》,《当代法学》2018 年第 5 期。

李源粒:《网络安全与平台服务商的刑事责任》,《法学论坛》2014 年第 4 期。

刘梅湘:《侦查机关实施网络监控措施的程序法规制——以域外法的相关规定为参照》,《法商研究》2017 年第 1 期。

刘守芬、丁鹏:《网络共同犯罪之我见》,《法律科学》(西北政法学院学报)2005 年第 5 期。

刘宪权:《论信息网络技术滥用行为的刑事责任——〈刑法修正案(九)〉相关条款的理解与适用》,《政法论坛》2015 年第 6 期。

刘艳东:《网络犯罪帮助行为正犯化之批判》,《法商研究》2016 年第 3 期。

刘艳红:《"风险刑法"理论不能动摇刑法谦抑主义》,《法商研究》2011 年第 4 期。

刘艳红:《网络时代言论自由的刑法边界》,《中国社会科学》2016 年第 10 期。

刘艳红:《无罪的快播与有罪的思维》,《政治与法律》2016 年第 12 期。

刘志伟:《刑法修正案(九)的犯罪化立法问题》,《华东政法大学学报》2016 年第 2 期。

陆旭：《网络服务提供者刑事责任及展开——兼论〈刑法修正案（九）〉相关规定》2015年第6期。

吕翰岳：《互联网共同犯罪中的意思联络》，《法学评论》2017年第2期。

毛玲玲：《传播淫秽物品中"传播"行为的性质认定》，《东方法学》2016年第2期。

孟传香：《关于网络服务提供者不作为刑事责任问题的探讨》，《重庆邮电大学学报》2012年第6期。

裴炜：《针对用户个人信息的网络服务提供者协助执法义务边界》，《网络信息法学研究》2018年第1期。

皮勇：《论网络服务提供者的管理义务及刑事责任》，《法商研究》2017年第5期。

齐文远、杨柳：《网络平台提供者的刑法规制》，《法律科学》（西北政法大学学报）2017年第3期。

钱叶六：《我国犯罪构成体系的阶层化及共同犯罪的认定》，《法商研究》2015年第2期。

秦天宁：《网络服务提供者刑事责任犯罪要素的解构——基于"技术措施"的考察》，《中国刑事法杂志》2009年第9期。

孙道萃：《网络平台犯罪的刑事制裁思路与路径》，《东方法学》2017年第3期。

孙道萃：《网络直播风险的制裁逻辑》，《暨南学报》（哲学社会科学版）2017年第11期。

孙万怀、郑梦绫：《中立的帮助行为》，《法学》2016年第1期。

田刚：《信息时代网络服务商法律责任体系的反思与重构——以微博平台网络谣言的制裁和预防为视角》，《北京警察学院学报》2015年第1期。

田宏杰：《知识转型与教义坚守：行政刑法几个基本问题研究》，《政法论坛》2018 年第 6 期。

涂龙科：《网络服务提供者的刑事责任模式及其关系辨析》，《政治与法律》2016 年第 4 期。

涂龙科：《网络内容管理义务与服务提供者的刑事责任》，《法学评论》2013 年第 3 期。

涂龙科：《网络内容管理义务与网络服务提供者的刑事责任》，《法学评论》2016 年第 3 期。

王平、李梦：《网络平台刑事合规的刑法教义学分析》，《江西社会科学》2022 年第 3 期。

王彩霞：《网络服务提供者刑事责任的类型化思考》，《法学》2018 年第 4 期。

王华伟：《网络服务提供者的刑法责任比较研究》，《环球法律评论》2016 年第 4 期。

王华伟：《网络服务提供者刑事责任的认定路径——兼评快播案的相关争议》，《国家检察官学院学报》2017 年第 9 期。

王利明：《论互联网立法的重点问题》，《法律法学》（西北政法大学学报）2016 年第 5 期。

王霖：《网络犯罪参与行为刑事责任模式的教义学塑造》，《政治与法律》2016 年第 9 期。

魏昌东：《新刑法工具主义批判与矫正》，《法学》2016 年第 2 期。

魏昌东：《行刑鸿沟：实然、根据与坚守——兼及我国行政犯理论争议及其解决路径》，《中国刑事法杂志》2018 年第 5 期。

谢望原：《论拒不履行信息网络安全管理义务罪》，《中国法学》2017 年第 2 期。

杨彩霞：《网络服务提供者刑事责任的类型化思考》，《法学》2018 年第 4 期。

于冲：《侵犯公民个人信息罪中"公民个人信息"的法益属性与入罪

边界》,《政治与法律》2018 年第 4 期。

于冲:《网络平台刑事合规的基础、功能与路径》,《中国刑事法杂志》2019 年第 6 期。

于改之、蒋太珂:《刑事立法:在目的与手段之间——以〈刑法修正案(九)〉为中心》,《现代法学》2016 年第 3 期。

于志刚:《"公民个人信息"的权利属性与刑法保护思路》,《浙江社会科学》2017 年第 10 期。

于志刚:《网络安全对公共安全、国家安全的嵌入态势和应对策略》,《法学评论》2014 年第 6 期。

于志刚:《网络犯罪与中国刑法的应对》,《中国社会科学》2010 年第 3 期。

于志刚:《网络空间化的时代演变与刑法对策》,《法学评论》2015 年第 2 期。

于志刚:《网络空间中犯罪帮助行为的制裁体系与完善思路》,《中国法学》2016 年第 2 期。

于志刚:《网络思维的演变与网络犯罪的制裁思路》,《中外法学》2014 年第 4 期。

喻海松:《侵犯公民个人信息罪的司法适用态势与争议焦点探析》,《法律适用》2018 年第 7 期。

张明楷:《共同犯罪的认定方法》,《法学研究》2014 年第 3 期。

张明楷:《论帮助信息网络犯罪活动罪》,《政治与法律》2016 年第 2 期。

张新宝:《我国个人信息保护法立法矛盾研讨》,《吉林大学社会科学学报》2018 年第 5 期。

赵鹏:《私人审查的界限》,《清华法学》2016 年第 6 期。

周光权:《犯罪支配还是义务为犯——快播案定罪理由之探析》,《中外法学》2017 年第 1 期。

周光权：《积极立法观在中国的确立》，《法学研究》2016 年第 4 期。

周光权：《网络服务商的刑事责任范围》，《中国法律评论》2015 年第 2 期。

周汉华：《论互联网法》，《中国法学》2015 年第 3 期。

庄绪龙：《侵犯公民个人信息罪的基本问题——以"两高"最新颁布的司法解释为视角展开》，《法律适用》2018 年第 7 期。

译著

著作

［德］汉斯·海因里希·耶塞克、［德］托马斯·为根特：《德国刑法教科书》（上），徐久生译，中国法制出版社 2016 年版。

［德］乌尔里希·齐白：《全球风险社会与信息社会中的刑法——二十一世纪刑法模式的转换》，周遵友译，中国法制出版社 2012 年版。

［日］前田雅英：《刑法总论讲义》（第六版），曾文科译，北京大学出版社 2017 年版。

论文

［德］托马斯·罗什：《合规与刑法：问题、内涵与展望——对所谓的"刑事合规"理论的介绍》，李本灿译，《刑法论丛》2016 年第 4 期。

外文著作

德文著作

Catherine Klein, Haftung von Social-Sharing-Plattform. C. H. Beck 2012, S. 82.

C. Roxin, Strafrecht Allgemeiner Teil, Band II, C. H Beck 2003, S. 682f.

Fischer StGB, §184b, 63. Auflage, 2016, Rn. 40.

Hoeren/Sieber/Holznagel, Multimedia-Recht Handbuch, Rechtfragen des elektronischen Geschaftsverkehrs, Verlag C. H. Beck munchen 2013.

Isabel Blanke, Über Die Verantwortlichkeit des Internet-Providers—Eine Untersuchunganhand des Teledienstgesetzsowienachallgemeinen Strafrechtliche Zurechnungskategorien, Verlag Görich und Weiershäuser 2006.

Sieber, Verantwortlichkeitim Internet, Verlag C. H. Beck 1999.

英文著作

David S. Evans, Richard Schmalensee, *The Oxford Handbook of International Antitrust Economics Volume* 1 (*Roger D. Blair et al. eds.*, 1*th ed.*), 2014.

Thomas Widmer, Eborah Lechtman, *The Internet: Laws and The Regulatory Regimes Second Edtion*, Juris Publishing 5.

外文论文

德文论文

Bernd Holznagel, Das Compliance-System des Entwurfs des Netzwerkdurchsetzungsgesetzes—Eine Kritische Bestandsaufnahmeausinternationale Sicht, Zeitschriftfür Urheber-und Medienrecht 2017.

Bernd Holznagel, Phänomen Fake News-Was zu tun? Ausmaß und Durchschlagskraft von Desinformationskampagnen, Multimedia und Recht 2018.

Buchheim, Anfängerhausarbeit-Öffentliches Recht : Grundrechte-Zensor wider Willen? JuristischeSchulung 2018.

Eifert, Rechenschaftspflichtenfür Soziale Netzwerke und Suchmaschinen, Neue Juristische Wochenschrift 2017.

Guggenberger, Das Netzwerkdurchsetzungsgesetz in der Anwendung, Neue Juristische Wochenschrift 2017.

Guggenberger, Das Netzwerkdurchsetzungsgesetz—schöngedacht, schlechtgemacht, Zeitschriftfür Rechtspolitik 2017.

Heckmann/Wimmers, Stellungnahme der DGRI zum Entwurfeines NetzDG, Computer und Recht, 2017.

Höld, Das Vorabentscheidungsverfahrennach dem neuen NetzDG, Multimedia und Recht 2017.

Kalscheuer, Hornung, Das Netzwerkdurchsetzungsgesetz-Ein Verfassungswidriger Schnellschuss, NVwZ 2017.

Karl-NikolosPeifer, Fake News und Providerhaftung—Warum das NetzDG-zur Abwehr von Fake News FalschenInstrumenteliefert, Computer und Recht 809, 813.

Liesching, Die Durchsetzung von Verfassungs-und europarechtgegen das NetzDG, Multimedia und Recht 2018, 26, 29.

Liesching, Was sind rechtwidrigeInhalte imSinne des Netzwerkdurchsetzungsgesetzes? Zeitschriftfür Urheber-und Medienrecht 2017.

Nolte, Georg, Hate Speech, Fake News, das Netzwekdurchsetzungsgesetz und Vielfaltsicherungdurch Suchmachinen, Zeitschriftfür Urheber-und Medienrecht 2017.

Reinier H. Kraakman, The Anatomy of Third Party Enforcement Strategy, Journey of Law, Economy & Organization, Vol. 2, No. 1, 1986, 53, 61.

Schwartsmann, Verantwortlickkeit Sozialer Netzwerkenach dem Netzwerkdurchsetzungsgesetz, GRUR-Prax 2017.

Sieber, Die Verantwortlichkeit von internet Providernim Rechtvergleich, ZUM (1999).

Spindler, Die Verantwortlichkeit der Provider für sich-zu-Eigen-gemachte

Inhalte und für Beaufsichtigte Nutzer, MMR 2004.

Spindler/Gerald, Der Regierungsentwurfzum Netzwerkdurchsetzungsgesetz-europarechtwidrig? Zeitschriftfür Urheber-und Medienrecht 2017.

英文论文

Andrew P. Bolson, "Flawed but Flixable: Section 230 of the Communication Decency Act at 20", 42 *Rugers Computer & Tech. L. J.*, 2016.

Anne Helmond, "The Platformization of the Web: Making the Web Data Platform Ready", 2 *SocialMedia + Society*, 2015.

Assaf hamdanit, "Who's Liable for Cyberwrongs", 87 *Cornell L. Rev.*, 2001.

A. M. Kaplan, Michael haenlein, "Users of The World, unite! The Challenges and Opportunities of Social Media", 53 *Business Horizons*, 2010.

Catherine Tremble, "Wild Westworld: Section 230 of CDA and Social Network's Use of Machine-learning Algorithms", 86 *Fordham L. Rev.*, 2017.

Chei Sian Lee, Long Ma, "News Sharing in Social Media: The Effect of Gratifications and Prior Experience", 28 *Computers in Human Behavior*, 2010.

Corey Omer, "Intermediary Liability for Harmful Speech: Lessons From Abroad", 28 *Harv. J. L. & Tech*, 2014.

Corey Omer, "Intermediary Liability for Harmful Speech: Lessons From abroad", 28 *Harv. J. L. & Tech.*, 2015; Amanda Bennis, "Realism about Remedies and the Need for a CDA Takedown: A Comparative Analysis of 230 of the CDA and the U. K. Defamation Act 2012", 27 *Fla. J. Int'l L.*, 2015.

Danah M. BoydSocial, Nicole B. Ellison, "Social Network Sites: Definition, History and Scholarship", 13 *Journal of computer-mediated Communication*, 2010.

David P. Miranda, "Safe Harbor Provisions of DMCA Denied in Napster

Copyright Infringement Case", 18 *GPSolo*, 2001.

David S. Evans, "The Antitrust Economics of Multi-sided Platform Market", 20 *Yale J. on Reg*, 2003.

Edward Lee, "Decoding the DMCA Safe Harbors", 32 *Colum. J. L. & Art*, 2008.

Jae Hong Lee, "Batzel v. Smith & (and) Barrett v. Rosenthal Defamation Liability for Third-Party Content on the Internet", 19 *Berkeley Tech. L. J.*, 2004.

Jonathan Gosnell, "Keeping the Internet Free: Why the DMCA's Safe Harbor Provision Should be expanded to Help Curb Over Regulation of Content by Removing the financial Benefit with Right and Ability to Control Exclusion", 84 *Supra*, 2015.

Margot Kaminsiki, "Positive Proposal for Treatment of Online Intermediaries", 28 *Am. U. Int'L. Rev.*, 2012.

Mark A. Lemley, "Rationalizing Internet Safe Harbors", 6 *J. On Telecomm. & High Tech. L.*, 2007.

Marshall W. Van Alstyne, Geoffrey G. Parker, "Pipelines, Platforms, and the New Rules of Strategy", 4 *Harvard Business Review*, 2016.

Miquel Peguera, "The DMCA Safe Harbor and Their European Counterparts: A Comparative Analysis of Some Common Problems", 32 *Colum. J. L. & Arts*, 2008.

Ronald J. Main & Seth R. Belzley, "The Promise of Internet Intermediary Liability", 47 *Wm. & Mary L. Rev.*, 2005.

Seth F. Kreimer, "The First Amendment, Internet Intermediaries, and the Problem of the weakest Link", *University of Pennsylvania Law Review* 11, 2006.

Sophie Stalla, "Sometimes One is not enough! Securing Freedom of Expression, Encouraging private regulation, or Subsidizing Intermediaries or all three at the same time: the Dilemma of Intermediaries' Liability", *Journal of International Commercial Law and Technology*, 2012.

Tarleton Gillespie, "The Politics of 'Platform'", 12 *New Media & Society*, 2010.

Vanessa S. Browne-Barbour, "Losing Their License to Libel: Revisiting Sec. 230 Immunity", 30 *Berkeley Tech. L. J.*, 2015.